以税史人物为脉络　探民生社会之演进

中国古代税收史话

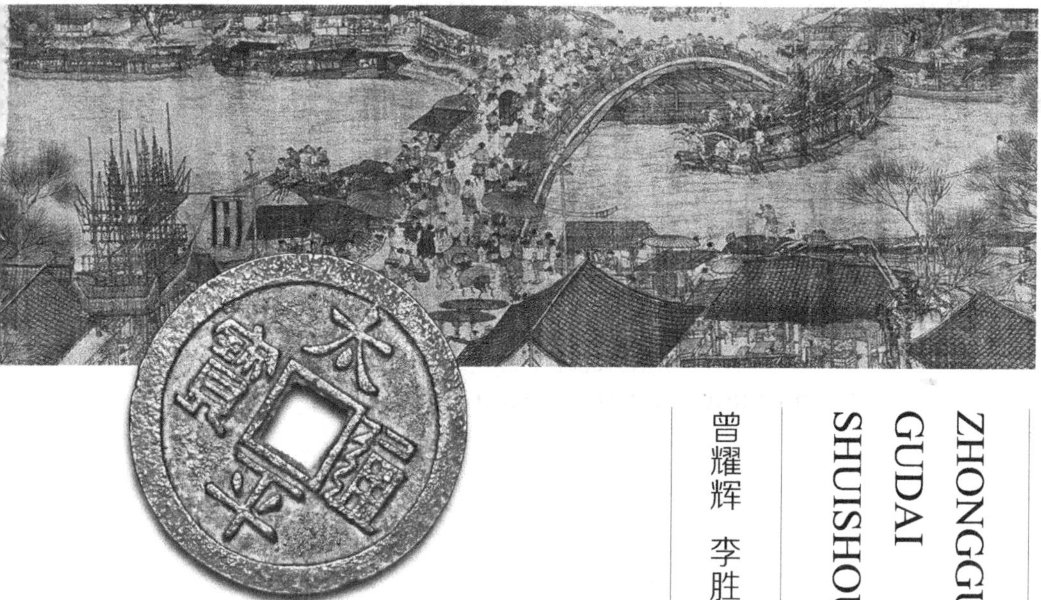

曾耀辉　李胜良　著

ZHONGGUO
GUDAI
SHUISHOU SHIHUA

·北京·

图书在版编目（CIP）数据

中国古代税收史话 / 曾耀辉, 李胜良著. ——北京：中国财政经济出版社, 2024.6
ISBN 978-7-5223-2916-1

Ⅰ.①中⋯ Ⅱ.①曾⋯ ②李⋯ Ⅲ.①税收管理－财政史－中国－古代 Ⅳ.①F812.92

中国国家版本馆 CIP 数据核字（2024）第 051150 号

责任编辑：吕小军　　　　　责任校对：张　凡
封面设计：卜建辰　　　　　责任印制：张　健

中国古代税收史话
ZHONGGUO GUDAI SHUISHOU SHIHUA

中国财政经济出版社 出版

URL：http://www.cfeph.cn
E-mail：cfeph@cfeph.cn

（版权所有　翻印必究）

社址：北京市海淀区阜成路甲 28 号　邮政编码：100142
营销中心电话：010-88191522　编辑部电话：010-88190957
天猫网店：中国财政经济出版社旗舰店
网址：https://zgczjjcbs.tmall.com
中煤（北京）印务有限公司印刷　各地新华书店经销
成品尺寸：170mm×240mm　16 开　20.25 印张　290 000 字
2024 年 6 月第 1 版　2024 年 6 月北京第 1 次印刷
定价：80.00 元
ISBN 978-7-5223-2916-1
（图书出现印装问题，本社负责调换，电话：010-88190548）
本社质量投诉电话：010-88190744
打击盗版举报热线：010-88191661　QQ：2242791300

前 言

中国悠久的文明历史，是治国理政和促进民生发展的宝贵财富。在中国走向全面复兴过程中，丰富的历史文化遗产精华尤其值得继承和借鉴。税收制度作为治国理政重要制度，探究其在历史长河中对政权存亡兴衰与社会发展的作用和影响，充分汲取其中的经验教训，有助于持续改进和完善当代税收制度，助推中国不断走向繁荣昌盛，实现中华民族伟大复兴。然而，税收制度平铺直叙，又往往让人味同嚼蜡，难以卒读。《中国古代税收史话》尝试用尽量轻松愉悦的笔调，来述说从华夏远古时期到清朝末期的税收制度演进，以及税收与朝代更替和社会变迁的关系，并悉心考察整理历代涉税文物资料，图文并茂，期望读者能够感受到税收的有趣有味。

赋税与人类文明相伴相随，是人类社会发展到一定阶段的产物。原始社会末期，伴随着农业与畜牧业、农业与手工业、商业与其他产业等三次社会大分工，生产技术的进步、交通运输的改进、文化艺术的提升，使剩余产品不断增加，组织管理能力逐渐增强，私有制开始出现，部落争斗愈演愈烈，形成了一些规模越来越大的部落，逐渐演变成国家。

在氏族社会甚至国家雏形阶段，财政收入的来源多为对外部的掠夺，对奴隶和弱势阶层的压榨，也有部分为内部成员的摊派。为了应对外部战争和镇压内部反抗，国家必须要有强有力的政权和军队。为了确保军队等专政机构和管理国家事务的行政机构运转，以取得这些机构和常设公职人员所需的资财，国家就必须有财力保障。这个时候，作为凭借政治权力稳定获取国家财政收入重要手段的税收就破茧而出了。

夏朝作为华夏历史上最早比较成型的国家建立以后，为了实现政权机构、战争、建设和统治阶层享受的需要，在原来部落联盟供奉的基础上，开征了真正意义上的赋税。而最早的赋税不叫"税"，称"贡"，看起来好象是统治者没有强迫，民众心甘情愿贡纳。相传在大禹治水以后，四方部落已经开始贡献各地特产。禹通过治水划定九州区域，制定"任土作贡"的赋税办法，因地制宜，区别情况，分等定级向国家缴纳贡赋。禹还对不讲政治抗拒纳贡的防风氏公开审判后处以极刑，以维护国家税权。商朝是继夏朝而起的朝代，殷商的助法是建立在井田制度基础上的一种赋税制度。取代殷商的西周，其税收制度为彻法。在夏、商、西周三代中，直到春秋之前，一切土地均为天子所有，缴纳一定的土地收获物不是严格意义上的田赋，而应是田租。直到春秋时期，才出现了以"初税亩"为标志的真正田赋，统治者也就承认了土地私有的合法性，这是奴隶制向封建制转变的重要标志。西周以前工商业仅对市场上租用公家店铺收些店租，关隘只检查是否有违禁物品和行为，皆不征税。但到周朝时，便开始对参加商品交换的物品征税了，而最早征收的商税只是市税，征收关税则到了西周晚期。

天下大乱的战国初期，韩、赵、魏、楚等国为了争霸图强，相继进行社会和税收改革，并取得明显成效。特别是秦国，为了改变落后局面，决定变法图强，其中很重要的变法内容是赋税改革。秦国的赋税改革始于秦简公七年（公元前408年）开始实行的"初租禾"。秦孝公三年（公元前359年）和秦孝公十二年（公元前350年），任用锋芒毕露的商鞅前后两次大刀阔斧地从政治、经济及军事等方面实行改革，重农抑商，奖励军功，统一度量衡，废分封行县制，大力改革税收制度，从国家法律层面废除井田制，承认土地私有制，国家依照法律的规定对土地征收赋税，按户口征收人口税和按人头派力役和兵役，创立军赋制度。商鞅变法打击了奴隶主贵族势力，使封建制得到巩固和发展，促进了社会生产力的提高，增加了财政收入，国库的充裕直接催生秦国雄起，为历代秦王开展大规模扩张战争并最后统一全国打下了坚实的经济基础。从战国到秦，是封建国家形成和统一的时期，建立了封建赋税制度，包括对土地征收的田租（田赋）制度，对人征收的口赋（人口税）制度和对丁征发的徭役制度。从秦朝开始，由于私有制的确立，正式划分国税、私租，国家财政收入同王室财政收入各有不同的收入来源，分设不同机构组织征收、管理，逐渐形成了一套封建国家的赋税体系，税收更具强制性、固定性和无偿性的特点。然而，以"泰半之赋"为标志的横征暴敛，又成为秦朝速亡的主因之一，威风凛凛横扫群雄的秦帝国就这样土崩瓦解了。

与秦统一全国后仅15年就灭亡不同，包括西汉和东汉在内的大汉王朝，超长享国405年。而汉朝经济财税制度，构成了这个宏业的重要根基。汉朝的税法已经较为完备，有《田律》《徭律》《仓律》以及《关市律》等，对民众缴纳田租口赋、工商税和服徭役等作了明确的规定，并制定了违反税法的罚则，维护了封建统治秩序，据以保障国家财政收入。中国历史上最早划分中央税收和地方税收就出现在汉朝，当时汉朝属于中央的赋税或收入，主要有田赋、口赋、算赋、盐铁税或专卖收入、公田收入、屯田收入、均输平准收入等，属于皇室及地方的赋税或收入，主要有山川、园池、湖海、关市的租税和纳贡、户赋等。王莽篡夺刘氏江山后，实行"五均六筦"法。王莽搞改革确实算个大腕，比如开征贡税，虽然是盗用了夏朝的"贡"，其实是王莽创办的一种新税，对工商业者和"自由职业者"征收，课于其经营纯利润，实际上这就是一种所得税，比18世纪末英国始创的现代所得税早了1700多年。王莽赋税改革举措多得令人瞠目结舌，但又多不切实际或造成社会混乱，激发了社会矛盾，王莽政权在各地农民起义的怒火中迅速灰飞烟灭。

社会动荡，生存艰难，筹财就难上加难，促使财政赋税制度兴革较多。那些动荡战乱的高风险中产生的政权，为了求得生存和发展，不得不改革赋税制度以获得更多资源。三国两晋南北朝时期的田赋，是与田制息息相关的。这一时期的田制有不少变革和创新，三国时期魏、蜀、吴都行用过屯田制，西晋颁行占田制，而东晋推行土断，北魏则实行均田制。这段时期的主体税制是租调制，包括田租和户调，户调是对农民家庭手工业产品按户课征的税。三国时魏国的乱世之奸雄曹操就是租调制的鼻祖，无论公田还是私田均收取田租，同时征收户调，其基本内容一直沿用到唐朝中期行两税法止，前后达500年之久，具有强大的生命力。而蜀国和吴国的田赋制度，多承袭汉制。与占田制相适应，西晋的田赋制度是课田制。东晋时期，田赋征收办法有所改变。由于北方世家大族和流民大批涌向江南，导致江南的土地占有失去平衡，原课田制很难继续实行下去。东晋成帝咸和五年（公元330年）宣布废除课田制，改行"度田收租"法。南朝的田赋，宋齐时期大体与东晋相似，梁陈时改为计丁征取。北魏初期田赋征课很重且极不公平，孝文帝太和九年（公元485年），随均田制改革同步进行了税制改革，颁布了较为合理的租调制。

从隋朝税收情况来看，隋初以文帝杨坚为首的统治集团采取了一系列财税改革鼓励经济发展，如实行除入市之税、罢盐酒专卖、整顿户籍更定赋役，在广泛推行均田制基础上实行轻徭薄赋的单一租调田赋制度，同时用"大索貌阅"和"书籍定样"来夯实税源，不仅保证了国家财政供给，还促进了经济迅速恢复发展，很快就出现了土地开辟、人口增殖、财丰民富的景象，财政之充裕为之前历代所未见。权二代隋炀帝杨广即位后，开初还继承了文帝的一些轻赋政策，但随即滥派徭役，大动干戈，苛捐杂税与沉重劳役逼使民众困于水火，成为改朝换代的强力推手，从而将刚刚发展起来的社会经济又推向绝境，隋朝在天下大乱中迅速败亡。

唐初以高祖李渊、太宗李世民为首的统治者吸取隋朝大起大落的教训,利用战乱之后国家得以掌握大量空荒土地的优势,继续推行均田制,改革赋役制度,制定实施租庸调制。其中"租"即田租,"庸"是每丁每年向国家服一定时间的劳役,"调"是根据产地交绢、绫、绵、布、麻等的户税。政府还根据各地物产情况和具体需要,规定租庸调征收遵循定量折纳和等价折纳原则,采取较为灵活的折纳制。租庸调制实行以后,民众赋税、徭役负担有所减轻。初唐长期坚持轻徭薄赋的思想和政策,120年没有改变,较为适应社会生产力发展的要求。安史之乱爆发后,土地兼并严重,逃亡农民增多,维持租庸调制变得十分困难,催生田赋制度发生重大变化,其后由可敬又可悲的宰相杨炎主导创立两税法,按田亩和资产的多少征税,把对人课征的庸、调废除,使田赋成为单纯对物征收的财产税。两税法对旧税制进行了简化,将各种赋税统一征收,省去许多缴纳催索的纷扰。之前田赋主要缴纳实物,实行两税法后,开始以货币计税,并可以用货币缴纳,说明从唐中叶开始,商品经济得到了较大发展,中国赋税制度逐渐适应这种经济新变化。由于唐中期商品经济日趋活跃,开拓工商税收的税源也就水到渠成了,对盐、茶、酒等征税和实行专卖,在弥补财政亏空方面也发挥了重要作用,这跟两税法实行助推商品经济发展是息息相关的。两税法的实行,为后世赋税制度的进一步发展奠定了基础,但难以遏制土地兼并、军阀割据,唐朝最终还是不断衰弱并覆亡。

  宋朝孕育于战乱纷扰的五代十国时期,其赋税政策深受乱世之弊影响,税制苛杂,需索无度。宋太祖赵匡胤开国后有心革除税弊,但他却一味用宽容的手段来求得矛盾缓和。后来,国家外患不断,战争损耗严重,政府机构运行成本甚巨,冗官、冗兵、冗费等"三冗"问题重重,与辽、夏和议后,每年赔付的巨额岁贡更是雪上加霜。国穷志短,在沉重的财政压力下,不断加重税收征敛成为宋朝官府的必然选择。北宋的田赋制度沿袭两税法,分夏秋两次征收。宋政府不仅把唐末五代的杂税大部分继承下来,又有丁口之赋和杂变之赋的附加税。宋朝农业赋税的苛重，逼得更多人到城市经商或打工，反倒促使城市发达、商业兴旺起来，工商税收更是增加迅猛，在税收总收入中的比重明显上升，开始超过两税。宋朝的财力困窘，到了山穷水尽的边缘。统治者也想改变繁课重敛而财政又积贫积弱的状况，于是宋神宗时期的王安石变法大张旗鼓地出台了。其中实行方田均税法，清丈、核定各户占有土地数量，划分田地等级，制定地籍，依照等级确定农民纳税额，在北方诸路和南方许多地区得以推行，在一定程度上使豪强地主隐田逃税现象有所遏制，赋税收入增加了，农民负担也部分减轻，对宋朝社会发展起到一定的积极作用。但是，新法却侵害了豪强地主的既得利益，遭到他们毫无底线的反对，加上当时因技术落后使土地丈量工作进展缓慢，因此不久便逐渐停顿下来。元丰八年（1085年），变法因宋神宗驾崩而告终。南宋虽然不及北宋面积三分之二，但每年征收的赋税总额却远远超过北宋，苛捐杂税剧增是一个十分重要的因素，给人民带来沉重负担。大宋税收聚敛庞大却仍然入不敷出，成为支撑江山的一根软肋，这固然在客观上有辽、金、蒙古大军强悍难当的无奈，更无奈的是朝廷和各级官府主观上用度奢费，各级官吏必然需索无度，动摇经济根基，丧失民望，军心不稳，致使国家难以与强敌抗衡，最终无法逃脱覆亡的命运。

　　蒙古狂潮席卷亚欧大陆之后，元朝统治者为强化统治，将各民族分为四等，即蒙古、色目、汉人、南人（南宋辖区的汉人），从而形成了以蒙古贵族为中心、各族地主阶级参加的统治集团，对人民进行残酷剥削和压迫。与政治制度对应，元朝的赋税制度也具有强烈的民族压迫色彩，南北异制，并按人种负担不同的税收，南方汉人负担重于北方汉人，北方汉人负担重于色目人，色目人负担重于蒙古人。北方赋税分为税粮和科差两大类，税粮有地税和丁税两种不同形式，工匠、僧、道、也里可温（基督徒）、答失蛮（伊斯兰教徒）、儒户等纳地税，绝大部分地区的民户和官吏、商贾都按成丁数纳丁税。科差包括丝料和包银两项，丝料主要由民户负担，供政府及诸王、贵戚、勋臣享用；包银又称包垛银，也主要由民户按户定额缴纳。南方赋税比北方重得多，田赋分夏、秋二税，以秋税为主。也有科差，一是江南户钞，二是一度征收的江南包银。还有一项湖广门摊，即按户摊派杂税，此外有助役钱和富户加征。元朝工商税开始课征较轻，且对军户、匠户、站户实行优待，有一定限度的免税权，工商业税率较低，这促使了商业繁盛，商税无论是品类还是数额都比前朝明显增加。在缴纳商税的同时，还要带纳契本钱。元朝很重视盐税，将盐确定为国家直接掌握的专卖物品，使盐税与商税一起成为元朝财政的主要收入之一。元朝还实行市舶课制度，对进出口船只征收货物税。此外，开征了茶课和酒醋课，铜、铁、金、银、铅、锡、水银、珠、玉、朱砂、硝、矾、木、竹等山林川泽之产也都要纳岁课。而且元朝杂征杂敛很多，如皮革税、典当税、常例钱、田器税、粮食税等，统治者绞尽脑汁想出了前人没能想出来的法子收钱。数不清的无名杂征与杂敛，逼迫老百姓走投无路，许多人只能亡命天涯，或扯旗造反，最终将蒙古人赶出关外。

大明王朝建立后，初期赋税制度亦采用两税法，苦大仇深的明太祖朱元璋还是比较体谅普通百姓的，全国总体税负较轻。明朝商品经济日益发展，田赋折征范围不断扩大。从总体上看，明初中期农业税负担还是较轻的，这跟统治者在一定程度上吸取了元朝横征暴敛的教训有关。由于明朝中期以后豪强地主广占良田，而且大肆隐匿，田赋、丁银征收和摊派徭役越来越艰难，逼迫官府不得不进行税制改革。明神宗万历九年（公元1581年），首辅张居正在重新清理丈量土地的基础上全面推行一条鞭（一条编）法，取缔了大官僚、大地主的免税免役特权，各类徭役随田赋一并征收和摊派，正税与杂税、额办与派办、力差与银差等，按田地、丁额均摊，然后再与夏秋两税和其他杂税合编为一条缴纳。这在一定程度上延缓了土地兼并速度，对豪猾之民诡避赋役、转嫁赋税有一定限制作用，国家赋税收入因此增加较大。可惜天不如人愿，随着明末政治加速腐败，一条鞭法逐渐紊乱，在不少地方名存实亡，走上了土地兼并、税源萎缩的老路。明朝工商税收主要有坑冶课、酒醋课、商税、关税等，盐茶多实行专卖。明朝早中期实行鼓励工商业发展的政策，商税制度比较简约，税率一般为很轻的三十分之一，这在一定程度上助推了手工业和商业的发展。但自万历以后，内忧外患纷扰，横征暴敛剧增。明末税收苛征，是从税负最轻的矿税和商税开始的，万历年间明神宗好货成癖，委派许多太监为矿监和税使，在全国肆无忌惮地开采矿山，设置税卡，矿监税使无恶不作，民不聊生，终于激起民众甚至地方官吏的激烈反抗，引发了严重的社会政治危机。在土地兼并和隐匿加剧而导致税基缩水后，统治者为维持庞大帝国正常运转，特别是为筹集抵御清兵和剿灭农民起义军的巨额军费，实行了竭泽而渔、饮鸩止渴的增收狠招：在本就不轻的田赋基础上加征辽饷、剿饷和练饷"三饷"。同时，从万历朝至崇祯末年天灾又连年降临。天灾人祸逼得大批流民走投无路，蜂拥而起，扯旗造反，最终起义军攻破京城，崇祯皇帝也绝望地吊死在煤山之上。

　　清初是历史上税收变革的重要时期，清政权持续推动税制革新，取消"三饷"等加派收买人心，改进税收管理以保证国家机器财力需求，推行较完善的一条鞭法和摊丁入亩，康熙皇帝还满怀信心地宣布以后滋生人丁永不加赋，采用固定全国丁银征收总额的办法，取消了按丁、按地分别征收赋税的双重标准，纳税更为简便，税负降低，有效限制了贪官污吏与土豪劣绅转嫁丁赋、苛剥百姓、中饱私囊的不法活动。其后又将丁银摊入田亩征收，完成了赋役合一的摊丁入亩改革，加大蠲免赋税力度，鼓励垦荒，促进了农业生产，培植了税源，国家税收收入大幅提高，财政状况显著好转，中国在世界上特别是周边地区成为无可争议的强国，经济总量约占当时全世界的三分之一。清初工商业不断发展，同时也催生货物税系统快速发达，有盐税、关税、茶税、酒税、当税等，税目增多，税额也逐渐增大。由于乾隆时期不断对外扩张和镇压反叛，连年用兵，再加上朝廷上下奢靡之风开始盛行，国家财政不堪重负，于是加征旧税，百姓负担随之越来越重，国家逐渐显现出衰败迹象。清晚期的税收制度中，田赋虽仍为正供，但田赋附加名目繁多。五口通商成立的新海关开始征收海关税，并实行盐税抽厘和食盐加价，此外还加征茶税和茶厘以助军饷，征收矿税、当税、烟酒税、田房契税等，以增加财政收入。清晚期，内忧外患纷至沓来，农民起义此起彼伏，外国列强用坚船利炮迫使清政府签订多个屈辱的城下之盟，并倾销机器大生产制造出的廉价工业品冲击国内市场，使中国逐步沦为半殖民地半封建社会，不仅赔款数越来越多，且形成为凑赔款和镇压民众起义而横征暴敛的恶性循环。为聚敛，清政府不仅加征田赋，还将厘金任意开征进而迅速成为第一大"恶税"。清末海关和关税也逐渐被帝国主义列强控制，丧失了税收管理自主权。晚清政府甚至开征鸦片税，鸦片抽税后任其售卖，荼毒国人，泱泱大国堕入民贫国穷的深渊，进一步激化了民众与官府的矛盾。在此背景下，清政府为自救开始清理税收积弊，仿效西洋税制拟议试办印花税、所得税、营业税等新税种，但因当时经济政治环境所限大都无法推行，或阻力重重。最终，清王朝在内外交困当中走向覆亡。大清帝国由弱转强再从强盛到衰亡的风云变幻历程，是一部典型的大国兴衰史，其中税收制度革新与嬗变对帝国兴衰影响明显，是国家中兴的重要因素，也是政权衰亡的强力推手，其经验教训值得后世借鉴。

目 录

春秋之前：萌芽的成长 // 1
 一、税与华夏 // 3
 二、借民助耕 // 10
 三、均征专供 // 15
 四、关市之征 // 22
 五、霸业之基 // 25

战国与秦：攻伐的逻辑 // 33
 一、魏震天下 // 35
 二、各显神通 // 41
 三、名将收税 // 48
 四、统一依托 // 52
 五、血汗长城 // 61

汉：宏业的根基 // 65
 一、养生之道 // 67
 二、土豪刘龑 // 74
 三、有趣的会 // 82
 四、王莽闹腾 // 88
 五、光武度田 // 92

三国两晋南北朝： 乱世的聚敛　// 101
　　一、曹操秘籍　// 103
　　二、占田背后　// 109
　　三、土断是啥　// 114
　　四、北魏均田　// 119
　　五、木兰交税　// 124

隋唐五代： 峰谷的起落　// 129
　　一、父子迥异　// 131
　　二、君臣同心　// 137
　　三、取民无怨　// 143
　　四、行"两税法"　// 149
　　五、乱世难支　// 155

宋： 理财的歧路　// 161
　　一、陋宋襟肘　// 163
　　二、法意先王　// 171
　　三、毁誉纷呈　// 180
　　四、丰亨豫大　// 184
　　五、大权似道　// 190

元： 跌宕的汉化　// 199
　　一、治天下匠　// 201
　　二、大哉乾元　// 207
　　三、敛臣非命　// 214
　　四、二期儒治　// 221
　　五、脱脱更化　// 228

明： 变乱的祖训 // 233
  一、大国坐标 // 235
  二、皇运跌宕 // 242
  三、洪武心计 // 252
  四、矿税之祸 // 258
  五、东北虎啸 // 265

清： 封建的余晖 // 269
  一、税收和约 // 271
  二、玄烨心性 // 274
  三、金銮庙算 // 278
  四、厘金功过 // 286
  五、甲午日落 // 291

参考文献 // 305

春秋之前：萌芽的成长

从贡助彻到初税亩，中华民族自蛮荒逐渐走进文明，税制的演进伴随着改朝换代的步伐。

一、 税与华夏

赋税是文明社会想绕都绕不开的话题，但并不是整个人类历史都有税。

人类经过漫长的进化过程，在我们祖先茹毛饮血乃至刀耕火种的时期，赋税还不知为何物。人类社会进化到一定阶段，出现了剩余生产物，当私人占有剩余生产物出现较大差距时，便产生了私有制，逐渐形成富人和穷人两大阶层，阶级变得越来越明显。氏族社会甚至国家雏形阶段，财政收入主要来源于直接支配的奴隶劳动成果、拥有土地所有权而获得的地租收入、掠夺性收入和战败方献贡品，当时的财政收入是较为原始且很不稳定的。

争夺本就稀缺的生存和发展资源是所有动物的本能，人类迄今为止也无法超越这种习性，甚至欲望越高，手段越残忍，不可避免地产生阶级矛盾与阶级内部成员之间的激烈争斗，有时候，内斗比抵御外敌更狠。大家都不能做个安静的"美男子"和温良恭俭让的"靓女"了，阶级矛盾与族群矛盾加剧，需要强大的武力和管理手段作保障，促使政权和国家的出现。为了保证政权和国家行使职能，特别是强化统治阶级分配稀缺资源的权力，就要有一整套国家机器持续有效地运转，要运转就得有钱财作物质保障，向臣民征收赋税也就不可避免。

不断进展的考古佐证了商朝之前还有国家政权和朝代存在，多数人认为，这个朝代就是夏朝，是中国的第一个朝代。然而，古代有学者认为，在夏朝之前还有一个虞朝，由虞氏建立的虞朝比夏朝还早，中国现存最古的一部史书《尚书》，即以《虞书》为开篇。《左传》《国语》《礼记》等古代史籍中，对虞朝都有记载。不仅夏之前有虞，而且虞朝也有赋税，

"自虞、夏时，贡赋备矣。"

早在五千年前，地球的东方就已初现了文明的曙光。新石器时代，在黄河流域和长江流域，形成了许多氏族部落，其中炎帝和黄帝的部落较为强盛。传说炎黄两帝为争夺霸主之位，爆发了阪泉大战，炎帝族战败，逐渐被黄帝族兼并。

相传黄帝之后，经过颛顼、帝喾等，传到唐尧，唐尧又禅位给虞舜姚重华，由姚重华建立虞朝，首都蒲阪（今山西永济）。虞朝是历史上一个神秘的朝代，它到底是怎么样的？在《礼记》中，孔子曾这样描述虞朝："虞夏之道，寡怨于民；殷周之道，不胜其敝。虞夏之质，殷周之文，至矣。虞夏之文不胜其质；殷周之质不胜其文。"也就是说，虞夏的政令，老百姓很少有抱怨的。殷周的政令，老百姓却无法忍受其烦琐。十分突出的方面在于虞夏很质朴，而殷周却有过多的繁文缛节。孔子特别推崇虞朝，觉得真是个好朝代，建立的政治制度较为得当，受到百姓拥戴，而且已经有了国家的重要支柱——贡赋制度。

距今5300—4300年左右的南方良渚文化遗址中，已发现了城邦、宫殿、祭坛、水利等大型工程，象征财富的玉器、象征军权的玉钺等，已具国家的雏形，折射出早期财政的影子

即使在现如今，每年到了春夏之交，也有不少洪灾消息传来。可以说，

人类的进化史，就是一部抗洪救灾的历史，这在蛮荒时代更是可想而知的。大约在公元前2023年，黄帝后裔、善于治水的部落首领禹受到虞舜的禅让和部落联盟的拥戴，建立了我国历史上第一个体制较为齐备的朝代，初都阳城（今山西晋城），后又以安邑（今山西夏县）为都城，国号夏。禹的这个族群自古为礼仪之邦，"夏"有高雅的意思，而族群的人服饰很美，所以又叫作"华""华夏"。华夏族逐渐形成并从黄河流域不断向外发展。

传说中的至尊宝器九鼎，也跟赋税息息相关。夏朝已是铜器时代，据说禹铸九鼎是集九牧之铜铸成，上面刻画着各地的方物，即所谓"铸鼎象物"。观九鼎，就可以知道九州的物产情形，也就是应该贡纳的种类，这和《禹贡》制度相吻合。这九鼎一直成为传国重器，是天下共主的象征。直到周显王时，九鼎才沉没于泗水下。

禹作为夏朝的第一位天子，后人称他为夏禹。他是中国古代传说中与尧、舜齐名的贤圣帝王，其治理滔天洪水和划定国之疆土为九州等卓著功绩，对后来的中国影响深远，后人也称其为大禹。

国家出现后，履行国家职能的机构相应产生，夏朝就已设官分职，"夏后氏官百，天子有三公九卿、二十七大夫"。只是这时的国家规模不大，机构不完善，设官也不多，一般是行政官兼理财政，以"六府"为藏财之处。

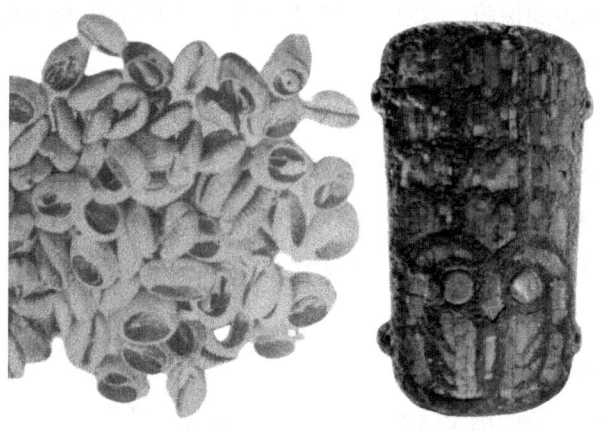

二里头夏都遗址不属于本地的贝币、青铜器工场等都侧面印证了贡的制度

夏王朝建立后，夏部落和其他部落之间的部落联盟关系转变为朝贡关系。夏王朝对各部落进行管理，臣服夏王朝的各部落则承担着对国家的贡纳义务。这种"贡"既体现了被征服部落对天子的承认，也体现了天子对被征服部落的统治，因而"贡"是维护宗法统治的一种手段。"贡"不是自愿献纳，而是强制的、无偿的。统治者为了让民众好接受，用了"贡"这个有着心甘情愿意思的美词，表示纳贡是无人强迫的自觉自愿"贡献"行为。然而，现实却远没有这么美妙。

"贡"虽未完全具备税的所有特性，但至少也是税的雏形。夏王朝用贡赋形式向臣民征收财物，并制定出征收的原则："禹别九州，量远近，制五服，任土作贡，分田定税，十一而赋。"早期的贡赋包括两个方面：一是各地方臣属向中央贡献的土特产品；二是对农产品的征收，贡纳适宜种植的农产品，根据各地离京畿的远近，土质的肥瘠、高下，评定土地等级和常年收获量，缴纳常年收获量10%的税。

当时夏朝的生产力水平大都处于低端制造阶段，能够称得上高端的只有较为粗糙的青铜器制造，人们生存基本上还依赖于自然界。生产的目的是生存，商品交换极不发达，主要交换最基本的生产、生活资料。

《尚书·禹贡》一章记述，夏禹经十三年十分艰辛的治水，划定九州区域，制定"任土作贡"办法，使田野山泽得以开发，人民生活得以安定，国计民生得到保障，这些贡献对几千年来中国历代的财政和赋税制度都产生了深远影响。

贡赋来自于哪里？土地。自古至今，我国最核心的资产就是地，即使科技高度发达的当今世界，土地妥妥的核心地位依然无法替代。也难怪当今"房奴"众多，资产和负债的大部分与房地产相关，而房子大都由钢筋水泥构成，房地产核心价值还在地块。贡这个赋税最早形态涉及的是对土地出产物的课征问题，并无更多项目，也就可以理解了，这亦符合奴隶社会早期的赋税状况。

贡赋可以说是中国土特产税的源头。"任土作贡"，是实行因地制宜区别情况分定等级向国家缴纳贡赋的办法，即根据九州各地的土地肥瘠程度和特产资源状况，贡纳当地土产、珍宝和财物。九州所产不同，因而贡品有别，不强行索取当地不产之物。夏禹在全国九州（即冀、兖、青、徐、扬、荆、豫、梁、雍），列出山川河流、水土肥瘠和物产资源情况，给出不同贡赋等级、物产及途径，按距离王城远近划分为"甸、侯、绥、要、荒"五服，距王城五百里内为甸服，再外五百里为侯服，侯服外五百里为绥服，绥服外五百里为要服，剩下的就都是荒服了。

《史记·夏本纪》追记了大禹"相地宜所有以贡"的事实和九州之贡的品目。大禹根据各地的物产，规定了不同的贡品。如冀州贡以皮服为主；兖州贡漆、丝之类；青州贡海产品；徐州贡五色土、羽毛、石料；扬州贡金、银、铜、革、羽；荆州贡金、银、铜及木材；豫州贡银、缕、熊罴；雍州贡美玉、宝珠等。

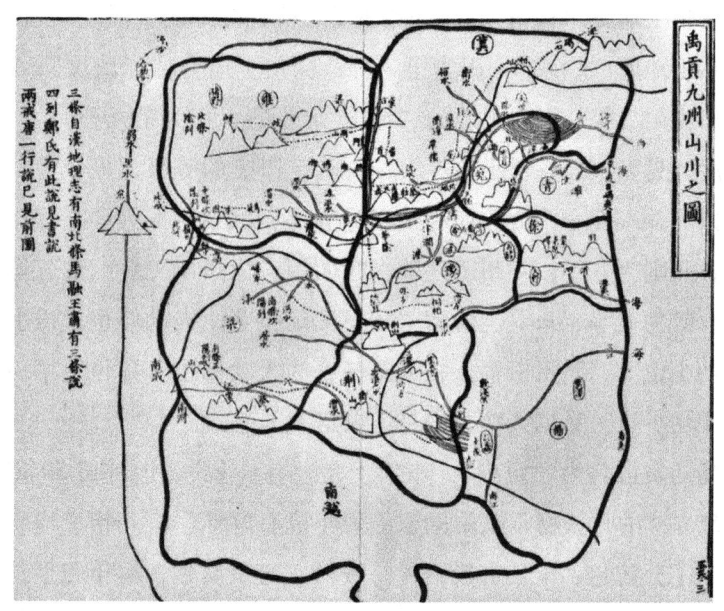

禹贡九州山川之图

从《禹贡》所规定的各州贡品看，既有必要的生产和生活资料，也有各种奢侈品；既有日常生活用品，也有军事、祭祀用品。衣食住行、吃喝玩乐，凡所应有，无所不有。一个州的物产绝不止贡品所包括的一种或几种，只规定其贡纳这些物品，而不贡纳其他物品，显然是从国家的需要和均衡负担来确定的。

"任土作贡"不仅可以满足国家的财税需要，而且易于为各地臣属部落所接受，貌似双赢。各地出产什么，就向天子贡纳什么，这使民众易于完成自己所承担的贡纳义务，由此看来"任土作贡"还发挥了维系国家和进贡者和谐关系的作用。

除土贡之外，《禹贡》还规定了田赋制度，分等征赋，是占有土地的奴隶主和平民向夏王朝缴纳的农副产品，其用途是"共车马甲兵士徒之役，充实府库赐予之用"。分等征赋，是《禹贡》制定的田赋制度的基本特点。

首先，夏朝要调查各州的土质情况，并根据土质，把各州田地分为九等。如冀州土地属"白壤"，田为第五等；兖州土地属"黑坟"，田为第六等；青州土地属"白坟"，田为第三等；徐州土地为"赤埴坟"，即红土、黏土，田为第二等；扬州土地为"涂泥"，低湿，田为第九等。

然后，夏朝根据各州土地等级，再确定田赋的等级，也分为九级，但赋等和田等并不完全一致。如冀州田为五等，赋则为一等和二等；兖州田为六等，赋则为九等；青州田三等，赋四等；徐州田二等，赋五等；扬州田九等，赋为七等、六等。所谓"田下而赋上者，人功修也；田上而赋下者，人功少也""荆州田第八，赋第三，为人功修也。雍州田第一，赋第六，为人功少也。是据人功多少总计以定差"。

夏朝的贡虽名为"贡献"，事实上是"什一税"，即种田50亩必须将10%（5亩）的收获物贡献给国家。因年成有好坏，按几年平均收获量作为定额，不分凶年、丰年定额纳税。按核定定量交税，丰年和平常年份还好，灾年就惨了，种地的民众很有可能连口粮都不够，足额缴纳赋税就变得十分艰难。

在大禹治水后，四方部落已经开始贡献各地特产。禹在征收贡以后，作为夏朝组成部分的各部落，也有不情愿"贡献"的，特别是位于今浙江德清一带十分强势的防风氏部落，一直拒不纳贡。一直到年终，大禹在茅山下（今浙江绍兴柯桥）召开部落首领会议审计贡的缴纳情况时，防风氏还既不纳贡，也不到会。禹派人再三催请，他才很不情愿地到来，并且在会上态度非常傲慢，藐视领导，拒绝补税。为树立权威，惩戒抗税，禹下令将防风氏当场正法。与此同时，禹奖罚分明，对纳贡积极的部落给予表彰，其首领得到分封。关于禹杀防风氏一事，西汉司马迁的《史记·夏本纪》中有记载："昔禹致群神于会稽之山，防风氏后至，禹杀而戮之。"为纪念国家财税年度会审会议圆满结束，大禹还下令把茅山改名为会稽山，以示对财税会计和审计的重视。在古代，"稽"与"计"同义，当年的"会稽"即今日的"会计"，会稽山的来历与赋税紧密相关。

由于措施得当，再加上软硬兼施，国家纲纪得以维护，夏朝赋税也就逐渐有了保障。

贡成为夏朝财政收入的主要来源，为收到贡，朝廷设置了相应的收贡官吏——啬夫。"吝啬"一词即来源于远古时期的税收征纳。由于人们必须纳贡但并非出于自愿，舍不得拿出来，即为"吝"；而啬夫在收贡时又巴不得把能收的都收上来，锱铢必较。久而久之"吝啬"两字就逐渐合在一起，形容人小气、抠门。从中也能反映出税收征纳双方是一对天然的矛盾。而正是啬夫认真履行职责，使夏朝有了国家巩固和发展的财力来源。

禹在世时将协助治水有功、创立畜牧业的伯益作为继承人。禹去世后，夏朝各部落开会确定继承人，当时协助禹治水有功的伯益，是禹的执政官，总理朝政，禹的儿子启作为领袖之子虽然在会上被优先提名，但他的功绩和威名没法与伯益相比，伯益很自然地成为多数人认可的法定继承人。但启这个禹的长子实力强劲，之后通过武力征伐打败了强敌伯益，夺取了领袖之位，事实上成为中国历史上由"禅让制"变为"世袭制"的始作俑者，之后启又把王位传给了儿子太康。在混沌初开年代，王位世袭制的确立，世袭君主的产生，原有的国家机构得到巩固。为了进一步巩固自己的统治，保证法令的通行，王朝还在强化武力和专制统治的同时，加强了赋税的征收管理。

从夏朝开始，华夏原始社会逐渐结束，进入奴隶社会，并建立起包括税制在内一系列维护政权的制度。夏王朝的"贡法"作为迄今为止我国最早的成文税收制度，对于维护国家的统治，推动当时社会的进步，促进后代税收制度的形成和发展，都有着重要意义。由于贡赋的收取，夏朝财力得到保障，越来越强盛，许多其他部族逐渐依附和同化，成为疆域广袤的东方大国，华夏文明绵延数千年，中华民族巍然屹立于世界民族之林。

二、借民助耕

夏朝败亡，多半是夏朝晚期数代国君自作自受的结果，其统治者不遗余力地为后世打造了一个骄奢淫逸的样板。

夏的加速衰败，从孔甲乱政开始。孔甲不仅是"权N代"，还有一身的文艺"细菌"。他不但作了《盘盂铭》三十六篇，更是音乐界天才，作了《破斧》之歌，成为东方音乐界的鼻祖。如果他穿越到现代投身文学界或音乐界，妥妥地会成为诺贝尔文学奖或格莱美音乐奖的有力竞争者。然而，孔甲却生在帝王家，阴差阳错地成了王位继承人。孔甲在位期间，肆意淫乱，沉迷于歌舞美酒之中，昏庸残暴，还笃信鬼神，使得各部落首领纷纷叛离，夏朝国势加速衰落，逐渐走向崩溃。"孔甲乱夏，四世而陨。"夏王室内政不修，外患不断，阶级矛盾日趋尖锐，贡赋加码使得民不聊生，危机四伏。

"四世而陨"的四世，就是更不靠谱的夏朝末代君王履癸，后世称为桀。履癸是"炮烙"酷刑的专利发明人，他的老婆施妹喜是音乐爱好者，喜欢"摇滚"，还最喜爱听丝绸撕裂的声音，于是履癸就雇人天天撕因贡赋而来的昂贵丝绸给妹喜听，还大搞酒池肉林等纵欢煽情场所。桀在位时，各国就已经不来朝贺和进贡了。但夏桀不思进取，"筑倾宫、饰瑶台、作琼室、立玉门"，从各地搜寻美女，藏于后宫，日夜与妹喜及宫女饮酒作乐，骄奢淫逸，十分残暴，将沉重的负担通过贡赋加到广大百姓身上，造成民众离心离德。《汤诰》也记载：夏王无德滥刑，施行虐政，百姓广受残害，痛苦不堪。最后商族趁势而起，越来越强，商汤号召各方诸侯和民众起来革命，推翻了凶暴的夏朝统治。

商国原是一个善于经商的兴旺小国，随着贸易的发展，积累了更多的资本从事生产，在农业和手工业方面也都比中原其他地方进步。商汤作为夏朝的方国——商国的君主，原居于商丘，后迁到亳（今河南商丘谷熟镇西南），在伊尹、仲虺等人的辅助下，作伐夏准备，陆续灭掉邻近的葛国以及夏朝的方国——韦、顾等，成为当时的强国。

很有意思的是，要真正成为不同凡响的领袖人物，做大事之前往往以理论为先导。在有记载的历史中，商朝开国君主商汤可说是开了这方面的先河。汤在征伐夏桀之时，两军会战于鸣条之野，为戒士众，作了一部闻名遐迩的军政法令《汤誓》，收录于《尚书》和《史记》等典籍中。

谈中国税收史绕不过《尚书》这部儒家的经典。载于十三经之一《尚书》中的《汤誓》很具煽动性，其中有这样的内容："夏王率遏众力，率割夏邑。有众率怠弗协，曰：'时日曷丧？予及汝皆亡。'夏德若兹，今朕必往。"即对诸侯说：夏王大兴徭役，耗尽民力，又加重盘剥，掠光了全国百姓的资财。民众对夏王怠慢不恭，同他不是一条心，他们说：你这个太阳什么时候消失呢？我们愿意同你一起灭亡。夏王的品德这样坏，现在我一定要去讨伐他。不得不说，商汤讨伐至高无上的天子夏桀有点底气不足，就怕别人说大逆不道，于是发布《汤誓》揭露夏桀横征暴敛，导致天怒人怨，大家必须齐心协力推翻他，才能让广大民众过上好日子。从中也可以看出，夏亡的直接原因之一：横征暴敛，耗尽民力，天怒人怨。

要跟残暴的夏桀干仗了，贡赋还交不交呢？"汤欲伐桀。伊尹曰：'请阻乏贡职以观其动。'桀怒，起九夷之师以伐之。伊尹曰：'未可。'彼尚犹能起九夷之师，是罪在我也。汤乃谢罪请服，复入贡职。明年，又不供贡职。桀怒，起九夷之师，九夷之师不起。伊尹曰：'可矣。'汤乃兴师，伐而残之，迁桀南巢氏焉。"上面这段话显示，在商汤将要伐桀的时候，商汤手下的大臣伊尹建议停止对夏上贡，观看动静。汤原为夏桀控制下的诸侯，按规定要贡纳财物给夏。从中可以看出，夏时实行贡赋制，诸侯征伐除了争夺土地、人口、财物外，往往还有贡赋问题，这说明征伐天下与财税有密切关系，也可以反映出夏朝末期贡赋沉重，诸侯们抵触情绪很大，甚至想拒绝贡纳。

商汤乘势带领天下诸侯攻桀，与夏桀大战于鸣条（今河南封丘东），桀军败散逃至昆吾，汤灭昆吾（今河南许昌），桀又逃，最终夏桀被捕并被流放到南巢（今安徽巢县），夏朝亡。经过3000诸侯大会，汤被推举为天子，定都亳，国号为"商"。汤成为商朝的开国君主，并且趁热打铁，又作了篇流传千古的《汤诰》，要求各方诸侯为民众谋立功业，努力办好该办的事情。

到了商朝，生产状况有了较大的变化。由于农业的发展，粮食生产有时多得吃不完，于是开始建立仓库储存起来。甲骨文里的"应"字，就是仓库。此时农村普遍栽种了桑麻，不少家庭还喂养了牛、马、猪、羊、鸡、狗等畜禽。这对国家的统治者来说是天大的好事，推行赋税制度阻力小。

种地在石器时代就有，但把地又叫作"田"，是到了商朝才有的。商朝的助法，既包括田制，也包括税制。中国历史上最早出现的田制是商朝实行的井田制。甲骨文有"田"等字形，说明井田制在商朝已经推行。商朝由于历史条件的变化，原来氏族公有的土地制度也有所变化，出现"公田"和"私田"之分，公田与私田划分得比较整齐，均划成方形，公田居中，私田围绕在四周，形如井字，故名井田。以这种井田划分土地及收获物归属的土地税收制度，即是井田制。

当时，开始有简单的协作，"即（王）大令众人曰协田"。"商人的井田制以六百三十亩之地，画为九区，区七十亩。中为公田，其外八家各授一区，但借其力以助耕公田，而不复税其私田。"把630亩土地分为每块70亩的田地，共9块，由民众耕种。井田的四周8块田地是民众私有的耕地，收获归己，中间则为公田，也由民众耕种，收获物全部归统治者所有，这是一种劳役地租式的纳税形式。私田自己耕种收获，不必纳税。助法的税收负担为九分之一,也即是11.11%。助法是在贡法的基础上发展起来的,统治者创造了这种劳役地租,不仅使收获更有保证,还便于征纳,推动赋税制度向前迈进了一步。助法还有一个影响深远的效应,为中国崇公抑私文化的形成打下了基础。但由于所耕之田有公私之分,民众难免耕私田卖力,助耕公田磨洋工。

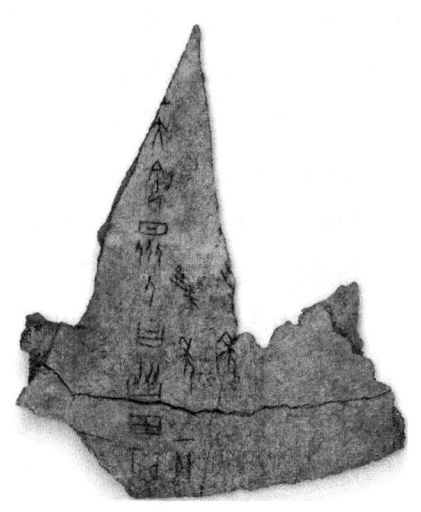

商朝"(王)大令众人曰协田"刻辞卜骨,反映了实行井田制的情况

可以说,商朝文化最突出的标志是青铜文化,而青铜器与田制及赋税的关联度是极其密切的。

到了商朝中期,青铜器器型和品种逐渐增多,并且出现了铭文和精细的纹饰。到了商晚期青铜器发展进入鼎盛时期,器型品种多种多样,有礼器、用器、乐器、兵器、装饰品等,灵动和大气兼具,铭文内容丰富,雕刻富丽精工。其中,就有青铜生产工具。从夏的每家耕种50亩到商的70亩,应该说这是在铁器没有广泛使用之前,青铜器的广泛使用促进了生产力水平的提高,使可耕种的土地面积大大增加,也使井田制和助法的推行成为可能。

除助法为力役之征外,力役之征的其他形式主要是由军事等特定原因征发并有特定劳役(搬运和饮事)的徭役。

商朝，漆器和丝织业也已发展起来，商业更发达了。除了交换大众所需生活实用之物外，商人们还从千里之外贩运货物牟利。商朝遗址中，常出土海贝等物。海贝大量生长在印度洋和南海岛屿附近，我国内陆不产此物，可见商人涉足之远。而商周之际，商贾同百工一样，多隶属于贵族即"工商食官"。

"市"是商品经济发展的产物，由来已久。商朝末年，商业贸易已很常见，关卡只进行违禁检查，过关和去市场交易的物品不征收税款，在市场上也只对市肆收取一些管理费，因此商朝时还没有市场税收。

奴隶社会初期，财政收入的主要来源是实物贡赋，以"六府"管六物之税。按规定，各地诸侯应向王朝中央纳贡，即定期向中央政府（即天子）进贡同自己等级相当的物产或其他宝物，甚至包括美女、奴隶等，以示臣服，并求得自身的安全。因此，"人"也成为纳贡的一种。

商朝也有贡赋制度。古代甲骨文曾有记载，"中册千牛千人"。近年发掘的殷商时期祭祀坑中埋葬大量尸骨的考古，证明我国奴隶社会初期，曾存在过一种极其残暴、野蛮的财政赋税形式：用活生生的人来作为贡赋，甚至进而用人作祭祀品。

奴隶主统治者要宣扬"君为天子""君权神授"来巩固自己的统治，因而极频繁而又隆重地举行各种祭祀活动：祭祀天地、四方、山川、祖先、宗庙。祭祀时，不但要建造专门供祭祀所用的"明堂"等宫屋，而且还用大量牲畜和人作祭祀品。

商王为了祭祀祖先和神灵，曾要各地献俘。当时各诸侯间的杀伐征战频繁，战争的俘虏均沦为奴隶，以奴隶的多少显示诸侯的财富和荣辱。按商王的要求，诸侯将一部分战俘作为贡赋上交中央。商王在祭祀时，按祀礼的规定，经过挑选，把这些贡赋当作牲畜一样活活杀死，以作祭坛上的祭祀品。在奴隶主统治者看来，按财税规定获得的这些"贡赋"当作"祭祀牲口"，是合情、合理、合法的。于是，在天子祈求神灵保佑的鼓乐声中，奴隶们的生命和鲜血就洒在奴隶主的祭坛上。甲骨文"中册千牛千人"即是这一血腥赋税史的记载，殷商时期祭祀坑的发掘就是奴隶主使用这一贡赋的佐证与控诉!

商朝以奴隶当贡赋用作人祭的财政赋税制度,奴隶被当成会使用工具劳动的牲口,奴隶主视奴隶为可任意处置的私人财产,反映了奴隶制国家残忍的阶级本质。

三、 均征专供

随着农耕文明不断进步,黄河作为大范围区域的同一水源,开始有了统一灌溉和航运的客观需求。在黄河流域诸多竞争者中间,历史选择了不断奋发图强的西部小国——周。周国的国王周文王姓姬,名昌,居岐(今陕西岐山县)。文王重农节俭,施行裕民政策,推行封建制度,较有节制地征收田租。与其相反的是商纣王,堕落腐化,淫乱好色,为政暴虐,苛索无度。到周文王晚年,周国的疆土已拥有"天下"三分之二,灭商的条件成熟。文王去世后,其子周武王英姿勃发,统领各路反叛诸侯出兵伐纣,纣兵纷纷倒戈,只用了一个多月时间便攻入商朝都城朝歌(今河南鹤壁市),纣王自焚而死,商亡。

周朝分为西周、东周两个阶段。东周又因《春秋》《战国策》的分别记载而分为春秋、战国两个阶段。西周时农业生产工具开始有金属的钱、镈出现,耕作方法也有了改进,通常利用耦耕。《诗经》记载"千耦其耘""十千维耦",即成千上万人在一起互相帮助着从事农业劳动。这种宏大的劳动场面,说明当时农业已有可观的规模,赋税也就有了更为充足的来源。

西周时奴隶制进入极盛时期,建立在对奴隶剥削基础之上的赋税制度也更成熟。周朝税制,包括田赋、力役、关市之征、军赋、罚课等方面的内容。周天子的权威不仅表现在他号令诸侯、天下至尊之上,而且还体现在以天下赋税为统治者服务上，谁取得了政权，也就掌握了所有资源的分配权。

远古时代，总结起来动不动就凑成"九"，可能是为了显得更高大上一些，这种行为影响了几千年。我们现代的八股文事实上也是一样的，想方设法都要凑成几点。西周田赋，就有所谓的"九赋"和"九贡"，最早出自周公。周公姓姬名旦，为周文王姬昌第四子，周武王姬发的弟弟，周武王去世之后，因继位的成王年幼，曾摄政七年之久，是周典章制度的建立者。他以"九赋"敛财赂，"以九贡致邦国之用"。

"九赋"规定国家财政收入来源有九个方面。即邦中之赋、四郊之赋、邦甸之赋、家削之赋、邦县之赋、邦都之赋、关市之赋、山泽之赋和余币之赋。前六项按照地区远近不同征土地出产物。邦中指王城所在城廓；四郊、帮甸、家削、邦县、邦都指离王城100—500里地区的定名；关市之赋指商旅税；山泽之赋指矿、渔、林业产品税；余币之赋指不属于以上各类的其他赋税。

"九贡"规定王室收受各地诸侯贡赋的种类，包含祀贡（祭祀类）、嫔贡（皮帛类）、器贡（宗庙之器类）、币贡（绣帛类）、材贡（木材类）、货贡（珠贝类）、服贡（祭服类）、游贡（羽毛类）、物贡（物产类）。周时所有财政收支由大宰总负责，由太府全面掌握，收支计划由司会办理，账目记录由司书担任，地官司徒管收入，天官冢宰掌支出，层层节制，年终还得盘存，相互牵制，各尽其责。①

周朝在开始时实行劳役地租性质的助法，大抵在共和（公元前841—前832年）后，由于劳动生产力进一步发展，人均耕地面积不断增加，民众对私田耕作更加尽力，对公田耕作却不上心，国家赋税难以为继，于是不得不将助法改为彻法。彻，意为抽取。彻法同助法一样，也建立在井田制的基础上，但彻法的征收同助法有所不同，授地面积不一样，根据土地

---

① 王成柏、孙文学主编：《中国赋税思想史》，中国财政经济出版社1995年版，第12—13页。

所产粮食的多寡抽取,是按比例税形式征收实物地租,不管公田私田,都要交总收成的10%。老百姓粮食多收多得,相对更合理,官府也解决了公田耕种磨洋工的问题,这是彻法相对于助法有进步的地方。

宋代著名理学朱熹认为彻法是:"通力合作,计亩均收,大率民得其九,公取其一。"即一种公私合作的什一实物租赋制度,周人百亩而彻,不论公田还是私田都按实物总产量的比例予以分配,可防止民众不力耕公田,从此劳役地租开始兴起,也为从井田制走向履亩而税打下了基础。

周朝倒是没有蛮来,要求诸侯和民众获得什么,就向国君进纳什么贡赋,即"制其贡,各以其所有"。当时生产力已有较大的进步,农业分化为许多部门,手工业和商业也有发展。社会成员所拥有的财富,已经有不少和土地脱离了直接的联系,在这种情况下,"任土作贡"必然会被"制其贡,各以其所有"的原则所代替。

周朝对民众按其所在经济部门劳动产品的不同,来规定其课税对象。例如,规定农民"贡九谷"、菜农"贡草木"、手工业者"贡器物"、商人"贡货贿"、牧民"贡鸟兽"、妇女"贡布帛"等。对诸侯国,不再要求进贡土特产,而只是根据其距王城的远近不同,规定进贡的不同时间,而所进贡物,完全根据朝廷的需要和各地负担条件确定,与各地土特产基本没有什么关系:"邦畿方千里,其外方五百里,谓之侯服,岁一见,其贡祀物;又其外方五百里,谓之甸服,二岁一见,其贡嫔物;又其外方五百里,谓之男服,三岁一见,其贡器物;又其外方五百里,谓之采服,四岁一见,其贡服物;又其外方五百里,谓之卫服,五岁一见,其贡财物;又其外方五百里,谓之要服,六岁一见,其贡货物;九州之外,谓之蕃国,世一见,各以其所贵宝为挚。"

可见,以其所有制其贡的赋敛原则,不仅是实物税原则,而且是考虑贡赋者负担能力的赋敛原则。

周朝对统治阶级中的特权阶层给予税收优惠。《周礼》规定,对国家赋役,"其舍者,国中贵者、贤者、能者、服公事者"。即免除赋役的,包括宗室贵族及有特殊才能的贤能之士,服公事者,指官府胥吏,也不承担赋役。

周朝对没有纳税能力的民众予以一定照顾，不光是做慈善，这也是避免竭泽而渔和引起动乱。

如果农作物欠收或减产，政府减少一部分赋役。如果减产二、三成，实收七、八成，则按实收一半纳税。徭役也一样，减产年份，百姓家无余财时，徭役也相应减轻。如果遇上大灾大荒，或大瘟疫流行，则免去百姓的全部赋役。灾荒瘟疫之年，不仅减免农民的赋役，对商人也实行减免政策。这种"凶札"即灾疫之年减免赋役的原则，是《周礼》中"荒政"的一项重要内容。

周朝对老人、儿童、残疾人免税："国中自七尺以及六十，野自六尺以及六十有五，皆征之……老者、疾者皆舍。"官府在统计百姓丁口及财产数量时，必须把这些情况也调查清楚，确定征免范围。

周朝对从外地新迁来的居民，刚到之时，尚无家业，国家亦给予免税照顾："凡新甿之治皆听之，使无征役。"以招徕迁移居民，并进行抚恤。

西周时期记载大禹"差地设征"的青铜器遂公盨

周朝的力役，七口以上之家，一般出三人的劳役；六口之家，一般两家出五人；五口之家，一家出二人。但《周礼》规定，除了冬季农闲时狩猎和追捕逃寇可征调全部劳动力参加外，其余各种力役每次每户不得超过一人。这种规定，显然是为了保证国家徭役不影响百姓生产、活动的正常进行。另外，政府还及时掌握生产情况，在某种生产活动急需劳动力时，国家动员、征调百姓前往救助，以防止人力不足而影响农业生产。

依据周制，力役包括跟随诸侯、大夫追讨寇贼、进行狩猎和运送物资等内容，通常是每年一户出一人，时间不超过3天，凶荒年份则可减免。力役的对象是城内20—60岁男子，城外15—60岁的男子。其中贵族、贤能之人、服公事者以及老者、病者皆可豁免。

军赋有兵赋与兵役两类。打仗少不了钱财，西周时军费在贵族内部筹集，征集率为10%，称为"赋"，也成为税收的别名。"赋"字从贝从武，指兵车之赋，即军赋，含有整军经武之义，和其他税收一样强制征收。

军赋属于一种战时税，它是依据井田之制而定的。一井田每年交税额640斛、刍16斛、米4斛；十六井则需出戎马1匹、牛3头；六十四井则出战车1乘、戎马4匹、牛12头、甲士3人、步卒72人。这是一种军赋与兵役合一的制度。

周朝还有罚课制度，就是对于那些不从事正当职业、懒惰好闲以及完不成生产任务的人课以重税及其他形式制裁的一种制度。据《周礼》记载，凡住宅不种植桑麻者，要罚缴布；有田不耕者，要罚粟；民不劳动者，要罚缴一夫的田赋以及服一家要承担的徭役。

周朝赋税的突出特点是均征专供，这颇有些公平税负、依规用财的味道。

周朝明确提出了平均负担，即根据土地肥瘠来平均贡赋，把土地分为五物九等。五物，指山林、川泽、丘陵、坟衍、原隰这五种地方的物产；九等，指驿刚（红硬）、赤缇（赤色）、坟壤（肥沃柔细）、渴泽（干涸泽地）、卤泻（盐碱）、勃壤（散土）、填垆（黏土）、强㯺（坚硬成块）、轻㬥（轻散）这九种不同土质。

《周礼》强调："凡税敛之法，乃分地域而辨其守，施其职而平其政（征）。"所谓分地域就是区别王畿之外各邦国与王畿之内的都城、近郊

（距王城50里地区内）、远郊（距王城50里外100里地区内）、甸（距王城100里外200里地区内）、稍（距王城200里外300里地区内）、县（距王城300里外400里地区内）、都（距王城400里外500里地区内）这几个不同的地区。

为了达到平均负担的目的，《周礼》对不同地区、不同部门的贡赋规定了不同的税率："凡任地，国宅无征，园廛二十而一，近郊十一，远郊二十而三，甸、稍、县、都皆无过十二，唯其漆林之征，二十而五。"这里国宅指官府，园廛指城中居民的宅地和菜地，由园廛至甸、稍、县、都，自近至远，税率逐渐升高，原因是宅地不种粮食，菜地利小，所以税率低，征5%。另外，城内及近郊百姓服徭役比远处要多，负担更重，所以对他们实行较低的税率，而远郊及其以外的居民徭役负担少，贡赋实行较高的税率。自然出产物税负也较高，如漆林征25%。周朝对不同地区和不同经营活动实行不同的税率，目的就是平均百姓的赋税负担。

周朝规定，负责巡视农作物的司稼在"巡野观稼"时，要根据年景的好坏、收成的多少来调整税收：丰年，按正常税率征收；荒年，则要根据情况予以减免。通过平衡赋税负担，使百姓无论什么年景，负担都不过重，相对稳定。对徭役，也要根据年景加以调节。《周礼》规定丰年百姓每旬服役三天，荒年服役一天，大灾荒和大疫则不服劳役。可见，古代统治者也是有执政智慧的。

周朝根据纳税人的不同将各种赋税收入分为两类：一类是各诸侯国的贡纳，即九贡："以九贡致邦国之用，一曰祀贡，二曰嫔贡，三曰器贡，四曰币贡，五曰材贡，六曰货贡，七曰服贡，八曰游贡，九曰物贡。"第二类是百姓之贡，即农工商万民的贡献，又称九功："凡任民，任农以耕事，贡九谷；任圃以树事，贡草木；任工以饬材事，贡器物；任商以市事，贡货贿；任牧以畜事，贡鸟兽；任嫔以女事，贡布帛；任衡以山事，贡其物；任虞以泽事，贡其物；凡无职者出夫布。"百姓的贡赋，按地区和行业来划分，则有九赋："以九赋敛财贿，一曰邦中之赋，二曰四郊之赋，三曰邦甸之赋，四曰家削之赋，五曰邦县之赋，六曰邦都之赋，七曰关市之赋，八曰山泽之赋，九曰币余之赋（天子太府内不用财物变卖后的收入）。"由此可见，那时也是有明确税收细则的。

周朝不仅以九贡、九功、九赋形式明确了国家各种赋税收入的项目，而且对各项赋税收入的用途，也作了明确的规定，即专赋专用。例如："关市之赋，以待王之膳服；邦中之赋，以待宾客；四郊之赋，以待稍秣；家削之赋，以待匪颁；邦甸之赋，以待工事；邦县之赋，以待币帛；邦都之赋，以待祭祀；山泽之赋，以待丧纪，币余之赋，以待赐予。凡邦国之贡，以待吊用（吊祭诸侯丧事），凡万民之贡，以充府库；凡式贡之余财（赋贡收入与赋税支出后所余财物），以共玩好之用（供君王玩乐需要）。"各种赋税的用途可谓一目了然。

社会发展到西周时期，分工渐细，职责渐次明确，财税事务设有专门职官管理。其中地官是我国历史上最早比较完整的税务管理机构，负责赋税征管的主要是地官司徒，有大小之分，天官冢宰每三年对司徒进行一次考绩，按征收赋税的情况决定奖惩和升迁降免。大司徒总掌均平土地、区别各地产物、划分土地等级、制定赋税征收办法，还负责督查下属行为之职，如查出欺瞒谎报之人，要视情节轻重处以"常刑"；小司徒协助大司徒职掌全国土地和户口，确定各地赋税数量和等级。地官司徒的属官，有载师、闾师、县师、遂师、廛人、司市、司关等，税务管理机构所属业务部门挺多，分工明确。

周朝搞的是中央集权之下有限度的地方自主，各种贡赋均存于国家府库，但其中薪刍、蔬菜、木材，以及留于地方的贡赋部分，并不送交中央的大府、王府、内府、外府，而是在当地储存起来。各地储存的这些赋敛财物，也都规定有专门的用处，"委人掌敛野之赋，敛薪刍。凡疏材木材，凡畜聚之物，以稍聚待宾客，以甸聚待羁旅（过客与商旅），凡其余聚，以待颁赐，以式法共祭祀之薪蒸木材"，"遗人掌邦之委积，以待施惠。乡里之委积，以恤民之艰，门关之委积，以养老孤；郊里之委积，以待宾客，野鄙之委积，以待羁旅，县都之委积，以待凶荒。凡宾客、会同、师役，掌其道路之委积"。给地方一点甜头，不至于使诸侯和地方官抵触情绪太大，且这也清楚地体现出专赋专用原则。

专赋专用，使征聚的各种贡赋普遍具有特定目的税的性质。这种专赋专用制度，首先，可以使各项财政支出都得到保障，不致发生互相侵吞，一项挤掉另一项的现象。其次，又能使每项支出的数量，受其所使用的某项贡赋收入既定数量限制，使过量的支出或浪费在客观上受到制约，从而使各项开支貌似能做到量入为出。

周朝使每项收入与支出相关联，这是财政制度的重大发展。但是，周朝采取的是过度机械化的专赋专用，没有把赋税收入和支出各自作为一个整体来对待，而是认为赋税总收入与总支出能够相抵达到平衡，支出项目就可以得到保证，不必逐项规定各项收入的用途，且即使规定每项收入的专门用途，现实当中收入与支出之间肯定会出现盈亏不均的情况，往往难以满足各项支出的需求。这表明，周朝的财税制度仍然处于发展的低级阶段，不过他们那种规矩意识和摸着石头过河的精神还是值得点赞的。

四、关市之征

在周朝，个人经商已经有了一定规模，不少商人赢利丰厚。周统治者一方面出于保护农业劳动力的需要，对从商之人加以抑制；另一方面出于国家开支不断增大和挥霍享受的需要，开始征收商税，商税包括关市之征等。

关市之征，是指对通过关卡的商旅、进行交易的商人和手工业者征收的赋税。西周的关市之征，主要是关市税和山泽税两类。

在周文王治岐的时候，就定下了"关讥而不征，泽梁无禁"。经过关津进入市场交易的产品，包括山林出产或手工加工产品，只在关口或渡口接受官府检查，看是否夹带有违禁物品之类，除对违禁者实行处罚外，对正常交易物品并不征税。设关是为讥（稽）察非常，不是征税。后来，商品（产品）交换活动规模比较大，农民出产多起来，可拿到市场进行交换，商人能够通过商品交换而牟取利益，因此国家开始通过征税来调剂商人和农民之间的利益分配，防止商人独占利益，但只征收货物过境税与货栈租金。凶年饥荒疾疫死亡，出入关卡则不征税。

当时，造船业还不发达，公共交通也没有建立，带货主要靠背，旅行主要靠腿。因此，古代的关，主要指陆路关卡，设在道路要隘或国界边塞，初时是维持治安，后也用来征税，以期充分发挥双重作用。

中国最早的关税出现在周朝，大约在西周晚期的时候，关卡开始征税。[①] 西周关税是新开征的税种，交通不发达的年代，运费成本高企，好不容易贩点儿货卖，还要征税，因此推行阻力很大。

在周朝，关税的原始内涵是各诸侯国对通过本国境内关卡的商品所征之税，可以说是一种内地关税。周之前，商业活动和手工业作坊主要由官府经营，货物在集市上交换或通过关卡，一般是"讥而不征"，即只盘查一下而并不征税。西周后期，出现了"关市之征"，开始对通过关卡要隘或上市交换的商品征税。春秋初期，宋国遭到外来侵略，一个叫耏班的人勇杀敌帅，荣立战功，"宋公于是以门赏耏班，使食其征"。这是史籍中见到的有关征收关税的最早记录，其中"门"指"关"，"征"就是征收关税。

当时商业和商品流通得到发展，形成了较多的税源，这其实是跟改善交通工具有很大关系。到了周朝后期，牛车、马车等畜力运输已较为普遍，运输数量大幅提升，单位运输成本也降低不少，交易者赚钱多了，关市税开征就有了妥妥的物质基础。

古代的官府多半是征重税的，但最初的关税税率并不高，一般在2%左右。《管子》曾记载，齐国宰相管仲要求把关税税率降至2%。当齐桓公召集宋国、陈国、蔡国、邾国等诸侯国开中原"G5首脑会议"时，管仲就提出把各国的关税税率共同降为1%，由于这只对出口较多的齐国有利，所以未获各国同意。后来，管仲2%关税税率的提议逐渐得到各国普遍赞

[①] 张志勇、张国梁、敖汀编：《税史之首集成》，中国华侨出版社1997年版，第9页。

同。管仲事实上做了当今 WTO 取消关税壁垒的一些尝试，说他是个古往今来的"大牛"一枚，还真不过分。之后，随着统治阶级增加财政收入的需要和商品流通的扩大，关税的数额、范围等也不断扩大。

西周时的市税，是指对市内邸舍列肆、守斗斛、诠衡的征收，实际上里面既有税，也有费，有次布、总布、质布、罚布、廛布等名目。次布（列肆之税布）是对市场上店铺征收的占地税；总布，对守斗斛、诠衡者所征之税，属营业税性质；质布，对买卖之间违反贸易券契规定所征收的罚款；罚布，对违反市场禁令者的罚款；廛布，对商人储存货物的店铺所收的费用。

掌管市税征收的叫"廛人"，市场管理和赋税征收一把抓，在当时应该很威风。收税的科目多样，这些税收都是收取铜铸币。另外，对于屠宰牲畜的肉商，要征收牲畜的皮、角、骨来抵作租税。如遇到灾荒或瘟疫，则免收市税。西周关市之征用货币缴纳，意味着西周时货币经济已开始发达起来。

西周的市场管理十分严格。据《礼记》所载，凡丝麻不符合规定精粗、幅面长宽的布帛，未成熟的五谷和果实，未成材的树木，未长成的禽兽、鱼、鳖，以及不合规的衣服、食品等，不准在市场出售，对犯禁者不论轻重都要进行严厉处罚。而市税收入及罚没收入，均应按规定期限交官库（泉府）。

山泽税是针对山林、园池水泽的出产所征收的税，包括对山林所出的兽皮、齿、角、羽翮，池泽所出的鱼、盐等物征收。

西周以前，山林川泽都属公有，不征赋税。当时物产少，制造技术较低，当缺少必需品时，不得不从外面贩来。由于当时奢侈之风未开，所以缺少者大都为关系到民生的物品。而且当时长途运输很难，有人能运输易地交换，官民都庆幸万分，根本不会去征税。

然而，自古以来山林川泽的出产物，是人类生活的重要来源，随着人口的增殖，开采的加剧，国家加强了管理措施。一开始设官分职的目的，主要是为了管理，保证国王的需要，不是为了收税。如山虞、林衡掌山林的政令和治禁，盐人掌盐的生产和供应，角人、羽人、兽人掌鸟兽之事，掌葛主缔、绤之材，渔人、鳖人掌川泽水产等。他们按时禁发，与民共采。

利益这个东西，不少人还是想多得多占的，何况是统治者呢？于是，就有个周厉王，江湖诨名"王好利"，重用荣夷公来专门收纳财利。大夫芮良夫劝阻说，利是由万物产生出来的，是由天地所养育而成的，假如要独占它，所带来的怨恨会很多。天地万物，人人都要取用，怎么可以独占呢？普通人独占财利，尚且被称为盗贼，而天子这样做，归附大王的人就少了。但周厉王不听，就是不听，结果导致国人不堪重负，引发暴动，厉王出逃失国。

直到西周后期，由于管理和财政需求，开始对山泽产品征税，且课征范围逐渐增多，包括山林出产的木材、薪材、草、葛、野兽肉、兽皮、兽骨、野禽羽毛和野果、野蔬等，河湖池泽出产的盐、鱼、鳖、虾、龟、蚌等，场圃出产的果蔬等物，内容庞杂，多征实物。纳税人主要是采樵者、猎户、放牧者、捕鱼者等。所以说，山泽之赋，主要是对农民从事副业的产品进行征收。山泽产品的税率，未见详细记载，只知场圃收入为二十税一，漆林之税为二十税五。副产品收入税率5%—25%，可想而知山泽税的税负差异还是蛮大的。

五、霸业之基

公元前770—前403年，中国进入波诡云谲的春秋时期。在这个时代，王室衰微、侯霸迭兴，奴隶制逐渐向封建制演变。而从税制的演变上看，则是奴隶社会以井田制为基础的劳役地租制向封建社会以土地私有制为基础的田租力役口赋制过渡。

春秋时期，我国历史上最早开始征收真正的田赋，税收的萌芽逐渐茁壮。在春秋列国当中，鲁国首先承认了土地的私人占有，并在鲁宣公十五年（公元前594年）实行"初税亩"制度，即不分公田、私田，凡占有土地者均须按亩缴纳土地税，以征收实物为主。这种按亩征税的办法，是我国田赋的开始，它改变了以往用强制劳役助耕公田，以直接取得农产品的办法，成为中国税制从劳役地租制向田租力役口赋制转变的标志。此后，各诸侯国都陆续承认土地私有，开始征收田赋。成公元年（公元前590年），鲁国对军赋的征收也做了相应的改变，行"作丘甲"。即确定一丘出一定数量的军赋，丘中之人各按所耕田数分摊。楚康王十二年（公元前548年），楚国令尹子木对田制和军赋进行了整顿，"量入修赋"。郑简公二十八年（公元前538年），郑国子产"作丘赋"，规定十六井为一丘，应出戎马一匹，牛一头，甲士及步卒若干人。① 这种做法，与鲁国"作丘甲"相似。鲁哀公十二年（公元前483年），鲁国季康子"用田赋"，直接向授田农民征赋，军赋全部按土地征发。

　　之所以将这段重要时期挂上春秋的标签，颇有缘故。西周昏君周幽王为讨取板脸美女褒姒欢心，听了"马屁精"虢石父的馊主意，在镐京（今陕西西安）骊山点燃调遣诸侯救驾的烽火，诸侯带着用军赋武装起来的军队从各地风驰电掣地赶来，结果发现啥事没有，大王只是想看看大家还听不听调遣，诸侯受骗的窘相终于博取了美人褒姐姐一笑。

　　诸侯们带着一肚子气回去了，而当强敌犬戎真来进犯，再燃起烽火的时候，诸侯们以为幽王又在拿纳税人的钱胡闹，没有一个赶来救驾，幽王、虢石父自作自受，被犬戎抓到杀死，美女褒姒也给抢走，真是"烽火戏诸侯，一笑失天下"。

　　后来，幽王的儿子周平王即位，由于镐京遭受战争破坏，加上受到犬戎的威胁，他就在公元前770年（周平王元年）把都城从镐京迁到洛邑（今河南洛阳）。至此，西周结束，东周建立，也进入了诸侯纷起、群雄争霸的春秋时期。

---

① 梁方仲编著：《中国历代户口、田地、田赋统计》，上海人民出版社1980年版，第5页。

春秋之前：萌芽的成长

春秋得名于孔子所著鲁国的编年史《春秋》，这部史书上起公元前722年（鲁隐公元年），下迄公元前481年（鲁哀公十四年），与春秋时期上下限大致相同。这一时期，分封的诸侯国不再听天子的命令，还弃用原有的彻法，改为新税制收税自用，反而是天子要依附强大的诸侯。各诸侯国间战争不断，争当"霸主"。

在王位衰落的同时，一些诸侯国强大起来。为了夺取更多的土地、财产和人口，成为左右天下、支配别国的霸主，几个大的诸侯之间，展开了长期的争霸战争。在争霸过程中，齐桓公、宋襄公、晋文公、楚庄王、秦穆公脱颖而出，史称"春秋五霸"。事实上，这五霸中宋襄公做霸主勉为其难，而秦穆公则偏居西北，被强大的晋国阻滞，还无法逐鹿中原，在华夏的版图中影响有限。当时，最有实力的是齐桓公、晋文公和楚庄王，而这几个"霸王"成就霸业都与其改革税制促进经济发展，具备雄厚国力密切相关。

西周晚期镌刻税收内容的毛公鼎，上镌刻税收内容："余之庶出，入事于外，专命专政，蓺小大楚赋，无唯正闻，引其唯王智。"即"这些众官出入从事，对外发布政令，制定各种徭役赋税，不管错对，都说是我的英明"。

- 五霸之首齐桓公"姜小白"的崛起，仰仗着一位如雷贯耳的政治财税改革家——齐国上卿即宰相管仲。

为使齐国尽快富强起来，达到民足、国富、兵强，管仲进行了一系列改革。

在政治和军事上，管仲推行政军合一制度，进行了四民分业的政治改革，把商人提高到与士、农、工同等重要的社会地位，这在远古时代可是特立独行的。

在经济方面，管仲废除齐国原有的公田制，实行"井田畴均"和"相地而衰征"，根据土地多少和田质的好坏征收赋税，使税负趋于合理，人民生产的积极性眼看着高涨起来。管仲生活的时代，奴隶制的基础已经动摇，对生产关系的变革和调整，已成为不可更改的历史趋势。管仲提出"相地而衰征"的赋税征课原则，即按照土地的肥瘠程度来确定赋税的轻重，考虑纳税人负担能力，使负担相对公平，赋税由劳役征发到实物征课转变。"相地而衰征"把公田分给劳动者耕种，国家根据土地肥瘠和产量的高低，征收轻重有差的赋税。这在某种程度上解决了不同地区、不同民户之间负税轻重、苦乐不均的问题。同时，既然把公田分了，统治者就不用再征发劳力，而只需征收劳动产品，这使劳动者得到了更多的可自由支配时间，提高了劳动积极性，同时增加了统治者的财政收入，负担相对合理，也防止了劳动者逃亡，还能吸引其他诸侯国的劳动力进入齐国，政府掌控的人力资源更多了，真是皆大欢喜！

管仲主张赋役征发无夺民时。百姓不仅要承担国家赋税，而且要承担各种力役。为了不影响农业生产的进行，管仲主张各种徭役应当尽量在农闲时征发。在百姓有了自己土地的条件下，只要国家不滥发徭役影响农事季节的生产，百姓通过辛勤劳动，大多可以得到较好的收成。"无夺民时，则百姓富。"百姓保证了耕作时间，富裕了，国家的赋税也就有了保证。

管仲主张在齐国实行盐铁专卖，设盐官煮盐，设铁官制售农具，发展渔业，由国家铸造钱币调节物价，征收较低的工商税，推动商品流通。还设置"女闾"（"国营妓院"），借机收税，这点就经不起道德评估了。

管仲还主张"通齐国之鱼盐于东莱，关市讥而不征，以为诸侯利"。

即鼓励齐国与其他诸侯国之间开展进出口贸易，以此来调剂商品的有无，满足齐国对他国产品的需求，也为齐国特产创造销路。这实际上是用减免关税的办法来刺激诸侯国间的贸易。管仲不仅重视农业生产，而且也重视发展工商业。管仲青年时代经过商，亲身体验过商业的艰辛以及对社会生产的作用。齐国又是一个有着悠久重商传统的国家，西周初年，姜太公治齐时就"通商工之业，便鱼盐之利""劝其女工，极技巧，通鱼盐"，姜太公的后代齐桓公"姜小白"和管仲齐心协力，进一步采取鼓励通商政策，使齐国臻于富强。

齐国靠海，当时的地位相当于现在的长三角、珠三角。鱼盐是齐国特产，为其他内陆国家所必需。管仲和姜太公一样，充分利用齐国这一资源优势，"通货积财，富国强兵"，用齐国所特产的鱼盐交换其他诸侯国的产品，吸引外国商人往来贸易，繁荣齐国经济。齐桓公称霸诸侯，重要原因就是由于管仲继承和发展了姜太公的工商富国政策。管仲通过鼓励商民与境外贸易，通关货物只查不征，采取为外地客商建驿站、修道路、免费提供食宿等服务措施，使整个春秋战国时期齐国的工商业一直比较繁荣，国力也比较强大。

"齐富强至于威宣"在很大程度上依赖管仲对内搞活、对外出口的经济政策和财税举措。管仲的一系列改革和增收措施，使齐国很快成为春秋时期的东方强国，为齐桓公称霸奠定了雄厚的物质基础。

- 晋文公重耳历经千辛万苦，在多个诸侯国流浪19年后，终于抓住国家动乱的机会回国取得了晋国统治权。为巩固统治，成就霸业，他励精图治，致力于改革朝政。在政治和军事上，"赋职任功，举善援能"，对从亡者及功臣封邑尊爵，激励官员和将士建功立业。在经济发展上，降低税负以施惠百姓，奖励垦殖，改进劳动工具，积极争取邻商入晋，互通有无，促进了经济繁荣发展，仅仅两三年就使晋国税源充沛，实力大增，实现了质的飞跃，成为中原霸主。

晋文公使晋国称霸诸侯所实行的经济政策之一，就是轻征薄敛。晋文公继位伊始，即"属百官，赋职任功。弃责薄敛，施舍分寡。救乏振滞，匡困资无。轻关易道，通商宽农。懋穑劝分，省用足财。利器明德，以厚民性"。晋文公长期流亡国外，比较了解当时劳动人民的疾苦和呼声，所以执政后，立即提出并推行薄敛、轻关、宽农的赋税优惠举措。

晋文公实行薄敛的目的非常清楚，就是"厚民性"，使百姓生活富裕。晋文公把薄敛看成同发展生产、省财节用同等重要的富民措施。

晋文公实行薄敛的范围也比较广泛，首先是"弃责"，即废除以前百姓对国家所欠的债务，实际上就是拖欠的赋税。其次是"轻关"，即减轻关市之征。再次是"宽农"，即宽缓对农民的赋税和劳役。晋文公的薄敛政策貌似以人民为中心，可以使晋国农民、手工业者和商人普遍受益。

晋文公实行薄敛，有一套具体的财政措施做保障。晋文公对国家统治集团各阶层、各等级的俸禄来源做了具体规定，公侯俸禄使用贡赋收入，大夫用自己封邑的租税，士靠所受公田为生，庶民自食其力，工商由官府供养，差役、皂隶依职位高低予以不同的俸禄，大夫的家臣由大夫的加田收入供养。这些规定，使国家赋税收入只在有限的范围内支出，实际上对国家赋税的使用范围加以限制。晋文公也知道，只有官家用度节制，薄敛才有可能。

晋文公崇尚薄敛，在春秋时期影响深远，成为其称霸的重要因素。60多年后，晋悼公继位，继续宣布实行薄敛政策："晋悼公即位于朝，始命百官，施舍已责，逮鳏寡，振废滞，匡乏困，救灾患，禁淫慝，薄赋敛，宥罪戾，节器用，时用民，欲无犯时。"这些政策推行的结果，使晋国再度称霸诸侯。

- 位于"荆蛮"之地的楚国，随着不断开拓疆土，渐成南方大国，还在各诸侯国中率先擅自称王，"南蛮"的气度一显无疑。到了一代枭雄楚庄王熊旅即位之时，其一面整顿朝纲，一面促进经济发展，汲取楚国大夫蒍掩"量入修赋"思想，采取相应的税收政策，即根据收入的多少征集军赋，合理安排百姓税收负担。

量入修赋，首先要求准确计算各项经济活动实际收入的数量，作为征赋的客观根据。其次要求努力促进生产，增加收入，以增加军赋的数额。蒍掩的具体做法是，登记各地田地的肥瘠，计算山林的面积和出产；保护水泽资源，区别高地丘陵的具体情况；注明盐碱地，计算水淹地；规划蓄水池，区划小块土地；在池泽地牧养牲畜，在肥沃的土地上规置井田、沟渠。通过这些具体措施，蒍掩既统一规划了全国各地的生产，又摸清了不同地区经济收入情况的底，然后根据各地区百姓收入的不同，规定应向国家缴纳的战车、马匹以及军队所需的武器、盔甲、盾牌等军赋具体数量。

没想到吧，南蛮之国楚国蒍掩的量入修赋，比改革开放前沿齐国管仲的相地衰征还更进了一步。相地衰征仅仅着眼于土地的差别，而土地的不同，固然影响农作物的产量和农民的收入，但它并不是决定农业产量的唯一因素。同样的土地，如果农民勤劳耕作，或者国家采取有效的劝农措施，发展水利事业，改善耕作制度，也可以使产量增加，收成大幅提高，这就是量入修赋。相地衰征要求确定土地的质量，根据土地质量的优劣确定赋税的等级；量入修赋则要求考察生产能力和收入水平，通过促进生产的发展和收入的提高，来增加国家的赋税收入。量入修赋将赋税增长建立在经济发展和民众收入增长的基础上，这样看来，蒍掩可以说是经济税收观的鼻祖。

楚国量入修赋的结果，使社会财富迅速增长，国家实力明显增强，同时赋税也有了坚实保障，为楚国不断扩张打下了经济基础，江淮、汉水诸小国逐渐为楚国所吞并。

而其他的诸侯国，为确保国家有合适的税收来源，以立足于乱世，也顺应时势，纷纷摒弃奴隶社会的"井田制"，相继实行"履亩而税"等。

春秋时，有的诸侯国为了筹措越来越多的军政费用，还向农民征收牲畜税、园宅税、山泽税、桑蚕税、农具税等，对私营工商业者征收市税，赋税除征收农作物之外还有蔬菜、柴禾、土特产、纺织品、货币等，税率有的超过20%，甚至达到50%以上，群雄争霸的重负不可避免地加在广大老百姓头上。

春秋争霸，实力是取得话语权的关键，而经济基础又是衡量各国实力强弱的根本。那些独霸一方的国家和霸气十足的君王，几乎都是先采取发展生产、公平税负的措施，并顺应时势进行赋税制度改革，促使国力强劲，再逐鹿中原，成就霸业的。

战国与秦：攻伐的逻辑

田租、口赋、力役，是各方诸侯博弈中的重要砝码。秦灭六国，秦朝速亡，这些砝码都举足轻重。

一、魏震天下

战国时期，政治、经济、军事和文化等各方面，都发生了急剧变化。各国更加独立以及相互混战导致国家生存危机的状况，要求进一步加快政治、经济和财税等各项改革，以变法图强。经济社会发展的客观需求，又要求改变多国并存、关卡林立的局面，原有奴隶主统治的局面被新兴地主阶级和奴隶与平民斗争持续冲击，呈现加速瓦解的态势。经过长期兼并战争，主要只剩下秦、楚、燕、齐、韩、赵、魏七个大国，地主阶级先后登上各国政治舞台并处于主导地位，中国由奴隶社会逐渐进入封建社会。

不管你惊不惊喜，厌不厌恶，历史已经告诉我们，战国时秦最终灭六国，建立了大一统的秦王朝。在战国纷争的年代，偏居一隅的秦国为何能脱颖而出？难道在那么多诸侯国中，就没有比秦国更强大、更有可能统一华夏的吗？其实可以有，这就是魏国。

要说到魏国，还得从三家分晋聊起。

韩、赵、魏三家分晋，与田氏篡齐，这些变故不仅破坏了周初建立的秩序，并且打破了春秋的局势。

我们先来说说韩、赵、魏三家分晋的来由。晋国本有十一卿，是韩、赵、魏、狐、胥、先、郤、栾、范、智、中行，后来剩下六卿，是韩、赵、魏、范、智、中行六家。晋国自昭公以后，国政都出于六卿之门，而六卿为了争权夺利，也时生内讧。六卿之中，以赵氏在晋国当政时间最久，春秋晋灵公就是被赵盾、赵穿兄弟所杀，后来晋平公时，主持晋政，参与弭兵之盟的赵武，也是赵盾之后。当时赵武在六卿中，是最强的一族。

赵武之孙赵鞅，称为赵简子，在晋顷公时当政，颇有人望。赵简子有两个儿子，长子伯鲁，幼子无恤，他有一次写了几句训辞在竹简上，交给两子好好保存。三年之后，问起伯鲁，伯鲁早已遗忘，连竹简也丢失了。再问无恤，无恤出口成诵，并自袖中掏出竹简，于是赵简子便立无恤为继承人，是为赵襄子。简子又命尹铎治晋阳，尹铎问：晋阳是要成为可以抽丝剥茧捞取丰厚赋税的地方，还是成为可作为魏国保障的地方？简子说，当然是保障啊！于是尹铎到了晋阳，减刑省赋，给民众大施恩惠。简子死前告诉襄子，将来万一赵氏有难，不要忘记晋阳这个地方。

战国早期齐国子禾子青铜釜，腹壁刻铭文告诫官吏使用标准量器行政，不得犯戒舞弊，违者视其轻重处罚

周贞定王十一年（公元前458年）时，赵襄子与韩、魏、智四家共灭范、中行两氏，瓜分了两氏的土地。因为晋君不满，并将晋君驱逐出境，故称晋出公，四家共立晋昭公曾孙为君，是为晋哀公。这时四家之中，以智襄子智瑶最为跋扈，所分田地最多，得意骄狂，又向韩、赵、魏三家索地，韩、魏不敢拒绝，唯赵襄子不肯。智瑶乃联合韩康子（韩虎）、魏桓子（魏驹）共同攻击赵襄子，赵襄子就退保晋阳。得到减税降费实惠的晋阳百姓果然效忠赵襄子，拼命守城。智瑶决晋水以灌晋阳，城墙被浸得只剩下三块，老百姓都还在"死忠"。赵襄子暗遣人出城，以利害诱说韩、魏。韩虎、魏驹早就对智瑶的蛮横反感，于是临阵反水，与赵襄子合兵反攻，灭智氏，三分智氏之地，于是晋国乃剩下韩、赵、魏三家，而且晋君

最后所保有的土地仅剩绛城和曲沃，事实上跟亡国差不多。周威烈王二十三年（公元前403年），周王竟自毁纲纪正式封三家为诸侯，是为韩景侯、赵烈侯、魏文侯，历史上一般把这一年作为战国的开端。

魏国建都于故夏都安邑（后至魏惠王时迁都于大梁），占据了故晋国的中部，也正好是位于华夏的中心地带，无论是从政治、经济还是社会发展来说，都处于领先地位，具有成为诸侯霸主的先天优势。

三国分晋之初，有一个很出色的人物魏文侯魏斯。当魏斯正式被封为诸侯时，其实际执政已二十二年。他的基本国策是联结韩、赵，东御齐而西制秦，并善于任用人才，建立了清明而有活力的政治体制。魏斯师事卜子夏、田子方，子夏是孔夫子的弟子，与田子方都是当时著名的贤人。他又任用了两位大政治家、一位大军事家。两位大政治家，一名李悝，精通法学，为文侯作《法经》六篇，这是一部著名的法典，其大纲为秦汉所采用，一直流传到明清之末。他还制定了一套开发地利奖励农业的经济政策，以及与赋税相关的平衡谷价的新办法，魏国因此走上富强之路。另一名是西门豹，魏文侯令其守邺，河内称治。大军事家吴起，与司马穰苴、孙武子同为兵法之祖，不仅是军事理论家，而且带兵打仗还很厉害，卧不设席，行不骑乘，亲负粮秣，与士卒最下者同衣食，士卒甘愿拼尽死力为他卖命。

而让魏国强大很重要的一招，就是魏文侯四十一年（公元前406年）李悝开始进行的改革。

李悝又名李克，受过儒家思想的熏陶，并发展了儒家思想，因此《汉书·艺文志》儒家类著录了李悝的文章七篇。李悝曾相魏文侯及武侯，使国富兵强，为战国初期著名的政治家。同时他还从儒家转型为法家，一不小心就成了法家的始祖。他在魏国主持变法，开了各国变法的先声。

从变法的时代背景看，李悝所处的战国初期，封建制开始替代奴隶制，逐渐成为各国潮流。这一变革首先是经济的深刻变化引起的，促使政治体制产生相应变革。然而这并不是自然而然就会完成的，新兴地主阶级政权必须通过变法，打击奴隶主贵族守旧和复辟势力，才能巩固自己的统治。

当时的魏国在变法之前面临的局面是,外部诸侯之间征伐激烈,军事压力日益增大;在经济上富庶程度不如韩,军力则弱于赵,还有秦国这个西方邻邦虎视眈眈。为增强国家实力,魏文侯任命李悝为相,用尽地利平籴、论功行赏、编纂《法经》厘定法制等举措,实行变法图强。

李悝变法中的主要经济财税内容,是通过发展生产增加赋税来源,达到国家致富图强的目的。

李悝祭出的变法招数尽地力之教,施平籴之法,都与赋税增收密切相关。李悝认为,统治者要想富国强兵和稳定社会秩序,必须指导农民提高土地产能,防止谷贱伤农,鼓励农民的生产积极性,发展农业生产,为增加国家赋税收入提供保障。

啥是尽地力呢?就是统一分配一部分耕地给农民,同时指导农民充分利用土地,督促农民勤于耕作,增加粮食产量,从而达到增加国家赋税收入的目的。李悝知道,土地的产出跟勤劳与否关系紧密,差别巨大。"以地方百里,提封九万顷,除山泽邑居叁分去一,为田六百万亩,治田勤谨则亩益三斗,不勤则损亦如之。地方百里之增减,辄为粟百八十万石矣。"如果农民勤劳,百里之地增产的粮食就可达180万石,若松懈则减产同样巨大。因此,李悝提出"尽地利"的主张,尽可能开垦荒地,提高单位面积产量。而尽地利首先必须调动民众的生产积极性,给农民一些生产和生活的条件,把国家掌握的一部分荒地分给没有土地的农民耕种。农民生产的积极性提高了,粮食自然增产,国家通过什一税制度,就可得到更多的赋税,从而有了强盛的财力保障。

那又是什么导致农民生产积极性受到损害呢?李悝指出,谷贱伤农,其原因是"籴甚贵伤民,甚贱伤农"。李悝注意到粮食因季节不同差价很大,使自耕农和非农业人口都深受其害。他提出的办法是实行平籴法,由国家在丰年平价收购余粮,而在荒年向民众平价供应粮食,取有余以补不足,解决谷贱伤农、谷贵病民的问题。

李悝的平籴措施可不是原则性的,而是有具体细化的标准,实操性很强。他把丰年分为三等，亩产是常年的四倍为大丰收，三倍为中丰收，一倍则为小丰收。除去农家常年生活水平消费，大、中、小丰年都有余粮。国家收购粮食就根据丰收的情况，大丰收大购粮，中丰收和小丰收也收购为数不等的粮食。李悝还把欠收同样分作三等，比常年减产三分之一为小饥荒，减产一半为中饥荒，减产五分之四为大饥荒。在好年成，国家就平价收购粮食，用以备荒；坏年成则将粮食以平价出售，使粮价不至于飞涨。李悝还提出，要根据欠收的状况出售粮食，小饥荒平价卖出小丰收年景购进的粮食，中饥荒平价卖出中丰收年景收购的粮食，大饥荒平价卖出大丰收年景购进的粮食，考虑得多周到！依照这套办法，不管好坏年成，粮食的价格总是平稳的，老百姓种粮也没有后顾之忧，自然安心耕种。李悝的平籴法通过稳定粮价，达到社会安定、确保粮食生产平稳增长的目的，国家赋税也可稳定增收。

李悝变法可谓中国变法之始，随后楚国吴起变法、秦国商鞅变法，都是在李悝变法的启发下展开的，在中国历史上产生了深远影响，甚至当代鼓励农民耕种、粮食储备等不少举措，其源流皆出于李悝变法。可见，李悝是变法界几千年来的"大牛"，祖师级人物。

尽地利措施与平籴法的实行，促进了魏国农业生产快速发展，赋税充裕，魏国因而富强。李悝变法有成之后，建议魏文侯走上扩张之路，首选目标是西边的秦国，占领了秦国许多地盘，并夺取了北边戎狄少数民族的大片土地。在这段时间秦国很可怜，足足被魏国压制在洛水以西 80 年之久。

魏文侯在位 38 年，去世后其子魏击即位，是为魏武侯。武侯承继文侯的余业，趁秦国丧乱，派吴起等西却嬴秦，尽取河西之地，并东克中山、南败强楚，威震天下。吴起统兵日久，声望卓著，魏武侯听信谗言，怀疑吴起二心，召吴起入朝。吴起恐获罪，只好逃奔楚国，这成了魏、秦盛衰的一个转折点。

而且，包括财税改革措施在内的各项改革没能持续推进，反而是未来最大的对手——秦国，将魏国的顶尖人才范雎、商鞅等吸引过去并加以重用，魏国的改革成果被秦国抄袭仿制外加改造，逐渐打造出了强大的"秦国制造"，使魏国越来越处于弱势。

  导致魏国被秦国所灭的关键人物，当属商鞅。商鞅本是魏国盟国也可以说是属国的卫国人氏，跟吴起的国籍一样。商鞅年轻时喜欢刑名法术之学，受李悝、吴起的影响很大。他向经世学说大家尸佼学习，初为魏国国相公叔痤家臣，做过中庶子的职位。公叔痤病重时向魏惠王推荐商鞅，说商鞅年轻有才，可以担任国相治理国家。又对魏惠王说，主公如果不用商鞅，一定要杀掉他，不要让他投奔别国。魏惠王却认为公叔痤已经病入膏肓，语无伦次，一句话都没听进去。公叔痤转身就让商鞅赶紧离开魏国，商鞅明白魏惠王不采纳公叔痤用他之言，也不会采纳杀他之言，所以并没有立即离开魏国，心里仍然期望得到重用。后来迟迟没有动静，实在等不及了，于是西行入秦，幸运地得到秦孝公重用，在秦国主持包括财税在内的系列改革，促进了秦国的强大，给魏国造成极大威胁，等魏惠王明白过来的时候，"黄花菜都凉了"。

  在商鞅入秦后几十年，又有一个正宗的魏国人范雎入秦。范雎本是魏国中大夫须贾门客，因被诬陷通齐卖魏，差点被魏国相国魏齐鞭笞致死，后在郑安平的帮助下，易名张禄，潜随秦国使者王稽入秦。秦昭王之后，范雎提出了远交近攻的策略，他主张将魏、韩、赵作为秦国兼并的主要目标，同时与齐国等保持良好关系，后拜相，辅佐秦昭襄王上承秦孝公、商鞅变法图强之志，下开秦始皇、李斯兼并天下蓝图，成为秦国历史上继往开来成就统一大业的名相。

  地处中原核心地带的魏国，优越感明显，进取心相对较弱，也许在魏国的国君心中，从来就没有成为天下霸主的野心，也就没有想尽一切办法使国家更强大。魏国未像秦国那样一如既往地招揽人才和任用人才，持续推进包括财税在内的变法改革，反而任由治国治税之才流失到对手那里，也就没有牢牢占据霸主的地位。可以说，最后是魏国人把魏国给灭了。

二、各显神通

战国时期，各式各样的学术流派"百家争鸣"于政治、经济、财税和社会问题之中，也是古代赋税思想最活跃的时期。许多思想家除了纵论治世之道、立国之本以外，在赋税问题上，也阐发了各自的主张，形成了活跃丰富的赋税思想，为当时各诸侯国赋税制度改革提供了思想先导。这一时期赋税思想之所以特别活跃，一是战乱的社会环境急需变革图强；二是集中出现了一大批富有才华又有抱负的思想家，且这些思想家里面不少人关注赋税，体恤民生，有一个希冀从乱到治的心，赋税是这颗心里面一条重要的动脉，这在中国乃至世界历史上都是极其少见的。

- 先来看看公元前468年出生的墨子有什么赋税高见。

墨子名翟，是东周春秋末期战国初期宋国人，作为先秦墨家的创始人，在春秋战国时期的诸子百家中，财税思想特色鲜明，特别是均衡政府与纳税人利益思想很经典，希冀既满足政府的财政需要，又兼顾纳税人的利益。一句话，力争实现双赢。

墨子极力主张民众只能负担适度稳定的赋役，官府财库充实的途径是正当赋税收入。墨子认为正当的赋税不会引起人民的怨恨，老百姓承担适当赋役也是必要的，但税收和劳役过重，便会引发民众不满情绪，造成混乱。墨子在中国历史上第一次提出了可行的税赋原则——劳而不伤，费而不病，以协调好政府与纳税人和服役人之间的关系。统治阶级生活奢侈腐化，需要大量的财力和人力，只有横征暴敛才能满足。墨子指出，"厚作敛于百姓，暴夺民衣食之财"，无情揭露了统治者为满足个人私欲而疯狂聚敛的危害。

墨子可是个现实人，财税思想能够贴合社会实际，赞同聚财于官，以实现国家职能。为啥要聚财于官？墨子认为政府有各种各样的职能和财政需求:"是以官府实而财不散……故国家治则刑法正,官府实则万民富,上有以絜为酒醴粢盛,以祭祀天鬼;外有以为皮币,与四邻诸侯交接;内有以食饥息劳,将养其万民;外有以怀天下之贤人。是故上者天鬼富之,外者诸侯与之,内者万民亲之,贤人归之,以此谋事则得,举事则成,入守则固,出诛则强。"国家各种需求要兼顾,"官府实"不仅有利于国家集权,而且对大多数人是有益的。而财权分散,官府的职能就难以实现。财权集中到官府之后,要求管理者必须贤明。财力集中是为了保证合理必要的开支,无必要不聚敛,聚财于官须适度。

墨子可不是个人云亦云的主,并不主张"关讥而不征",而是主张通过课征关市税,以收敛关市山林泽梁之利。有一个快马加鞭的典故,很能说明问题。墨子的门徒耕柱子聪敏而懒惰,墨子经常责备他,耕柱子很有怨言。墨子就问耕柱子:"我将要上太行山,乘坐快马和牛,你打算鞭策哪一个呢?"耕柱子说:"马跑得快当然是鞭策它呀。"墨子就对耕柱子说:"我也认为你是值得鞭策的!你应该像快马一样力求上进啊!"之后耕柱子奋发上进,再也不用老师整日督促了。在征税上,墨子也主张负担能力更强的多收,因此要收赚钱多的工商业的税。墨子指出,农民耕田种地,向国家缴税,官员对百姓征收赋税,充实国库,这是很正常的。墨子主张多渠道开辟税源,发挥积极财政的作用,以利国利民。墨子所处的时代,工商业逐渐发达,对工商业征税,税收收入来源更广;而工商业相对农业所获利润更高,税收负担能力更强,课税不会伤及根本,"快马加鞭"就是这样来的。

墨子主张敛财于民、用之于众,也就是"取之于民用之于民"。他提出,赋税要反过来用到有利于民众的事业上,兴办各种公共事业。如果国家赋税只供少数统治者享受,百姓无法或很少从中获益,必然会引起人民的反感。墨子一再强调收取的税款皆来自民众的血汗,不能随意挥霍,俭节则昌,淫佚则亡。墨子身体力行,崇尚节约,还要求他的弟子穿短衣草鞋,参加劳动,以吃苦作为修炼品行的途径。墨子提出的赋税祭祀之费、结交四邻、赈济百姓和俸赐贤能四条用途,实际上每一条都是从国人的利益出发的。墨子认为:古圣王敛财于民,不是为个人挥霍,而是用于公用事业，赈济灾民，老百姓即使多负担一些也无怨言。

墨子认为，赋税制度应兴利除害。墨子见人染丝，感叹道："染于苍则苍，染于黄则黄。所入者变，其色亦变；五入必而已则为五色矣。故染不可不慎也！非独染丝然也，国亦有染。"治国收税也如同染丝一样，应选择合适的方式。合理、稳定的税负是"利人"的，税外加征则是害人的，不能干。民众能够全力以赴投入生产中，财富和赋税才能增加。墨子很早就揭示了促进生产发展、培植税源的重要性。

- 战国时期税收思想家当中，特别值得一提的是孟子。孟子出生于公元前372年，名轲，字子舆，邹国（今山东邹县东南）人，战国时期著名的思想家、教育家，儒家学派发扬光大的关键人物和主要代表之一，与孔子并称"孔孟"，后世称之为"亚圣"。孟子继承和发展了孔子思想，主张"仁政"与"民生"，赋税思想较为丰富且独具特色，对改进税收制度提出了不少明确主张，为后世所推崇。就是在当代，许多民生税收理念都与孟子思想一脉相承。

孟子主张国家的赋税一定要适度，并且依法办事，不能乱收费、乱摊派。孟子指出，许多诸侯国征收很高的赋税，造成了大量民众家破人亡，国君自称是百姓的父母亲人，却让百姓一年到头不得停歇，使他们连亲生父母都养不活，还不得不借高利贷交税，使老幼殁于沟壑之中，这是什么为民父母？这直接切中要害，对当时的社会现实进行了深刻揭露。

孟子嫉恶如仇，十分重视人的生存权，坚决反对社会严重两极分化。"始作俑者"这个成语，曾被孟子用来规劝梁惠王：即富贵人家厨房里有肥肉，马栏中有肥马，黎民百姓却面黄肌瘦，荒郊野外有饿死的尸体，这相当于身居高位的统治者率领野兽来吃人。野兽自相残杀，人们都厌恶它们，而作为黎民百姓的父母官统治百姓，就跟率领野兽来吃人一样，这样的人能够做老百姓的父母官吗？"仲尼曰：'始作俑者，其无后乎？为其象人而用之也。如之何其使斯民饥而死也！"孟子的分析入木三分，对贪官污吏的恶行进行了鞭挞，警示当权者不可无度搜刮百姓。

孟子认为，税制应当简便易行。孟子主张农业税主张采用什一税率，提倡在城市不征坐商税，关卡和山林川泽也不课税，使商人自由贸易。而对于城市的手工业者，孟子亦主张只抽什一税，即所谓"什一使自赋"。孟子继承了孔子的赋税思想，而且比孔子的丰富且具体，大大推动了儒家赋税思想的发展，构成了后世儒家传统赋税教条，一直到19世纪末仍在赋税思想领域占据着支配地位。"什一而税"，成为两千多年来儒家经常宣扬的赋税教条。

在轻税思想方面，孟子继承和发扬了孔子"薄赋敛"和"什一而税"理念，把"省刑罚、薄税敛"作为其"仁政"的一个内容，并认为，在布缕之征、粟米之征、力役之征三者中，用其二，民有殍；用其三，而父子离，说明他清醒地认识到繁课重敛的危害性。

孟子主张减轻民众税费负担。在赋税的税率上，主张最多缴税10%；在征税方式上，孟子特别肯定"助"法，"治地莫善于助"。孟子还认为，国家应该用减少税费的办法鼓励工商业的发展，在市场上划出空地来储藏货物，却不征收货物税；如果货物滞销，就依法征购，不让它长久积压，这样商人都会满意，愿意把货物存放在市场上。在关卡只稽查而不征税，不乱设卡和乱收费，这样商旅都会满意，愿意通过关卡出入。

孟子指出，统治者应该造福于全国黎民百姓，把好政策落实到每个老百姓身上。而"膏泽下于民"最重要的是通过薄赋敛调动老百姓的积极性，促进生产发展，使民众真正富起来。孟子还主张，官府征调农民服徭役应当做到"不违农时"，即不在春播、夏锄、秋收的大忙时节征调农民服徭役，保证农民把主要精力用在农事上，通过辛勤的劳动，用汗水换取"谷不可胜食"的劳动成果，"使民养生丧死无憾也。养生丧死无憾，王道之始也"。老百姓能够丰衣足食、安居乐业，民众对国家就有归属感，国家就会越来越强盛。

孟子的税收思想很突出的贡献在于，其隐含着"最优税率"的概念，即薄赋并不是无限制降低税率，而是根据国家规模、政府架构、社会治理需要，设置一个合适的赋税标准。虽然孟子主张轻徭薄赋，但他并不认为税收得越少越好，税率越低越爽。孟子认为，税率的高低要根据行使国家职能的需要来确定。还处于比较原始状态的国家，只要实行二十取一的税率就可以了；而在社会公共需要比较多的国家，则要实行十取一的税率才能满足行使国家职能的需要，过低或过高的税率都会对社会经济发展产生不利影响。当税收收入过低时，虽然一时减轻了纳税人的负担，但社会公共供给不足，也会削弱国家的整体发展。税收分配的量趋于合理，即税收在经济所能负担的范围内恰当地分配，不仅能基本满足国家建设的资金需要，有利于宏观经济和社会的稳定发展，还可兼顾人民的负担能力，有利于纳税人的自我发展和民众生活水平的持续提高。孟子主张根据国家职能需要来确定税率高低，说明他已经具有公共财政的意识，这在古代的战国时代尤为可贵。

战国时期中山国圆壶，上铭"啬夫"字样，啬夫一般为古代官吏名，其中在基层设置的啬夫职责主要是收取赋税

• 荀子这位战国中晚期智者，出生于公元前313年，名况，字卿，战国晚期赵国人，是先秦时期思想集大成者、杰出的思想家和教育家，在宇宙论、人性论、知识论、教育观、道德观、文学、政治学、经济学、逻辑学等方面都有让人津津乐道的建树，韩非子、李斯、张苍这些顶流思想家皆是他的弟子。荀子的赋税思想是先秦各种积极赋税思想成果的继承和创新，标志着封建赋税思想已经进入成熟期，对后世影响深远。荀子总结了春秋以来各个学派的有益观点，创建了一套结束诸侯分裂割据、建立封建中央集权的荀派儒学理论体系，其中最耳熟能详的是性恶论，这常常被大家拿来与孟子的性善论作比较。与荀子相关的成语很多：锲而不舍、青出于蓝、前车之鉴、跬步千里……

荀子学说以儒家为本，兼采道、法、名、墨诸家之长。他以孔子、仲弓的继承者自居，维护儒家的传统，痛斥子张氏、子夏氏、子游氏之儒为"贱儒"。更有意思的是，他对子思、孟子一派批评甚烈。孟子说"性本善"，他偏要说"性本恶"。不过他主张轻徭薄赋的思想还是跟孟子较为一致的。荀子思想颇有向法家转变的趋势，法家的代表人物韩非子、李斯都出于荀子门下。

学而优则仕，荀子也未能幸免。荀子强调"学"的目的就在于"为"，"故学数有终，若其义则不可须臾舍也。为之，人也；舍之，禽兽也"。他认为，"为"的最好途径是当官，这样就能把理论用到实践中去。荀子曾到过燕、齐、楚、秦等多个国家，希望这些国家的国君能重用他。但荀子运气不佳，在赵、楚两国宦海沉浮数十年，也没当上像样的官，还屡屡被嫉妒的小人进谗言，害得最后小官都没当下去，而燕、秦等国好斗的王，更是听不进荀子减轻民众税收负担的理论。好在，荀子晚年集中精力写出了《荀子》，得到流芳百世的归宿。

荀子反对"聚敛"，指出聚敛亡国。荀子所处的战国末期，天下纷争，群雄并起，各诸侯国之间战乱连连，战争和王室消费等支出耗资巨大。他极力批评当时的统治者对百姓"厚刀布之敛以夺之财，重田野之税以夺其食，苛关市之征以难其事"，主张公平税负和藏富于民，"取民者安，聚敛者亡"，巧立税收名目搜刮民财的行为会从根本上破坏赋税的基础，是危害国家的大祸患。他从君与民的相互关系方面阐述了聚敛的危害性，得出了"君者，舟也；庶人者，水也。水则载舟，水则覆舟"的著名论断，对统治阶级应该如何对待百姓提出了警示。他认为"下贫是上贫，下富则上富",聚敛会使天下"将大危亡也"。荀子把反对聚敛提高到了关系国家生死存亡的高度来认识,是他高于先秦诸子其他学派的地方。

荀子主张在财税上"开源节流"。荀子认为王侯的欲望是难以遏制的,就像一个人眼睛贪图美色,耳朵喜欢好听的音乐,舌头爱好美味。想吃、想玩、好逸恶劳,这都是人的天性,所以人必然有七情六欲。这些本能并不是不好,可是如果依人天性顺其发展,而世上资源又有限,必然会引起暴虐争夺,这个世界便成为自私恐怖的世界了,因此有节制是必须的。荀子认为要富国强兵也不难,只需"开其源,节其流"。荀子主张发展农业生产,减少从商人数,并注意不违农时,通过发展生产增加赋税收入,同时节省国家的财政开支,节制赋税征取,以减轻民众负担推动生产发展。荀子已经认识到经济决定财税,而财税对经济发展起反作用的辩证关系。"开源节流"财政原则对后世影响极大,成为两千多年以来一直被统治者广泛接受的金科玉律。

战国中期楚国青铜免税符节鄂君启车节与舟节

荀子认为,应"等赋养民"和"节用裕民"。荀子发展了《周礼》提出的对全国财政收支应该"以均财,节邦用"的理论原则,指出"王者之法，等赋，政事，则一万物，所以养民也"。即国君应该制定赋税的等级，正确处理好民事，利用万物，以抚养百姓。他主张国家对农业和工商业都实行轻税，税制要简单而不扰民，对田赋实行什一税，对关卡和市场不征税，对山林湖泊依照时令实行禁闭和开放而不征税。在税率上，他延袭了春秋时期著名政治家、经济思想家管仲的思想，主张实行差别税率或级差地租。"相地而衰征，理道之远近而致贡"，即按照土地的好坏程度和道路的远近划定等级，作为税收及贡品缴纳的计算基础以公平税负。

藏富于民是荀子经济思想的核心，民富则国富，然而如何富民？荀子提出了两点措施，即"节用以礼，裕民以政"。所谓"节用以礼"，就是按封建礼制的规定把人们划分为不同的等级，规定不同等级的人在物质上享有不同的待遇，以在总体上节省财政开支。这可以达到一定的节用开支目的，但将人分成等级有其历史局限性。荀子还把节用作为与自然进行斗争的手段，认为"强本节用，则天下不能贫……本荒而用侈，则天不能使之富"，直接否定了早期儒家富贵在天的唯心主义思想。"裕民以政"就是运用促进农业生产发展和减轻赋税的政策，来达到民富和国富的目的。荀子认为："轻田野之税，平关市之征，省商贾之数，罕兴力役，无夺农时，如是则国富矣，夫是之谓以政裕民。"荀子主张通过轻税政策使百姓有财力增加生产投入，扩大生产规模，从而也开辟了更多税源，这进一步将先秦轻税思想提到了一个新高度。

战国时期各显神通的赋税思想家，为中国赋税制度发展和进步奠定了深厚的理论基石。

三、名将收税

赵奢是赵惠文王时期（公元前298—前266年）赵国一位名将。公元前270年，在秦赵阏与（今山西和顺）之战中，率领赵军与秦军狭路相逢，奋勇争先大破秦军，一战成名，因功被封为马服君，与当时赵国名将廉颇和名相蔺相如同位。"狭路相逢勇者胜"这句名言就出自赵奢。后世子孙遂以其封号"马服"为姓，后又改为单姓"马"，赵奢也因此成为马姓的始祖。他不仅以善战闻名于世，而且当将军之前，在管理国家财税方面也显示了突出的才能，在依法治税上表现出的勇猛与智慧，成了他得到重用的铺垫。而中国古代民众头脑里以"皇粮国税"为税法意识标志的根深蒂固，赵奢这个大咖依法治税的故事所产生的名人效应起了很大作用。

起初，赵奢只是赵国的一名田部吏，工作职责是征收田赋。赵奢从一个负责征收田赋的底层小吏到一代名将，与他善于说理式宣传弘扬税法密切相关。司马光曾这样记载赵奢论税："赵奢者，赵之田部吏也。收租税，而平原君家不肯出租。奢以法治之，杀平原君用事者九人。平原君怒，将杀奢。奢说曰：'君于赵为贵公子，今纵君家而不奉公，不奉公则法削，法削则国弱，国弱则诸侯加兵，诸侯加兵则无赵也。君安得有此富乎？以君之贵，奉公如法则上下平，上下平则国强，国强则赵固，而君为贵戚，岂轻于天下邪？'平原君以为贤，言之于王，王用之治国赋，未几，民富而府库实。"

赵奢年轻时被任命为赵国的田部吏，负责征收田税，刚上任就遇到一道难题。相国平原君赵胜，封邑田产全国到处都是，光是替他管理各处庄园的大管家就有九个。这九个大管家平时依仗平原君的权势，从不按规定向国家缴纳田税。上行下效，平原君家不缴税，赵国不少贵族、官僚都不愿如数缴纳，影响极为恶劣。赵奢清醒地认识到，如果不好好整治一下，今后就别想顺利收税了。他决心拿平原君开刀，督促缴纳税款。平原君的那几位大管家哪里把小小田税官放在眼里，对赵奢的催促根本不在乎。赵奢一直等到规定的纳税时间，仍不见动静，派去催的人，也一个个碰壁而返。等期限一过，赵奢立即派人把九个管家捉来杀了。平原君赵胜对如此胆大的赵奢十分恼怒，气得暴跳如雷，立即传令把赵奢抓来，欲杀赵奢以雪恨。① 这个时候，几乎所有的人都认为，赵奢这下完了。然而，戏剧性

---

① 逢吉庆、张国梁编：《税史珍闻集粹》，中国华侨出版社1996年版，第106—107页。

的反转才正式开始。面对平原君暴跳如雷的怒骂，赵奢面不改色、镇定自若地对以豪杰自居的平原君展开了一番说理式普法。赵奢认为不依法纳税就是不奉公守法，而国家法律一旦遭到破坏，统治秩序就无法维持。他对平原君说：您是赵国的贵戚，地位显赫，受人尊敬，如果任凭您的管家藐视法律，带头不交税，很可能有权有势的人都不交，那么国家法律的威严就会被削弱，国家的实力也就下降了，到时周边诸侯国就会趁机侵犯我国，这样赵国就有灭亡的危险！赵国若是亡国，您还能像现在这样享受荣华富贵吗？反之，以您尊贵的身份，带头奉公守法，全国的人都会跟着守法纳税，国家就会安定富强，国家富强了，赵国的地位自然稳固，您作为国之栋梁，更会受到天下人推重。

赵奢的论述，揭示了依法治税的重要性，不仅平民百姓必须遵守税法，官僚贵族也不得违犯，不能因为自己的特权地位而拒绝履行纳税义务，否则后果十分严重！

古人云"天下大事必作于细"，这一点在赵奢论税上得到了充分体现。赵奢之所以面对平原君还能沉着地开展说理式普法，首先是他自己下了苦功钻研精通税法，建立了牢固的法律信仰，还具备满满的自信，面对位高权重又杀气腾腾的平原君，不惧挑战，很有底气，镇定自若地侃侃而谈，在执法过程中把握法条显得游刃有余。其次，针对平原君的高贵身份和政治利益，揣摩透了对方心理，说理说到了对方心坎上。再就是赵奢宣传弘扬税法讲究了语言技巧。说理的前半段，赵奢着重说明不守法的危害，利害关系层层升级，把不遵守税法的危害充分剖析开来；说理的后半段，赵奢又反过来说明守法的好处，层层递进，和说理前半段互相呼应，一反一正，很有气势，令平原君深深折服。收税普法说理到这个份上，赵奢自己想不得到重用都难。

平原君听了赵奢这番有胆有识、入情入理的依法纳税劝告，心服口服，认为他做得正确，不仅感到国税应缴，抗税可杀，还认定赵奢是不可多得的人才，把他推荐给了赵惠文王。当时，赵国正受到秦国的威胁，军费支出巨大，但国家财政困难，入不敷出。为了挽救这种危急的局面特别需要一个得力的人来整顿财政。听了平原君的推荐，赵惠文王接受了他的建议，提拔赵奢主管国赋。赵奢上任后，大刀阔斧整顿赵国财税，不畏权势，敢作敢为。贵族大臣们知道他是不好惹的，再也不敢任意破坏税收了。由于赵奢能坚持依法治税，所以在他掌管赵国税收事务后没几年，财政收入大大增加，国库充实，老百姓的负担比以前合理，生活也有了好转，为以后赵国击退秦军的进攻奠定了物质基础，赵国因而成为战国时期的强国之一。

赵惠文王二十九年（公元前270年），秦国进攻韩国，军队驻扎在阏与。赵惠文王召见赵国名将廉颇问可不可以去援救，廉颇觉得路远且艰险狭窄，很难援救。随后赵王又召见乐乘问援救的事，乐乘的回答也跟廉颇一样。赵王不甘心，再问"税务局长"赵奢，赵奢猜透了赵王心思，当时赵国军队经常打败仗，赵王很想打胜一次，以壮国威。于是赵奢回答说，道远地险路狭，就好像两只老鼠在洞里争斗，哪个勇猛哪个取胜。这番话正中赵王下怀，就派赵奢领兵去援救。赵奢做好了充分准备，先使计谋让秦军疏于防备，然后派轻骑兵猛攻，将有勇有谋依法治税那一套用到战场上，在阏与获得大胜。

其实比赵奢更有名的，是他的儿子赵括。对，就是那个长平之战赵军主将，害得40万赵军被秦将白起坑杀的赵括。赵奢其实对纸上谈兵的儿子赵括早就有预言，他曾忧虑地对妻子说："兵，死地也，而括易言之。使赵不将括即已，若必将之，破赵者必括也。"而他的忧虑，最终得到应验。收税跟打仗是一样的，仅仅了解书本上的税收知识是很难完成税收工作任务的，还得将税收理论用于税收实践通过扎实的税收工作，把税收职责履行到位。

赵奢是坚持依法治税的典型，敢于依法打击抗税的王亲贵族，而且善于依法治税，为后世树立了一个极为难得的执法如山税官形象。早年收税的历练，特别是那股猛劲与正气凛然，给了赵奢获得重用的机会。而从赵奢税收的作为上可以看到，收好税与打好仗是相通的，都要有胆有识。善于审时度势，方能稳操胜券。

四、统一依托

秦国地处西陲，原来被看成是关中地区的一个戎狄小国，在许多方面都远比中原地区各诸侯国落后。虽然经过春秋时期的连年扩张，秦国已经是西北边陲一个实力强劲的诸侯大国，秦穆公还被列为"春秋五霸"之一，但春秋各大国中原盟会争雄时，秦国基本上得不到参加派对的邀请，更不用说获得推为盟主的机会了，因此常常愤愤不平。也许是压抑太久，秦国的君王渐渐就有了逐鹿中原一统天下的雄心，你看不起我，我就打得让你俯首称臣。但是，"理想很丰满，现实很骨感"。由于国力不振与政治落后，因循守旧的奴隶主集团实力强大，社会不稳定，国内矛盾尖锐，与诸侯国打交道又屡屡受到排挤，内外交困。

到了天下大乱的战国初期，魏、赵、韩、楚等国为了争霸图强，相继进行政治经济和财税改革，并取得明显成效。然而，偏居西北之地的秦国却因改革缓慢，在各方面都远远落后于其他大国，屡次挺进中原，都无功而返，还经常受到魏、楚等国的侵迫，屡屡割地赔款。

秦国的统治者渐渐认识到，当国家一穷二白的时候，光靠有雄心是不行的，在积蓄自身力量的同时，还要善于吸取别国的长处，加速引进自己迫切需要的人才和其他各种资源，促进国家变得强大起来。秦国特别注重持续引进人才，战国时秦国五大名相商鞅、张仪、范雎、吕不韦、李斯都不是秦国自产的人才，商鞅和吕不韦是卫国人，张仪和范雎是魏国人，李斯是楚国人，而他们都被秦国招揽重用，先后帮着一代一代的秦王谋划把战国群雄扫灭干净。

秦国为改变落后的现状，持续变法图强，其中很重要的变法内容是赋税改革。秦国的赋税改革始于秦简公七年（公元前408年）开始实行的

"初租禾",这听起来就和鲁国发明的"初税亩"很相像吧!"初租禾"是按照田禾收入的多寡收取租税,客观上承认了封建土地私有制,并不分公田还是私田,一律征收赋税。

秦国还祭出了一个狠招,就是不再像其他诸侯国那样给贵族裂土分封,而是凭军功等功劳奖励土地,并通过把土地集中起来以后"制土分民",招募三晋农民入秦垦殖,三世不服兵役。农兵分工,使人口和土地保持着一个适当的比重。没几年,三晋农民纷纷入秦,在人力资源上逐渐形成"弱晋强秦"的局面。在当时的土地关系中,唯有秦国在土地占有关系方面缺乏公、卿、大夫、士层层占有关系,由国君一人握有土地大权。在这样的经济基础上,就可以建立高度集权的政治制度,进行"耕战",通过强农为兼并天下打下经济基础。

公元前361年,有着一统天下雄才大略的秦孝公即位了。秦国在变法前与中原诸侯相比落后很多,迫于自身生存和发展的需要,必须进行改革。他广招贤才,一些其他诸侯国的能人闻风归附。此时,一个叫公孙鞅的卫国人来到了秦都咸阳,这个公孙鞅因后来有功获封商地,号为商君,故亦称之为商鞅。他希望在秦国实现自己的政治理想,通过关系得以见到秦孝公,并先后四次陈述自己的治国主张,头三次都没有被采纳,当第四次向秦孝公阐述富国强兵之策时,秦孝公听得十分入迷,膝盖不知不觉向商鞅挪动,二人畅谈数日都毫无倦意。之后,商鞅不仅得到任用,还不断升迁。

商鞅方升,标准量器具的发明,便于货物交易和收取实物税

商鞅出生于公元前390年,年轻时喜欢刑名法术之学,受李悝、吴起的影响很大。秦孝公深信商鞅学说可以强国,于是任用其推行改革,于公元前 359 年命商鞅在秦国颁布《垦草令》，主要内容有刺激农业生产，抑制商业发展，重塑社会价值观，提高农业的社会认知度，削弱贵族、官吏的特权，实行统一的税租制度等，作为全面变法的序幕。

《垦草令》在秦国成功实施后，秦孝公于公元前 356 年任命商鞅为左庶长，实行第一次变法：改革户籍制度，实行什伍连坐法；明令军法奖励军功；废除世卿世禄制度，建立二十等爵制；严惩私斗，奖励耕织，重农抑商；改法为律制定秦律，推行小家庭制等。

公元前 349 年，秦孝公将国都从栎阳迁到咸阳，同时命商鞅进行第二次变法，开阡陌封疆，废井田，制辕田，允许土地私有及买卖，推行县制和初为赋（按人口征人头税），统一度量衡，燔诗书而明法令，塞私门之请，禁游宦之民，执行分户令以禁止百姓父、子、兄、弟同居一室等。

商鞅在变法中十分重视税制改革，采取了多项举措。

商鞅主张减少农业税，禁止对农民滥兴劳役。商鞅认为税役多是影响和破坏农业生产的重要因素之一，赋税以无偿的方式获取农民手中的粟米布帛，直接损害农民的利益，必然影响农民从事农业生产的积极性。而农民服过多的劳役，也没法种更多的田，因此，商鞅不主张多兴税役，农民不服官府过多的徭役，才可能有充裕的时间，搞好耕作，才有余力开垦荒地，扩大农田面积，增加粮食产量。

但国家所需的粮食，不靠多征农业税获得，又能有什么其他好办法呢？还真有，商鞅想出了"使民以粟出官爵"的办法，通过卖官爵把地主和农民手里的粮食集中到国家手里。商鞅认为，人都追求名利，而官爵则是名利的集中体现，是人们追求名利的主要目标，其实商鞅本人就是求名求利的典型，要不然也不会从魏国跑到秦国来。让百姓把余粮交给国家，国家根据他们所交粮食的多少，赏给他们官爵。百姓为了获得官爵，就会生产更多的粮食上缴国家。采取这种办法不仅可以把百姓手里的余粮全部集中到国家手里，而且会促使百姓尽力耕织，调动起人们务农的积极性。所以，"使民以粟出官爵"，会使民众使尽身上全部力气从事农业生产，拿出家里全部余粮上缴国家。最关键的是，官爵任由国家随便设，没有成本，真是空手套白狼。不过这样容易官满为患，负面影响也是很显然的。

商鞅将赋税作为农战服务的工具。农战，即用强大的农业支撑赋税收入，以满足战争需求。商鞅认为："国之所以兴者，农战也。""强国事兼并，弱国务力守。"一个国家如果没有强大的军事力量，不仅不能统一天下，而且会被大国灭亡。农战关系到国家的强弱存亡，国家的赋税政策必须为农战服务。为鼓励百姓作战杀敌，规定在战场上斩敌一人，则免除其赋役。国家要通过自己的赋税政策，使百姓"喜农而乐战"。所以，国家必须强兵。要强兵，必须富国；要富国，必须发展农业生产。农业是富国之本，商鞅主张把山林川泽收归国家所有，通过发展农业生产，按土地多少征田租，按人丁征兵，按人口抽收口赋（人头税），田租、口赋、力役制初步形成，用以集聚财力，支撑强大的军事力量，称霸诸侯，一统江山。

商鞅运用土地和赋税政策来提高农民的劳动积极性。赋税成了一种奖惩手段，其征免与轻重，完全以推行农战政策为目的。从国家法律层面废除井田制，承认土地私有制，并不分贵贱，按军功赏给房屋和土地。鼓励开垦荒地，土地可以自由买卖，国家依照法律的规定对土地征收赋税。商鞅在新法中规定，凡是努力从事农业生产，成绩巨大，收获的粮食和布帛数量多的百姓，国家免除其徭役。对在丘陵草泽等处开垦的荒地，10年之内不纳税。对游手好闲不从事农业的，课以重税。对偷奸躲懒或弃农从商的，罚为奴隶。商鞅还盯上了每家每户的人口，所以规定百姓家中兄弟两个以上的必须分家，不分家就要加倍征税，把大家族拆为一个个小家庭，以利于农业发展。

商鞅认为，"欲农富其国者，境内之食必贵，而不农之征必多，市利之租必重"。士人和工商业者不仅不生产粮食，而且消耗大量粮食，他们就像庄稼地里的害虫一样，"春生秋死，一出而民数年不食"，是农业生产的阻碍。他们不仅白白耗费大量粮食，而且影响农民的生产积极性。士人凭口舌可以获得高官厚禄，商人靠做买卖就能发家致富，手工业者凭自己的手艺可以过得不错，农民看到他们逍遥自在，就想"乐学、事商贾、为技艺，避农战"。放弃农业生产，农业生产就不可能发展起来。因此，国家必须采取措施抑制工商业活动和游手好闲的行为。对贵族官僚家中的食客，也"以其食口之数，赋而重使之"。士大夫的庶子亦不能逃避徭役："均出余子之使令，以世使之，又高其解舍，令有甬官食，概不可以避役，而大官不可必得也。则余子不游事人，则必农。"总之，凡是劳力，就想办法让他们去种田。

在秦国，有个"訾粟而税"的规定，即不管什么税都一律要用粮食缴纳，不能用货币和其他物品代替。商鞅觉得，有粮食就会有金钱，而有金钱则不见得买得到粮食，因此对国家来说粮食是最重要的。赋税一律纳粟更是一项有效的重农抑商措施。以粟纳税对农民极为方便，他们劳动产品本身就是粟米。商人和手工业者则不同，他们生产经营的不是粟米。而要以粟纳税，他们本来可以向农民购买粮食缴纳的，但商鞅这个"狠人"又祭出一记狠招，规定"商无得籴，农无得粜"，即不准商人向农民购买粮食，也不许农民卖粮食给商人。这样，商人和手工业者要完成以粟纳税的义务，就必须自己从事农业生产。"訾粟而税"是驱逼全体人民务农的一项有力措施，也使本来就是农民的人更加专心务农。

商鞅认为，对商业等非农业活动加重征收赋税，就会使"民不得无去其商贾技巧而事地利"，迫使百姓离开工商业而转向农业，促进农业生产的发展。因此，商鞅对非农业实行重税，重征关税和市场税收，并规定商人及其奴隶都必须服徭役，以抑制商业和消费。在重税思想方面，商鞅主张"不农之征必多，市利之租必重"，主张对关卡、市场、货物及游手好用的人都课以重税。国家以税收的形式把商人的绝大部分利润，甚至全部利润征走，这样经商就变得无利可图，甚至不如务农有利，农民就不会弃农经商，商人也会放弃商业而从事农业生产，这就会促进土地的开垦和农业的发展。

商鞅对商人所经营的非生活必需品，"贵酒肉之价，重其租，令十倍其朴。然则商贾少，农不能喜酣奭，大臣不为荒饱。商贾少，则上不费粟；民不能喜酣奭，则农不慢，大臣不为荒饱，则国事不稽"。通过提高酒肉等税额，使价格高出其成本10倍，既征走了商人的绝大部分利润，又抬高了酒肉的价格，使商人卖不出去，一般人买不起，这就利好农业生产。

商鞅变法后，商人和一切游食者的徭役也加重了，按照商人家庭人口数量，全部分派劳役，商人雇用的仆役也要按名册服役，使商人徭役沉重，难以承受。而农民的徭役和商人相比，就显得轻多了。商人徭役沉重，就难于继续经营；而农民劳役更轻，"则公作必疾，而私作不荒，则农事必胜。农事必胜，则草必垦矣"。这样，农业生产自然而然发展起来了。

商鞅在全国实行编户制，创立"连坐"法，居民五家为一保，十户连坐，相互监督，违反规定实施奖惩，以利于加强控管，按户口征收人口税和按人头征收力役和兵役。"连坐法"发明以后，我国历朝历代统治者都觉得好使，沿用了两千多年。

商鞅还创立军赋制度，由国家统一征课军赋。"初为赋"是秦国按户征收訾算即资产税的缘起，初始以土地和奴婢占有数量为征赋对象。

商鞅颁布法令统一税收制度，实行按照粮食产量计征税收的办法，削减了贵族利益，并通过统一度量衡避免由于计量不准造成征收不均现象，使农民税收负担相对合理。同时，官府机构尽量精干，减少靡费，避免赋税入不敷出。

商鞅为了推动包括税制改革在内的变法，还立木为信，在国都集市的南门外竖起一根三丈高的木头，并贴出告示：谁能将木头搬到集市北门，就给他10两金子。百姓们感到奇怪，没有人敢来搬动。后来又出示布告：能搬动此木的给其50两金。终于，有个幸运儿壮着胆子把木头搬到了集市北门，商鞅立刻命令兑现50两金。"吃瓜群众"看到这个情形，逐渐相信变法会坚定推行下去。

每一次重大变革都是利益的再分配，商鞅辅佐秦孝公变法，取得突出的成就，但也不可避免地损害了奴隶主阶级的既得利益，而且他还用严刑峻法来维护改革，其中一天之内就在渭水之滨处决了700多名反对变法者，河水因此变红，号哭之声惊天动地。变法侵犯了贵族们的利益，因之遭到他们的强烈反对，无时无刻不想置商鞅于死地。公元前338年，商鞅的总后台秦孝公去世,太子驷接位后,成为秦惠文王,商鞅失去变法的强有力支持者,被公子虔举报谋反,商鞅有口难辩,只得逃亡,并在走投无路时不得不在封地商举兵反抗,失败后逃亡至边关,欲宿客舍,结果未出示证件,店家因害怕违反商鞅颁布的"连坐"法不敢留宿,商鞅没有办法只得继续赶路,最后在路上被抓,运往京城后施以其从前经常施在反对派身上的车裂酷刑,真可谓"作法自毙"。

商鞅车裂,秦人不怜,反而拍手称快,这跟商鞅变法后法令严苛,百姓赋役越来越重有直接关系,且商鞅变法中也有不少在当时看起来就是反动的东西,如为国家强盛采取愚民和弱民政策、孤立民众相互监视告密等,因此商鞅及其变法在历朝历代都褒贬不一。商鞅的一生,用上半生找寻入口,用下半生找寻出口,然而最终无路可走。

商鞅变法使秦国逐渐富裕起来,军队有了充足的粮饷后变得越来越强。然而秦国最锐利的并不是军队,而是经过改革后建立起的先进政治经济制度。虽然商鞅被处死,但变法得以继续实行下去,而且其中的精髓还被后来历代统治者所继承,因为这个变法最大的受益者是居于最高位置的统治者,至于老百姓,不仅没有从中受多少益,往往还成为统治者无休无止盘剥的对象。因此,传递商鞅思想的《商君书》,既被历代统治者奉为治国"葵花宝典",也被不少人贬为至邪至恶的巅峰之作。

商鞅变法的社会意义是十分重大的。变法打击了奴隶主贵族势力,使封建制度得到巩固和发展,促进了社会生产,增加了赋税收入,充裕了国库。随着奴隶制的崩溃,生产力的发展,人民生活有了一定的改善,军队战斗力不断加强,为秦国成为战国后期最强盛的封建国家,开展大规模的扩张战争并最后统一全国,打下了坚实的经济基础。最终秦王嬴政统率军队横扫六国,于秦始皇二十六年(公元前221年)结束了诸侯割据称雄的战国时代,建立了中央集权的统一国家。秦国的崛起与一统天下表明,一个落后的国家,可以通过革新旧制度和解放生产力获得快速发展,并通过坚持不懈深化改革实现后来居上。

秦国还十分注重法律的制定和实施,这也是秦统一全国的重要依凭。

秦孝公三年（公元前359年），商鞅根据魏国李悝《法经》六篇，改法为律，称为《秦律》，经过秦昭襄王、秦始皇、秦二世时的多次修订，成文法典《秦律》已成为颁行全国相当严密的法典，凡政治、经济、军事、思想、生活等方面"皆有法式"，其中涉及财政税收的，有《田律》《关市律》《仓律》《徭律》《金布律》等多部。在《田律》中，规定了如遇农业遭受天灾，要立即报告中央，近县派人送，远县由驿站传递，必须在八月底以前送达，以便中央采取措施，防止减少田赋收入；在《关市律》中，规定收纳市税时，必须当众将税银放入陶质钱罐中，令市者见其入，违反这一法令的要罚款，这是税收内部监督的重要举措；在《徭律》中，规定人丁每年都要服徭役若干天等。《秦律》中，对农民缴纳田赋的规定很明确，从品目、税率到质量都分外详细，如果完不成收入数额，上至主管官吏，下至三老啬夫，都会受笞责或罢官处罚，用严苛的罚则确立国家税法的威严。

商鞅无可奈何花落去，然而天下各路英才却在秦国的招揽下"似曾相识燕归来"，先后又有张仪、范雎、吕不韦、李斯等异国他乡来的相国辅佐各代秦王加快兼并天下的步伐，由秦王嬴政最终于公元前221年扫灭群雄，统一全国。

七国经过一番合纵连横复杂的打闹之后，秦国的大王嬴政凭着更强的意志、战力和财力，逐一灭掉了其他六国，以生灵涂炭、万民悲催的代价，结束了各诸侯国割据称霸的局面，自己也成为有史以来大一统专制国家的始皇帝。国家的统一，促进了全国经济和文化的交流；而经济的繁荣，又巩固了封建专制主义中央集权制度。但是，秦始皇在完成统一事业后，恣意横征暴敛，破坏了人民的生存条件，严重地打击了农民的生产积极性，使社会生产遭到了极大破坏，最后导致了秦末农民大起义，秦王朝二世而亡。

秦始皇的横征暴敛和秦二世的荒淫无度，使秦王朝存续期只有16年，但在这前后不断推进了包括税收制度在内的国家典章制度改革，田租、口赋、力役制深入推行，并进行土地调查，登记土地数量，进而编制地籍簿册作为征派田赋的依据。秦始皇三十一年（公元前216年）时，曾令地主和有田农民自动陈报所占有土地的数额，按定制缴纳赋税，即"使黔首自实田"。战国时期的财税管理机构，已经有了田部吏、大府、内史等机构，财税机构变得更加明晰。秦统一中国后，设治粟内史和少府，前者管理赋税收入及财政支出，后者掌王室私人及其开销，而且分掌谷帛财货和山海池泽之税。在地方，郡有守，县有令，负责各该管辖区的民政、财政之事。大乡由郡指派"有秩"，小乡由县指派"三老""啬夫"，负责教化、诉讼和征收赋税。自秦以后，国家的财政同皇室财政开始分开，不仅划分了各自的收入来源，而且有各自的用途，分设机构，置官管理。秦朝赋税制度的逐渐成熟，客观上为汉代维持400余年的封建统治打下了赋税制度基础。

秦国地处西北一隅，长期以来被人看不起，受闷气，历代国君都有一颗战胜强敌的野心，不惜采取一切手段达到目标，因此政治、经济、财税改革比任何其他国家都更持久、更彻底，最终能够一统天下，真不是偶然。

记载大量赋役资料的里耶秦简

五、 血汗长城

信奉法家学说的秦始皇统一六国以后，为了便于控制战败的各国诸侯，防止贵族聚财叛乱，采纳了丞相李斯的建议，徙天下豪富 12 万户于国都咸阳，聚诸侯和财宝于三辅，"收天下兵（器）聚之咸阳，销以为钟，铸金人十二，重千石，置廷宫中"。接着，秦始皇五次出巡，封禅，望祭山川；广修宫殿，据传绵延三百里；对外持续用兵，又筑后世叹为观止的万里长城消弭边患。此外，还发童男童女数千人入海求仙，并遣人寻长生不死之药。这样的排面，需要浩繁的支出，财用巨大，狂加赋税可想而知。

秦代的税赋分为田租、口赋和力役三种。田租按亩计征甚至达到"泰半之赋"，泰半即 2/3，也就是说税率高达 66.7%。口赋是人头税，每口 1000 钱。在秦朝为收到更多的税，开始点人头收，曾使税吏挨家挨户清点人数，按人头征稻谷，用畚箕来收集，充作军费，"头会箕赋，输于少府"。本属国家赋税收入的人头税，在秦朝被王室据为己有。力役的征收，更为频繁沉重。当时全国人口约 2000 万人，劳动力占 40%，约为 800 万人，其中男劳力约 400 万人，而每年所征用的劳役起码不下 300 万人，几乎占男劳力的 75%。如在骊山建始皇陵，嬴政即位即开始修建，统一六国后又征发刑徒 70 余万人继续建造，直到他本人葬入墓中为止，前后历时数十年之久。至于修建万里长城征用的劳力就更多，以致民间千百年来流传着新婚不久的孟姜女找不到被拉走服役的丈夫万喜良，而悲愤万分哭倒长城的故事。世界奇迹长城的每一块城砖里面，都是泰半之赋和百姓的血泪。所以汉代董仲舒说秦代力役三十倍于古，田租、口赋、盐铁之利二十倍于古，造成全国男子力耕仍粮饷不足，女子日夜纺织依然衣不蔽体，竭天下之资财也满足不了赋税需索,终于导致中国历史上首次载入史册的农民大起义——陈胜、吴广起义爆发,并像多米诺骨牌一样引发天下豪杰群起造反,貌似无比强大的秦王朝短短数年即土崩瓦解。

秦王嬴政所崇尚的法家君主专制、富强霸道学说,反对儒家"仁政"的主张,鼓吹国君必须牢牢掌握政权,用严刑峻法和苛重赋役统治民众,镇压反叛,但集法家之大成的并不是出自秦国的智者,而是韩国才华横溢的王子韩非。韩非本想劝韩王安励精图治,变法图强,但韩王却一句也没听进去。失望之余,韩非系统整理其法家思想,写出《孤愤》《五蠹》《内外储》《说林》《说难》等十余万言的著作,后世统称《韩非子》。阴差阳错,这部著作传到韩国的敌国秦,秦王嬴政读后推崇备至,照着韩非的理念实践,首先就灭了韩,俘虏了韩王安,真是令人好气又好笑!

秦诏版,诏告把全国不统一而胡乱不清的法律、度量和各种制度都明确统一起来

秦朝自商鞅变法以来,早已形成一个单纯讲利害不讲感情的政治,到了秦始皇时期,更把百姓看作工具,看作奴隶。嬴政秦帝国的形成,其开河、筑路、造万里长城、北伐匈奴、南征百越，这些功业全都建筑在全国百姓的斑斑血泪上。秦民税赋极重，以至当时人们把秦王朝这种敲骨吸髓的剥削形容为"头会箕敛"，即按人头用畚箕装取所征的财物。负担中最沉重的是军事，一批批贫苦的百姓被强迫征发到边疆当戍兵或修长城，多是一去不复还。"戍者死于边，输者偾于道，秦民见行，如往弃市"，这就是秦王朝的悲惨社会状况。

统治者还"以税民深者为明吏"。这些所谓的"明吏"助皇帝为虐，连年对外用兵，大兴土木。如果这些负担和奴役是为了保家卫国，还情有可原，而最令民众切齿痛恨的是秦始皇及其统治集团为了个人淫乐，大规模修造宫室、坟墓以及巡游、求仙等举动，给民众带来全身心的痛苦。秦始皇在统一之后，仿照各诸侯国的宫室图样沿着渭水之滨造了无数的宫殿，著名的阿房宫，东西五百步，南北五十丈，上可以坐万人，下可以建五丈旗。这些离宫殿阁相望，东西号称三百里，真是连绵不绝。宫殿里面装满了从列国掠夺而来的金玉珍宝、钟鼓美人，真是妄想享尽人间繁华。

秦始皇不仅考虑在人间要过好，还想长生不老，于是花费大量人力物力求仙问丹。后来也许是求仙未果，又想到他死后也要作威作福，于是在骊山之旁建造了一座极大的陵墓。秦始皇陵用刑徒奴工数十万，从秦王政元年（公元前247年）至秦二世二年（公元前208年）历时三十九年建造而成，是中国历史上第一座规模庞大、设计精巧的帝王陵寝，以致两千多年后当今世人都还无法窥视其奥秘。为了营建这些大规模的工程，所用的木材，有远来自蜀楚千里之外，所用的人力物力，无法估计，给后世各朝各代带了个挥霍浪费的坏头，而这些靡费不可避免地通过赋税加到老百姓头上。

"生男慎勿举，生女哺用脯，不见长城下，尸骸相支柱。"这是《水经注》中引用的秦时一首民歌，老百姓简直是在地狱中煎熬。特别是苛重赋役，敲骨吸髓，成为秦王朝灭亡关键原因之一，也为以后历代封建统治者提供了殷鉴。

秦始皇以武力统一全国后，即致力于对外扩张和对内大兴土木。每年国人不是在服苦役，就是在地里艰辛劳作交泰半赋税，民不聊生。秦二世即位后，更是倒行逆施，赋敛无度，继续大兴徭役，修建阿房宫，发民远戍，社会生产力被严重破坏，任性的暴虐使百姓困苦和仇恨达到极点，在秦王朝统治根基下布满了农民起义的火种。

秦二世元年（公元前209年）秋，秦朝官府征发贫苦民众屯戍渔阳，有戍卒900人行至蕲县大泽乡（今安徽宿县东南刘村集），为大雨所阻，不能如期到达。因误期到达要斩首，屯长陈胜、吴广便出结戍卒，杀死押解的军官，斩木为兵，揭竿为旗，举行起义，陈胜被推为将军，吴广为都尉。起义军连克大泽乡和蕲县，建立了张楚政权。起义军打出的口号除了"王侯将相宁有种乎"，就是"伐无道，诛暴秦"，各地农民纷起响应，反秦武装控制了关东大部分地区，直至最后推翻了秦的暴政。

强大未必稳定，民服难言民安，一味强权是驱民而非安民。原本适用于秦人的政策，未必可以在六国尤其是赋税地理风尚迥异的楚国那样经济比秦国发达、征纳关系也比秦国宽松的新征服地区复制。皇上刻意追求长久过靡费的快活日子，百姓便只能承受无尽的苦日子。秦的速亡，并不是因为蛮横的中央集权制丧失了生命力，而是统治者奢靡暴虐的结果。

汉：宏业的根基

　　汉王朝绵延四百余年，其建立起一整套较得当的税制体系功不可没。而汉王朝的动荡与衰亡，税制混乱和败坏是重要诱因。

一、养生之道

大秦王朝肆无忌惮的繁课峻法，使江山成了随时可能燃爆的火药桶。陈胜、吴广率领因暴雨耽误行程而被逼上绝路的戍卒揭竿而起，成了引爆火药桶的导火索，随后到处出现反叛和割据势力，貌似强大的秦统治迅速土崩瓦解。在新崛起的豪强中，"亡赖"刘邦最终战胜风流倜傥的霸王项羽，建立汉朝。汉承秦制，并持续优化改进，巩固和发展了大一统的封建专制国家。

秦王朝的灭亡情形，做了汉初统治者的反面教材，也促使他们注意运用包括轻赋税在内的各种妥当举措来巩固政权。刘邦经营汉王朝这家"大公司"是很有忧患意识的，从他的《大风歌》中就可看出来。"大风起兮云飞扬，威加海内兮归故乡，安得猛士兮守四方"，真是唱出了刘邦创业的豪迈与守业的忧患。也正是历经立国与建国艰难，刘邦才能做出开国之君的表率，励精图治，简约治国，为汉朝之初休养生息定下了基调。

刘邦要面对的，是秦末战乱后的残破山河。由于连年战争，西汉初年经济萧条，物资匮乏，到处是荒凉景象，连皇帝乘坐的马车都找不到 4 匹同样颜色的马拉，宰相只能坐牛车。现实使刘邦制定了"量出为入"的原则，"上于是约法省禁，轻田租，什五而税一，量吏禄，度官用，以赋于民"，避免无度征课。

面对经济凋敝、人民逃亡、府库空虚的残破景象，刘邦为了巩固政权，使经济社会兴旺起来，确定了一揽子还兵于农、恢复生产、轻徭薄赋、予民休息的政策措施。

土地是民众的根本，皇粮国税是老百姓最主要的负担。于是，刘邦首先对田赋实行轻税政策，定为"什五而税一"，即税率为 6.7%，在一般情况下，不能改动。到惠帝、高后之时，民众生活仍然改善不大，国库几乎没有积蓄。贾谊曾描述："汉之为汉四十年矣，公私之积犹可哀痛。失时不雨，民且狼顾；岁恶不入，请卖爵子。"到了交不起税而要卖掉自己爵位和儿子的地步，民众处境艰难可想而知。

汉刘邦统治时期的田赋税率为十五分之一；而汉文帝时调减为三十分之一，甚至全免；汉景帝之后确定为三十分之一，税负很轻。通过轻徭薄赋调动农民开展农业生产的积极性，耕种土地越来越多，税源也扩大了，税收总量不减反增，这就相当于现代通过增加流量得到更高的收益。

汉初统治者懂得利益是最好的指挥棒，只要给广大老百姓看得见的利益，没有理由不服从，尤其是在民不聊生的时候。而减免税，就是直接让利给老百姓，民众不但拥护，还响应官府号召铆足了劲发展农业生产。文帝、景帝的优惠更甚，几次宣布"除田半租"或"除田之租税"。

汉彩绘漆木鸠，为汉朝皇帝御赐高寿老人王杖（又称鸠杖）的上部，凡持鸠杖者，享受很多尊老优惠，包括田毋租，市毋赋

秦朝时全国人口大约有2000万人，经过战争摧残，到汉初只剩下800万人了。要发展生产，跟匈奴打仗，人少了肯定不行，国家编户齐民少，税源和兵源都无从谈起。鼓励老百姓生二胎、三胎，甚至是多胎，是关乎国家兴亡、政权稳固的头等大事，用税收优惠政策来刺激生育，在汉朝就开始实施了。

汉初，政府通过免除徭役的方式，引导脱籍的地主和农民重新向政府登记户口，增加政府控制的人口和税源。但这只是存量，要有增量，就必须鼓励早婚多育，在较短的时间内迅速增殖人口。为争取实现这一目标，汉王朝又发挥了税收的作用。汉高祖七年春，诏"民产子，复勿事二岁"。惠帝六年，西汉政府又规定，如女子不婚，从十五岁起到三十岁，她负担的算赋从 1 算逐步增加至 5 算。汉朝算赋为每人 120 钱，五算即 600 钱。对平民来说，这是一个相当大的数目。由于鼓励早婚和人口增殖，到汉文帝年间，已出现"鸣鸡吠狗，烟火万里"的喜人场景。

要想让更多的人愉快地种地，就必须把那些奴隶从奴隶主手中解放出来。汉初时，奴隶主的势力还是很大，于是汉高祖令"民以饥饿自卖为奴婢者，皆免为庶人"，但仅用发表解放奴隶宣言这样的措施很难行得通。于是，汉初统治者又想到了征税这个"法宝"。汉朝算赋制度规定"贾人与奴婢倍算"，加倍征收奴隶的算赋，实际是用财税手段对奴隶主经济势力加以限制，促使他们释放奴隶。这种做法一直沿续到王莽时代，杜佑所著的《通典》一书记述当时的措施有："诸有奴婢者，率一口出钱三千六百。"3600 钱是 120 钱的 30 倍，这就是要让那些奴隶主的财产加速缩水，使他们认识到蓄奴是个亏大本的买卖。

在限制蓄奴的同时，让更多的人来种地，就得跟商人争夺劳动力。于是又用加重税收来抑商。在征收算赋上，商人同蓄奴一样，加倍计算。汉初还规定："贾人不得衣丝乘车，重租税以困辱之。"汉朝压制工商业过度发展，还有一个重要原因就是，不少煮盐、冶铁等工场役使大批奴隶，而这些奴隶不能成为缴纳皇粮国税的编户齐民，并且工商业的发展造成社会舍本逐末，农民都想做商人，影响了农业的发展。

汉朝统治者还不失时机地减免赋税，以缓和民众与官府的矛盾。

皇帝出巡，百姓穷于供应，吏卒乘机骚扰。此时避免激化人民与封建王朝矛盾的手段之一就是减免赋税。如文帝三年五月，文帝"自甘泉之高奴，因幸太原，见故群臣，皆赐之。举功行赏，诸民里赐牛酒。复晋阳、中都民三岁租"。元封五年夏四月，武帝下旨："朕巡荆扬，辑江淮物，会大海气，以合泰山。上天见象，增修封禅。其赦天下。所幸县毋出今年租赋，赐鳏寡孤独帛，贫穷者粟。"天汉三年夏四月，武帝也曾"赦天下。行所过毋出田租"。初元四年春正月，元帝"行幸甘泉，郊泰畤。三月，行幸河东，祠后土，赦汾阴徒。赐民爵一级，女子百户牛酒，鳏寡高年帛。行所过无出租赋"。皇帝对巡幸的地方，多减免租户，还给鳏寡孤独送东西。

封建社会，一家一户就是一个生产单位，而个体小生产抵御自然灾害的能力是十分低下的。每遇风、蝗、旱、涝之灾，农民往往破产，甚至出现"人相食"的惨剧。在这种情况下，赋税即使不行减免，实际上也收不到。为邀慈悯之名，并维护税源，在灾年，汉王朝往往发布一些减免赋税的诏令。例如，始元二年，昭帝下旨："往年灾害多，今年蚕麦伤，所振贷种，食勿收责，毋令民出今年田租。"本始四年夏四月，四十九个郡国遭地震之灾。宣帝又下旨："被地震坏败甚者，勿收租赋。"初元元年，元帝下旨："关东今年谷不登，民多困乏。其令郡国被灾害甚者毋出租赋。"灾歉减免有时有资产数量限制，一般重灾全免，轻灾按受灾成数减免。

在地主和富商大贾的盘剥下，不断有农民失去土地，成为无立锥之地的贫民。为避免他们铤而走险，汉代也曾按负担能力减免贫民的赋税。例如，鸿嘉四年（公元前17年），为免"农民失业，怨恨者众，伤害和气"，汉成帝下旨，"被灾害什四以上，民资不满三万，勿出租赋"。汉哀帝即皇帝位时，先来了一拨减免税："其令水所伤县邑及他郡国灾害什四以上，民资不满十万，皆无出今年租税。"阳嘉元年，汉顺帝也决定："禀冀州尤贫民，勿收今年更租口赋。"

汉政权为减少民族间的冲突，缓和民族矛盾，维护国家稳定，在赋税上给予少数民族一些照顾和优惠。例如，汉"诛羌灭两粤，番禺以至蜀南者。置初郡十七，且以其故俗治，无赋税"。汉高祖伐板楯蛮（即古之巴人）"还伐三秦，秦地即定，乃遣还巴中，复其渠帅罗、朴、督、鄂、度、龚七姓不输租赋余户及岁入賨钱口四十"。在武陵蛮地区，汉政权则"岁令大人输布一匹，小口二丈，是谓賨布"。賨为当时向少数民族征收的一种赋税。又如，"永平十三年，哀牢王请内属，初置永昌郡。以郑纯为永昌太守，纯与哀牢夷人约：邑豪岁输布贯头衣二领，盐一斛，以为常赋"。总体来说，少数民族税赋较轻。

赋税还成了汉朝统治者提倡和宣扬地主阶级道德时使用的一个重要工具，为了将人民训导和熏陶为顺民，颁布过许多优待老人和褒奖孝悌的法令。汉高祖二年二月，令"择乡三老一人为县三老，与县令丞尉以事相教，复勿繇戍，以十月赐酒肉"。三老为年龄较大、德行较高之人。武帝建元二年春，规定：80岁免除二口的人头税，90岁免除车革之赋。到宣帝时，就正式制定了高年授王杖的制度。高年者持王杖，如同天子使者持节，可行驰道之旁道，殴辱者按大逆不道论罪，市上买卖不收租税。对于孝悌者，惠帝四年春正月，要求地方官"举民孝弟（悌）力田者复其身"，通过宣扬封建伦理观念和崇尚农耕来达到正风气、促生产的目的。成帝在建始三年也曾令"赐孝弟力田爵二级"，河平四年"赐孝弟力田爵二级，诸逋租赋振贷勿收"。汉统治者已开始褒奖贞女、寡妇，以倡导封建婚姻道德。其褒奖方式之一就是税收优待。1981年9月，从甘肃武威搜集到的汉朝王权诏令竹简记载："女子年六十毋子男为寡，贾市毋租。"① 此外，平帝元始元年规定，每乡免除贞妇赋税一人。

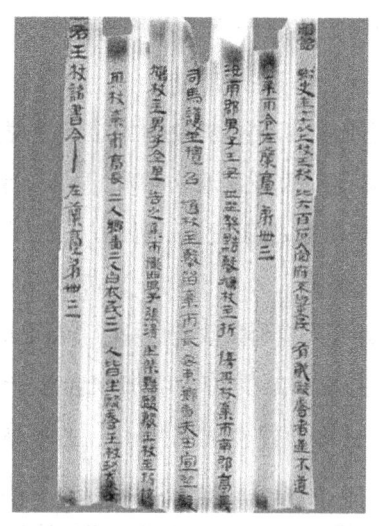

汉代王杖诏书令册简，规定了年满七十岁的老人免除赋税、劳役等内容，侮辱者（其中就有基层税务官吏乡啬夫）严惩

---

① 甘肃省文物工作队、甘肃省博物馆编：《汉简研究文集》，甘肃人民出版社1984年版，第35页。

汉初，为笼络各军事集团，共同对项羽作战，汉高祖不得不分封了许多异姓王。建立大汉以后，这些异姓王虽大部分被剪除，但又代之以同姓王。起初，这些封国各有独立的财政，汉高祖"皆令自致更，得赋敛"。赋税管理权是一项重要的财权，它的分散，势必削弱封建专制的中央集权制度。为了改变这一局面，汉中央政权同封国之间进行了几十年的激烈斗争和较量，以中央政权的胜利告终。从此，诸侯的臣属一律改由中央任命，租税也由中央政权派遣的官吏征收。"诸侯惟得衣食租税，不与政事"的局面形成，是巩固中央集权制的经济前提。

汉初统治者还用税收手段来避免形成地方豪强，巩固政权。中国幅员广大，各地自然条件殊异，人口分布不均。为达到某些政治、经济目的，汉政权有时不得不迁徙人口，人为地改变人口布局。楚汉战争一结束，汉高祖就宣布："诸侯子在关中者，复之十二岁，其归者半之。"汉宣帝地节三年（公元前67年），"冬十月，诏……流民还归者，假公田，贷种食，且勿算事"。汉朝将赋役作为推动人口布局改变的手段，以有差别地免除徭役，鼓励参加过反秦起义和楚汉战争的六国旧贵族子弟留在西汉王朝的统治中心关中地区，避免他们在外地造反。

晁错是西汉文景之治时期重要的政治家、经济学家和文学家，也是休养生息政策和加强中央集权的持续鼓吹者和忠实执行者。汉文帝时，任太常掌故，负责管理国家历史档案资料，后历任太子舍人、博士、太子家令，有"谋士智囊"之美称，才华出众。景帝即位后，任为内史，后迁至御史大夫。晁错在任期间，善洞察政情，敢上疏议事，能直陈己见。其提出一系列改革措施，主张纳粟受爵，增加农业生产，振兴经济，发展了"重农抑商"政策；在抵御匈奴侵边问题上，主张募民充实边塞地区，以防匈奴侵掠；政治上，进言削藩，削弱封王封地以巩固中央集权专政。这些改革措施多被文帝和景帝采纳，对汉朝初期经济发展起到了突出作用。

对于治理当时经济财税问题，晁错先后提出《减收农民租》《守边劝农疏》和《论贵粟疏》等积极主张。

《减收农民租》提出，务农桑，薄赋敛，广蓄积，统治者政令安排影响农时,要给老百姓以看得见的物质利益。

在《守边劝农疏》中,晁错分析了秦王朝戍边政策的失误,针对匈奴民族活动特点,提出积极防御方略,主张迁徙内地民众充实边疆,并寓兵于农。文帝对晁错提出的移民实边、寓兵于农的政策十分欣赏,立即下诏付诸实施。这项政策不仅在当时起到防御匈奴的作用,而且开了历代屯田政策的先河,对后世影响很大。汉武帝时赵充国实行军屯,三国时曹操的屯田政策,都是晁错移民实边政策的继承和发展,即使在当代,也很有借鉴意义。

怎么才能让老百姓安心种田,官府和农民都能够受益呢?晁错另辟蹊径,在汉文帝十二年(公元前168年)上了一篇《论贵粟疏》,这可以说是晁错治税理念的集中反映,也是汉初论述重本抑末和少赋税轻徭役思想的代表作①。这篇疏细致地分析了农民与商人之间的矛盾,导致农民流亡、粮食匮乏的严重状况:"农勤苦如此,尚复被水旱之灾,急政暴虐,赋敛不时,朝令而暮改。当具有者半贾而卖;亡者取倍称之息,于是有卖田宅、鬻子耿以偿债者矣。而商贾大者积贮倍息,小者坐列贩卖。操其奇赢,日游都市,乘上者急,所卖必倍。"商贾放纵兼并,愈来愈富贵,要使国家财富能蓄积,法令能贯彻,是不可能办到的。面对这种商人势力日趋膨胀,农民不断破产的局势,晁错并没有采取硬性的剥夺商贾措施,而是采取了一记重农抑商、拜爵除罪、入粟于官的妙招。晁错在《论贵粟疏》中说:"爵者,上之所擅,出于口而无穷;粟者,民之所种,生于地而不乏。"爵位由皇帝开个口就行,粮食可是要在地里长出来。让商人和其他有钱人乐于用大量的粮食来换取免罪,以取得逍遥,用粮食来换取爵位,以名利兼得,而朝廷只是用无本生利的爵位交换,农民也因为粮食需求大了得到更多收益,农业生产也促进了,真是一举多得,皆大欢喜!

汉文帝接受晁错《论贵粟疏》中的建议,下诏准许百姓缴粟赎罪或给

---

① 陈本力、周道生著:《中国古代赋税典籍选析》(上册),中国商业出版社1992年版,第535页。

予爵位,"令民入粟达六百石,爵上造;四千石为大夫;一万二千石为大庶长。"这里的上造、大夫、大庶长都是不小的官职。晁错提出的治税对策,对当时社会经济发展和国家收入的充裕,起到了一定的促进作用。入粟买爵对缓解国家财政压力起到了一定的作用,但实际上还是有败坏官场风气负面影响的。

历史上卓有成就的改革家,往往自身没有好下场,难以逃脱为改革殉葬的宿命,晁错也是其中的典型,这与其性格和作为密不可分。晁错严厉、刚直、苛刻、心狠,与周围许多大臣关系很不融洽,丞相申屠嘉、外戚窦婴、大臣袁盎、大将周亚夫等都与晁错有隔阂甚至仇恨。而且晁错还主张强行削藩,藩王都欲除之而后快。更要命的,他还谏帝亲征,在七王之乱的关键时刻想把皇帝推到前线,自己却留守京城,惹得皇上和朝臣不满,为他人弹劾留下口实。在汉景帝欲稳住藩王造反趋势蔓延之际,最终听取了晁错死敌袁盎"斩错平乱"的献策,用牺牲晁错来稳住诸侯,使大臣和将领能够团结一致抵御叛军。

看来,改革的方式方法至关重要,否则改革推动者就难免成为改革的牺牲品。改革家倒下了,然而历史的车轮却被他们及其后来者推着滚滚向前。

二、土豪刘彘

刘彘又名刘彻,就是大名鼎鼎的汉武帝,其雄才大略和文治武功,使汉朝成为当时地球上最强大的国家。历史上对汉武帝的功过评说毁誉参半,但说他是土豪一点都不过分,靠开征各种赋税聚敛了巨额钱财,挥金如土,雄霸海内外。

汉初虽然经济逐渐发展,但是整个国家财政仍然捉襟见肘,在与北方强敌匈奴的对垒中一直处于下风，不得已只好用不断和亲来暂时维持边境安宁。此时，汉武帝刘彻登上了历史舞台。

汉武帝登基之初，继承了先辈推行的轻徭薄赋、休养生息的政策，进一步削弱诸侯势力，设立刺史监督地方，加强中央集权，采用董仲舒"罢黜百家，独尊儒术"的建议，以儒为主，以法为辅，迅速建立起强权统治。与此同时，汉武帝接受年轻的理财家桑弘羊的建议，在经济和财税管理模式上进行了重大转变——从无为放任到国家干预，将财税大权集中于中央，开始了他心中的宏伟大业。

然而，汉武帝因连年用兵、兴造与游幸，消耗国力太大，不久就将文景两代的积蓄花光，而各项用度孔急，于是不得不采用各种聚敛手段筹集资财。

汉武帝筹财的手段很多，大致归集一下，就是：屯田＋税收＋捐纳＋盐铁专卖＋货币税

屯田是政府召募百姓或召集军队垦种国有土地或无主荒田，使军民自养或收取租赋的一种赋役制度，有军屯和民屯两种形式。汉武帝时期已开始实行军屯，当时汉王朝以武力击败了匈奴，便在匈奴原来占领的疆域内新开了一些边郡，大部分是牧场，由军队驻扎屯垦，一方面戍边，另一方面通过垦殖实现军粮自给。民屯比军屯要早些，汉文帝曾采纳晁错的建议"募民徙塞下"，但这时的民屯规模较小，影响不大，因此大规模屯田始自汉武帝。

武帝时代的赋税，比前代均有增加，田赋承袭了汉初"三十税一"，即3.3%，应该是比较轻的，但也有临时增加田赋的情况，田30亩按100亩征税。

汉武帝增税还从人头税（算赋）入手，不仅针对成人的人头税大幅增加，还打上少年儿童的主意，将儿童人头税从7岁起征提前到3岁，有些地方孩子一生下来就要缴纳人头税，征课额也从20钱增加到23钱，结果造成很多惨剧，许多人家由于交不起钱，把刚生下来的孩子杀死。在古代，不知有多少孩子死在父母手上，在残忍的背后，是穷人的无奈，当然

也包括节育措施的缺失。汉武帝由于要对外用兵,财政吃紧,于是把对15—56岁成年男女征收的算赋从每人40钱加到120钱。

算赋还用来当作促进人口增殖的利器。汉朝统治者为鼓励生育,规定对晚婚者课重税,凡女子15岁不结婚,到30岁,分为5等,每升1等,加征1算(120钱),到30岁加到5算,即要交600钱,累进征收,负担沉重。你结不结婚,生不生小孩,要看你税交不交得起。在公元前2世纪,我国就出现了累进税率,可以说是一种创举,而这种税收措施首先就用在了促进人口增殖上。

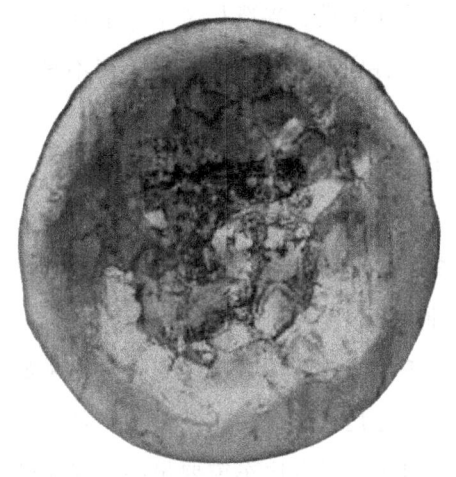

酎金金饼,地方纳贡的一种形式,金饼上有模糊的墨书字迹,关键部分为:"南海海昏侯臣贺……元康三年酎金一斤"

古代以税抑商十分严重的时期可以说就是西汉时期了,实行"重农抑商"政策,以重税困扰商人,其程度可为中国历史之最。西汉建立之初,商人不耕不织,却囤积居奇,抬高物价,扰乱社会,盘剥百姓。有些商人聚财百万,不支持国家,却支持诸侯反叛,汉统治者对之恼恨万分,因此,在重农的同时,采取了一系列抑商的措施。汉朝以税抑商虽然有其历史原因,但对商品经济的发展却产生了不小的阻碍作用。

汉武帝抑商和收税最厉害的一招,是在财产税上做文章,征收算缗。缗的本意是穿铜钱的绳子,用以贯钱,引申为成串的铜钱,每串1000文,谓之 1 贯，按贯征税。汉武帝时国家府库空虚，财用不足，而富商大贾投机倒把、大发不义之财，却不佐公家之急，汉王朝便加重富商巨贾的赋税，于是征收算缗，对商人手中积存的缗钱及货物征收。此税针对商人和手工业主，对他们所有的钱、物征税，甚至是田宅、牲畜和奴婢都要征税。早在汉元光六年（公元前 129 年）汉武帝就开始对商贾、富人和车船使用者征收此税，要求他们向官府如实呈报财产，经验收后，按率计征。元狩四年（公元前 119 年），汉武帝颁布算缗令，缗钱之税的征收范围扩大到所有工商业者和高利贷者，商人获缗钱 2000 为 1 算，手工业者获缗钱 4000 为 1 算，1 算抽税 120 钱。汉朝豪商巨贾常常趁天灾之际放高利贷，盘剥残酷。汉武帝除限制放债利率外，还对高利贷者开征利息税——贳（赊）贷税，按其本金每 2000 钱征税 1 算。凡隐匿不报或虚假申报者严惩，对于隐匿应税财物不呈报的，或者呈报不实的，没收所有财物，罚其戍边一年。此举激起商贾们的强烈反对，而且要核实纳税者的财产也很难。

当豪商巨贾争相匿财以逃避税负时，汉武帝又颁布告缗令，鼓励揭发偷漏税的商贾等，将没收财物的一半赏给告发人。为使算缗、告缗顺利实行下去，汉武帝任命了一些酷吏，专门主持告缗事项，其中最为著名的是杨可和杜周。杨可主持告缗，杜周处理案件。一时杨可告缗遍天下，杜周所办理的案件也很少有能翻过来的。除京城以外，武帝还派了御史廷尉等官吏到各郡国主持告缗，征收缗钱。在告缗当中，国家因此而得到大批财物：抄没来的财物上亿；罚没的奴婢 1000 多万人；没收充作公田的土地，大县数百顷，小县百余顷，许多房宅也被没收。

算缗、告缗为西汉朝廷谋取了巨额收入，结果使大部分商贾受罚破产，沉重打击了商人势力，财源萎缩严重，影响了经济的长远发展。

刘彘还发现，官爵不仅可以授予，还能拿来大量卖，且无本万利。当然买官卖官倒不是刘彘发明的，早就有了，只是他又"发扬光大"了。元朔六年（公元前 123 年），朝廷下令人民可以入物补官，纳粟赎罪，以钱买爵。其爵位分若干级，每级钱 17 万，谓之"武功爵"（因爵皆武职），买武功爵到第五级就可以补官,要想真当个武官,光花一两级的钱买可不行,因此走上买官之路后往往欲罢不能。向国家捐献物产的可以做郎官;捐献奴婢可以免除服役。当时有种买复制度,复即免除徭役的意思,买复就是民户纳钱物以免役。买复其实始于西汉文帝,由于粮食紧缺,朝廷规定向国家缴纳一定数量的粮食,就可买个五大夫以上的爵位,也就取得了免役的权利。汉制中,民有"不更"(二十等爵之第四级)以上爵位的可以免除更役和徭役,有"五大夫"(二十等爵之第九级)以上爵位则可以免除戍卒徭役。汉武帝时,这项卖官措施达到了极致,多次许民纳钱纳物买复。凡买到规定的爵位后,可终身不服徭役,不纳更赋,这还是很有吸引力的。于是仕途渐滥,官风日下。

汉武帝时,铁和盐作为人们生产生活的必需品,涉及面比较大,一些豪商巨贾趁政府对盐铁放任进而垄断,并大肆结党兼并,投机钻营,囤积居奇,以盐铁牟取暴利,不支持西汉政府,武帝便决意整治。又加上武帝时连年用兵,耗资巨大,国家财政开支困难,也急需盐铁之利予以补充,于是元狩三年(公元前120年),汉武帝决定把煮盐冶铁的权力收归国有。

武帝任命盐铁商人孔仅和东郭咸阳领管盐铁事务,在产盐铁的地方设置盐官或铁官,统一掌管盐铁经营。在当时全国27个郡国、36个县中设置了盐官,在39个郡国、48个县中设置了铁官,实行盐铁官管理的区域遍布全国绝大部分。具体办法是:严禁盐铁私管,违者处以刑罚,没收器物;各地盐铁官招募百姓自费煮盐冶铁,官给工具,官府收购和运销。元封元年(公元前110年),汉武帝又任命桑弘羊为"搜粟都尉领司农",继续进行盐铁官营。通过这项政策,汉王朝国库得到充盈,封建统治大为巩固。

汉朝的盐铁官营,在中国财政史上占有很重要的地位。盐铁专卖可谓终西汉之末,仅元帝时一度罢盐铁官营,但三年后又恢复专卖。它不仅增加了财政收入,也抑制了商人兼并,打击了豪商以盐铁牟利的气焰,同时还为后代的盐铁官营打下了基础。但实行盐铁官营,弊病也有不少,如盐铁质量下降,边远地区价格偏高,限制了平民百姓的购买使用,另外盐铁运输也给百姓造成了沉重的负担。

酒从夏朝开始就是中国人自我陶醉的首选了。汉武帝为了获得更多收入，真是绞尽了脑汁，其中就包括实行酒专卖。天汉三年（公元前98年），御史大夫桑弘羊建议"榷酒酤"。但只实行了17年，因在盐铁会议上遭到"贤良""文学"的坚决反对，不得不作出让步，改专卖为征税，每升征税4钱。

汉武帝将铸币权收归中央，垄断货币铸造权，等于收一道货币税。货币税是货币的币面价值超出生产成本的部分，也被称作"铸币税"。汉武帝时就已通过货币税来为政府敛财：其一，发白金币，系用银、锡合金铸作龙、马、龟三品，号称价值等同黄金币，但未能通行。其二，发皮币，系用一平方尺的白鹿皮做成，边缘绣以花纹，规定每张皮币值40万钱，限于王侯朝聘用作礼物，而国家收其兑价，等于政府的一种变相征敛，并不通行于民间。这种皮币由御史张汤发明，但最大的财税官员大司农颜异反对，汉武帝为了得到更多利益，竟然杀了颜异。

汉朝，除了向人民征收财产税、消费税，并通过专卖取得收入外，还让地方贡献和纳酎金。贡献是指各诸侯王、郡国把他们辖地出的特产，定期或不定期地贡纳给帝王。贡献数量由各诸侯、封君自定，但除了重灾之年经特许免贡外，每年都要贡献，当然贡献数量多寡也是帝王衡量这些诸侯们忠心的重要方面。酎金是指皇帝在每年八月祭祀宗庙时，各诸侯在参加助祭时所献的金钱财货。酎金起源于汉文帝。酎金不叫税，但其强制性、固定性有过之而无不及，只是缴纳酎金后能在祭祀聚餐时享用美酒佳肴，从这方面来看不能算是完全具有无偿性！缴纳酎金的数额，诸侯、列侯各以其辖区的人口数计算，每千人献金4两，人口不足千人的也交4两。至于九真、交阯、日南则用长9寸以上的犀角及玳瑁各1，郁林用3尺以上象牙及翡翠各20，代替金4两之数。诸侯献酎金时，皇帝亲临受金。对违反《酎金律》规定的，要给予程度不同的处罚，包括经济制裁、行政处罚和刑罚。汉武帝规定，所献黄金如分量或成色不足，"王削县，侯免国"。酎金制度不仅是一种贡献制度，还成了专门削弱和打击诸侯王及列侯势力利器。元鼎五年（公元前112年）发生了著名的"酎金失侯"事件，列侯因所献黄金成色不好或斤两不足被夺爵的达106人，占到当时列侯的半数，甚至高陵侯丞相赵周也因知情不报，被逮捕而被迫自杀。

赋税还被汉朝统治者用来刺激急需品产出。经过多年战乱，汉初牲畜数量急剧减少，特别是马匹消耗更大，当时"马一匹则百金"，比房子值钱多了。元狩四年（公元前119年），汉武帝发动了远征匈奴的战略大决战，派卫青、霍去病分进合击，击溃了匈奴左贤王的主力。在这一战中，汉王朝征集了14万匹战马出塞，得胜归来仅剩3万匹。元鼎五年（公元前112年），针对战马损耗严重急需补充的严峻形势，官府开征了牲畜税——马口钱。开始按产驹数的十分之一向牧民征马，后改为直接征钱，并课及牛、羊等，补足军费。要对抗和战胜匈奴骑兵的侵扰，满足官吏豪绅的生活需要，光靠征马口钱买马是远远不够的，必须想办法加快发展养马业。除办好官办养马场外，官府还通过减免税来鼓励民间养马。当时规定，提供了一匹战马的人家，这家人就有三人可免役了。这么优惠的政策也亏当权者想得出来。好的政策效应凸显，到武帝年间，普通街巷中的百姓也有马，田野中的马儿更是成群，要是骑一匹母马参加聚会，那是会被大家拒之门外的。汉武帝要打匈奴没有骑兵部队肯定不行，这下好了，不但有马还能精挑细选，保障了有充足的战马和匈奴持续作战40余年，最终击垮了匈奴。

为缓和社会矛盾，改善财政状况，汉武帝采取了一系列财税经济措施，向西北地区移民垦殖，推行盐铁专卖，实施算缗、告缗和均输、平准，增加捐税等。由于汉武帝任用得力官员执掌财税，积聚了大量钱财，为其开疆拓土打

西汉"楚御府印"铜印，御府为掌管山海池泽之税的少府的属官

下了经济基础,开创了西汉王朝最鼎盛繁荣的时期,那一时期亦是中国封建王朝第一个发展高峰。税银助汉武帝豪气冲天,汉武帝也胆识非凡,克服种种困难,发动了针对匈奴的反侵略战争。又通西域,继而对西域诸国大规模用兵,并大力经营西南。这些行动使统一的多民族国家更加巩固、壮大和发展,建立了空前辽阔的疆域,奠定了中华的疆域版图,汉武帝也因此成为中国历史上名号最响的皇帝之一。中华民族真正有普遍的认同感,就是从汉代开始,汉人和汉族称谓,即源自大汉王朝。

汉朝在武帝时期走向强盛,但其一方面好大喜功,另一方面纵情极欲,几十年旷日持久的征战,且纵游幸、营宫室与求神仙,耗费的财力也非常惊人。

汉武帝平定南越、东瓯,西通西域,北逐匈奴,十分得意。其在元封元年(公元前110年)大举北巡,历上郡、西河、五原出朔方;东临海上,登泰山、梁父行封禅之礼;缘海北至碣石山,经辽西,历北边到九原;西至甘泉山,周行了一万八千里。从此之后,持续展开了大规模的巡幸,几乎每年均出巡,车迹遍于天下,仆仆风尘,不遑休息。他巡幸的目的,主要是视察与游玩,附带着祭祀、祈祷与寻求神仙。其次是大规模营造宫室,工程浩大,无不穷奢极侈。而其最荒唐的是迷信鬼、神,屡屡被方士所愚弄,并惹出了一场"巫蛊之祸",导致太子据和卫皇后先后自杀。武帝晚年,子亡后死,求神仙不能得,伐匈奴又失利,种种打击,颇为心灰意冷,自觉几十年来,劳民太甚,于是在征和四年(公元前89年)下诏罢轮台之戍,表示与民休息之意,但为时已晚。又过两年,当了54年皇帝的刘彻去世,属于他的大时代宣告结束。

然而,长期战争消耗了大量人力、物力,武帝本人的挥霍浪费和官僚集团的利欲膨胀,以及成批水利工程的兴建,都大大增加了财政开支。汉武帝为维持强势和财政运转,不惜运用税收等各种手段大肆搜刮民财,老百姓为此付出了沉重代价。汉朝由文景时期的民富国足,逐渐在汉武帝时期转为民穷国富,最终国家财政也不堪重负,这样的状态显然无法长久持续,西汉也就从汉武帝晚年开始逐渐走向衰落。

三、有趣的会

汉武帝去世后,昭帝始元六年(公元前81年),汉王朝召开了著名的盐铁会议,检查、辩论武帝以来的财经政策。盐铁会议的参加者主要来自两个方面的人员,一方是丞相田千秋及其属官、御史大夫桑弘羊及其属吏、多位主张坚持盐铁官营的政府官员们;另一方则是数十名由郡国推举应召而来的"贤良""文学",包括贤良茂陵唐生、文学鲁万生、汝南朱子伯、中山刘子雍、九江祝生等60余人。两方针锋相对,主要围绕盐铁专卖兴废,朝野代表广泛辩论,各言利害,不亦乐乎。丞相田千秋亲自到会,不过他似乎持袖手旁观的态度。看热闹不嫌事大,这个热热闹闹的会还是蛮有趣的。

令人好奇的是,什么人是"贤良"?什么人又是"文学"?他们为何有资格跟总理、部长一级的高官一起切磋"武艺"?

这就不得不说说汉朝的选举制度了。

选举是社会上一般士子出人头地,同时也是国家拔取人才的途径,其方法是否合理与健全,关乎社会治安,国家盛衰。周朝实行一套王官制度,唯贵族才能入仕。战国之时,瓮牖绳枢之子,立谈可以致卿相,冲击了贵族阶级的当官特权,形成了一种自由竞争的游士风气。而真正选举制度的产生,始于秦汉。秦朝规定学童凡能讽书九千字以上可做书吏,然后再由吏员慢慢积功升迁,家赀富有对国家有所贡献或明习法令的,也可被选取为官吏,谓之"赀选"与"推择为吏"。汉初时沿用这种制度,逐渐拓宽用人选才途径,大致分为文学、征辟、察举、策试、吏员、任荫六途。"贤良",则是察举中的一类。"贤良""文学"作为社会精英,对时风有很大的影响力,要推出和落实重要的财税举措,首先做通他们的工作，或者至少让他们不至于激烈反对，是明智之举。盐铁会议的召开也就顺理成章了。

会议以盐铁、均输、酒榷等财税经济政策的兴废为主要议题。"贤良""文学"主张罢废，以桑弘羊为代表的政府官员，批驳了"贤良""文学"对政府财经政策的攻讦，为盐铁官营和均输、平准政策做了全面辩护，坚持主张继续推行。此外，还涉及汉与匈奴的和战、法治和礼治的问题。这次会议反映了地主阶级内部在利益分配问题上的尖锐斗争，也是中央集权与地方分权两种政权组织形式的博弈，还是早期儒家与法家思想斗争的余波。此后，儒家思想吸收了法家思想成分，而一味主张对人民实行赤裸裸的剥夺，毫不尊重孔、孟学说的旧式法家思想，逐渐被统治者舍弃。通过盐铁会议两种思想观念的撞击，促进了统治阶级中儒家与法家思想观念的相互融合与吸收。

在盐铁会议上，儒生们对盐专卖，乃至汉武帝时期的军事、外交政策都提出了尖锐的批评。

"贤良""文学"坚持儒家耻言财利的观点，他们提倡"天子不言多少，诸侯不言利害，大夫不言得丧"，以免"示民以利则民俗薄"。他们还坚持战国以来重农抑商的传统，认为"故衣食者民之本，稼穑者民之务也。二者修，则国富而民安也"。在他们看来，盐、铁、酒的专卖和均输、平准，自然是追求财利的表现，理当将这些政策放弃。这种观点，虽然披着耻言财利的外衣，实际上却是在反对封建国家对经济的干预，是汉初"无为而治"思想的延续。

对于赋税问题，"贤良""文学"的某些观点还是有价值和符合当时实际的。比如他们说："古者之赋税于民也，因其所工，不求所拙。农人纳其获，女工效其功。今释其所有，责其所无。百姓贱卖货物以便上求。"在自然经济条件下，要求以纳税人所生产的实物纳税的主张，可使农民避免商人的中间盘剥，是符合当时生产力发展水平的。"贤良""文学"从"百姓足，君孰与不足"的古训出发，认为"畜民者先厚其业而后求其赡""王者不畜积，下藏于民""民人藏于家，诸侯藏于国"，而天子应"藏于海内",主张藏富于民和培植税源。

"贤良""文学"多为孔孟的徒子徒孙,可想而知,他们坚持什一之税,反对税率高于10%的"赋敛"。他们认为应对农业及农民家庭副业征税,"什一而籍民之力也,丰耗美恶,与民共之"是最理想的税制。而当时的"率一人之作,中分其功",田赋加上口赋、算赋、户赋、更徭等,税负达到50%,显然是苛政。这在某种程度上反映了人民的痛苦,更反映了一般地主阶级成员改善自己在与当权者瓜分资源斗争中地位的要求。后人多认为盐铁会议上的儒家反对派的观点是迂腐、不合时宜的,其实在赋税问题上,他们坚持什一之税,包含有减轻税负、维护税率稳定性、税收法制性的思想,可取之处还是很明显的。

掌握财税大权的桑弘羊则从封建国家观念出发,针锋相对地进行了反击,强调"普天之下,莫非王土",土地林泽等自然资源在法律上为君王所有,独占资源分配权亦属理所当然。他还认为,为了解除匈奴扰边之忧,在一个时期内,势必要加重国民的财税负担。但是"初虽劳苦,卒获其庆"。此外,桑弘羊还尖锐地指出,重要的资源如不掌握在中央政权手中,便不足以压制地方的割据势力,巩固中央集权。

盐铁论中的主角桑弘羊是西汉著名的理财家、政治家,一生风光无两,而又下场悲催。

桑弘羊出身于洛阳一个商人家庭,13岁就因精于心算而入宫廷充任汉武帝的侍中,是块收税算账干金融的料。此后从政60余年,历任大农丞、治粟都尉、大司农和御史大夫等职。汉初,负责全国财政的主管官仍按秦制叫治粟内史。景帝后元元年(公元前143年),改为大农令。武帝太初元年(公元前104年),又改为大司农,掌田租口赋之入及盐酒专卖,下设部丞,分主郡国盐铁之税。汉朝负责皇室财政的官员叫少府,掌管对山林、园囿、江湖,以及大海等出产物的征税,这些收入专供皇室及封君使用。

桑弘羊长期主持财政,33岁开始参与和掌管西汉中央财政事务近40年,协助武帝推行了许多重要的财政措施,可谓毕生理财,其财税任职时间是我国历史上最长的。他领导制订和推行盐、铁、酒专卖,设立均输、平准机构,控制商品运销和物价,组织沿边屯垦,为增加西汉政府的财政收入呕心沥血。在他的任期内,很成功地为当时的封建王朝解决了十分沉重和棘手的财税问题,又在表面上看起来做到"民不益赋而天下用饶"。桑弘羊还积极支持武帝的抗击匈奴入侵,开拓西南、打击富商大贾势力、巩固中央集权等一系列政策。

经过汉初至文、景时代的恢复和积蓄,到武帝时,西汉经济进入了鼎盛时期。以此为后盾,武帝开展了大规模的、长期的反击匈奴侵扰的战争;又征发了大批人力修治黄河,在关中等地区持续兴建水利工程,还进行大量移民。这些活动耗费了大量的财力,使财政陷入十分困窘的境地。武帝也曾采取加重捐税的措施来筹措资金,如提高口赋和算赋税负。并新增六畜税、车船税、资产税等。在税收方面另一个重要措施是对工商业征收算缗钱,以及相关的告缗钱。这是征收商人、手工业者、商利贷者的税,其中对生产性的较轻,对非生产性的,包括商业及高利贷加倍征收。另外还要算车船,对匿报的广行告缗。当时工商税收入甚丰,但这些都未能从根本上改善财政困境,反而引起了社会的动荡。

桑弘羊拥护汉武帝的对外征伐政策。他说:"明王讨暴卫弱,定倾扶危……""明王不能无征伐而服不义,不能无城垒而御强暴。"承认征伐政策,当然也承认庞大的军费支出。于是,为了筹集战时财政,主管财税的桑弘羊提出各种重要措施,他主张除旧税之外,需另辟新的财政收入来源。

为了巩固边防,在桑弘羊的谋划和组织下,汉朝继续大规模移民实边,并实行军屯。元鼎六年(公元前 111 年),又派吏卒五六万人到今甘肃永登一带屯戍,接着军屯不断扩大到上郡、西河,及新建的武威、张掖、敦煌、酒泉四郡。多达 60 万人的屯田卒一边从事于农业生产,一边保卫边塞,大规模军屯取得成功,为保证战争的胜利做出了很大贡献,同时发挥出了巩固边防、减少军费开支和开发西北边疆的重要作用。

桑弘羊主张假民公田。所谓假民公田,就是国家把一部分公田(官田）以租借的名义分给丧失土地的农民，然后向他们征收相当于田租的"假税"。这是安抚内地流民的一项举措。在桑弘羊主持下，大大扩充了租借于民的公田数量。除了官府掌握的田产假民外，还增加了算缗、告缗时贵族、官吏、商贾犯罪被没收的田产，并将部分园池和苑囿的土地租借给贫民。假民公田的实施，使相当一部分丧失土地的农民和大批流民又重新得到了赖以生存的生产资料——土地，得以有田耕种和自食其力，缓和了由于土地兼并所激化的阶级矛盾。另外，也使内地许多荒地得到开垦，从而扩大了全国耕地面积。

桑弘羊为解决西汉政权的财政困难可说是殚精竭虑，新税之外，还主张对盐、铁、酒实行专卖，利用垄断价格，获取高额利润；实行均输、平准，利用商业手段增加财政收入。通过这些手段打击了富商大贾的势力，减轻了人民输送贡物时的负担，稳定了城市的物价，从而达到了"民不益赋而天下用饶"的目的。但因为执行这种种政策的是封建地主阶级，所以也不可避免地给人民带来了无法否认的痛苦。如盐专卖以后，"贾贵，百姓不便"，买不起盐的百姓只好"淡食"；铁官营专卖后，官方所"铸铁器，大抵多为大器，不给民用。民用钝弊，割草不痛"，以致不少贫民还用木耕手耨；均输的推行使"百姓贱卖货物以便上求"，以致"农民重苦，女工再税"。

桑弘羊实行专卖的理论依据，事实上是一条霸王条款，即天下所有的东西都是属于皇帝的，"山海之利，广泽之蓄，天下之藏也，皆宜属少府。"然而，专卖不能增加财富，只是改变财富的分配状况而已。

国家垄断政策分为盐、铁、酒官营专卖三个方面。盐、铁、酒三业原来都由私商经营，他们赚取暴利却又不佐国家之急，所以桑弘羊推行了专卖政策，从豪商巨贾手中夺回了盐、铁、酒等业的控制权，打击了商人势力，也增加了政府的财政收入。

均输、平准制度创始于西汉元鼎二年（公元前115年），是桑弘羊各种财税政策中最成功的一种，推行一年后即扭转了中央财政困顿的局面。所谓"均输"和"平准"，是指在各地设均输官和平准官，前者管运输，后者管物价。各地要向均输官缴纳上贡朝廷贡品的折价和运费。均输的具体内容是：各郡国应纳的贡品，除京师急需者外，其他由均输官运往售价高的地方出售，将其所得收归中央。平准则是在京师设立平准机构，掌握商品、运输手段和人力。由均输官和平准官在低价地方买货转运京师或在高价地方出售，这样可以减少运输费用和贡品损耗，节约人力、物力。当某种物品价格上涨的时候，平准机构即以较低的价格抛售，反之，则用较高的价格买进。如此做法，既可稳定京师物价，又可增加财政收入，还便于将均输官送往京师的物资在政府不能完全消费掉时及时投入到流通领域中去。

纵观桑弘羊采取的财税政策措施，可见他主要的目的是努力挖掘财政收入，保证汉王朝的军政需要，并且力图避免激化阶级矛盾。桑弘羊对于依靠国家政治权力取得的税收并不重视，而更趋向于运用专卖垄断和商业交换手段取得收入。他的这种做法，对于国家掌握关键性经济部门，维护中央集权制度和增加政府在国民收入中所占的份额是有益的，但他并没有致力于增加总体社会财富。而且，这种轻视税收作用的思想，影响了税收作用的发挥和税制的健全与发展。此外，仅将豪强势力逐出盐、铁、酒的生产经营领域，并不能摧毁其根本的经济力量，反而促使他们将资金投向了土地，加剧了土地的兼并。

武帝临终时，桑弘羊受遗诏，与霍光、金日磾共同辅佐少年继位的昭帝。始元六年（公元前81年），他在著名的盐铁会议上，坚持盐铁官营的政策。然而，桑弘羊的经济财税主张引起很多官僚商贾的反对。也就在开盐铁会议的这一年，上官桀等人勾结燕王刘旦，密谋燕王上书昭帝揭发霍光谋反，由桑弘羊组织朝臣弹劾霍光，被昭帝识破。昭帝也因此更加亲近霍光而疏远上官桀一派。元凤元年（公元前80年）九月，上官桀等筹划政变，由鄂邑长公主设宴邀请霍光，然后埋伏兵士将霍光杀掉，废除汉昭帝，拥立燕王刘旦。公主门下的稻田使者（管理农业税的官员）燕仓发觉并告发了他们的阴谋，于是昭帝、霍光在政变未发动之前，先发制人，将主谋政变的大臣全部逮捕，其中就包括桑弘羊，其被牵连灭族。看来，掌握财税大权的大佬往往风险性极大,而且要哪个死,最有效的办法就是说他谋反。桑弘羊站错队是肯定的,但谋反却是笔糊涂账,有可能想"清君侧",不见得真的是反帝夺权。桑弘羊个人的结局十分悲惨,但他的许多财税举措,都被后世奉为理财典范。

盐铁会议并不是桑弘羊一派占尽上风,因"贤良""文学"在社会上的影响很大,当权者在一些方面也不得不顾忌,做出一些让步。如酒专卖在盐铁会议上遭到他们激烈反对,说是酒专卖"与商人争市利",于是汉昭帝始元六年(公元前81年)二月,官府废除了酒类专卖政策,还罢掉了榷酤官吏,民间可以自由酿卖酒类,由政府征收较轻的酒税。

汉朝的这次盐铁会议,被《盐铁论》较为如实地记录了下来。《盐铁论》是西汉宣帝时庐江太守丞汝南人桓宽根据盐铁会议的记录整理而成的一部政论著作,桓宽虽然思想倾向于"贤良""文学"一边,但基本上记述了对立双方的观点和论据,使后人据之可以了解当时的重大社会、政治、经济、财税问题,并可了解当时对立双方的思想观点。特别是对双方的辩论采用了记录的形式,给人以生动、简明之感,后人读之感觉有趣又有益。

四、 王莽闹腾

西汉二百余年国祚,毁在聪明而怪异的王莽手上;王莽的新朝,则毁在他自己眼花缭乱的改革上,其中不少改革就是先从财税下手。

王莽属于走自己的路让别人无路可走的主,真是让人又爱又恨。

王莽是妥妥的贵族之后,出身于西汉王朝外戚世家,是汉元帝皇后王政君的侄子,那个时代的人们都说他勤劳好学,谦恭俭让,礼贤下士。他于阳朔三年(公元前22年)步入政坛,永始元年(公元前16年)封新都侯，绥和元年（公元前8年）为大司马，元始五年（公元5年）毒死汉平帝，后自称假皇帝，次年立孺子婴为太子，元始八年夺刘氏天下，废孺子婴称帝，改国号为"新"，史称"新莽"。

王莽从登上皇帝宝座起，在几年之内就进行了多项改革，首先把朝代定位"新"，然后马不停蹄地"托古改制"，实行一系列"新"举措：推行王田制，限制大量拥有私有土地，超出部分为国有，无土地者由国家分配，一夫百亩，目的是解决西汉后期以来土地兼并严重的问题，但是实行的阻力很大；禁赏奴婢；屡次改变币制；更改官制和官名；实行"五均六筦"，推广国营事业，把盐、铁、酒、铸钱及山林川泽收归国有等。王莽真切地看到了西汉末年存在的一些政治经济和社会问题，并有针对性地推行多项改革，但是新朝的改革措施和政令烦琐，有些又属食古不化，赋税征收面过广，且就像朝开暮落的木槿花一样，朝令夕改，不仅没能缓和社会矛盾，反而导致天下各豪强和平民越来越不满，造成了社会剧烈动荡，改革最终失败，新朝也急速灭亡。

王莽信奉"薄赋敛"，认为西汉王朝"厥名三十税一，实什税五也"。他能透过三十税一的表面现象，认识到西汉农民实际租赋负担之重，是很有见地的。他认为，这么重的税负，实在是土地大规模兼并、广大农民只有靠租佃艰难度日造成的，因此必须实行土地制度改革。新朝的土地制度改革有其深刻的社会背景，西汉末年土地越来越集中在少数人手中，"富者田连阡陌，贫者无立锥之地……邑有人君之尊，里有公侯之富，人民安得不困……或耕豪民之田，见税什伍，故贫民常衣牛马之衣，而食犬彘之食"。"今汉氏或百一而税，可谓鲜矣，然豪强人占田逾侈，输其赋大半，官家之惠优于三代，豪强之暴酷于亡秦。"可见当时土地兼并的情况有多严重，农民生活有多苦。于是，王莽托古井田制，断然颁布了王田制。

新朝建国元年（公元9年），王莽下诏，更天下田为王田，奴婢为私属。即将土地收归国有（所谓王田），不许私人买卖。按照古井田的制度，将土地重新调整分配，男丁一人（包括一夫一妇）配田一百亩，八丁合耕九百亩，其中百亩为公田，不满八丁之家，其占田不得超过一井（即九百亩)。占田超过限度的,分余田与亲戚邻居,没有田地和田地不足者则由官府另行配给。现有的奴婢制度仍然保有,但严禁买卖。土地制度和奴婢制度的改革,志在平均土地,保护人权,立意很好,不过他规定奴婢不得买卖,并没有根本废除奴隶制度,只是在一定程度上遏制了奴隶像牲口一样随意买卖的行为。现在来看,王莽要平均土地,革除兼并,当体察实际情形,厘定一个合理而行得通的制度,大可不必恢复井田古制。

王莽欣赏桑弘羊的均输、平准和盐铁专卖等财税聚敛政策,为了维持封建政权庞大的财政需求,采取了垄断盐、铁、酒的经营和铸钱,对山泽资源实行管制和从事贷放等业务措施。建国二年(公元10年),王莽发布"六莞"(或称"五均六莞")之令。五均即五均赊贷,内容包括五个项目。一是平抑物价。如五谷、布帛、丝棉等衣食日用品,遇滞销落价时,由政府按平价收购,缺货涨价的时候,再由政府按平价出售,以维持物价的平衡。二是征收所得税。一般的工商业,包括渔、猎、畜牧、巫医、旅店、蚕桑、纺织、缝补、工匠、卜祝、方技等,皆需向政府登记,按期征收纯利的十一分之一为贡。政府即以收入的贡钱作为放款的资本。三是政府放款。穷人丧祭或经营小本生意,都可以向政府贷款,祭祀限十天偿还,丧事限三个月偿还,都不收利钱,经营生意则纳年利十分之一。四是征收荒地税。凡人民有荒地不耕者,皆须纳税,所以鼓励人民从事生产。五是惩罚无业游民。凡无事的流氓,每丁每年须缴布帛一匹,不缴者,迫令为国家服劳役。六莞为六项事业,实行盐、酒、铁专卖,铸钱专管,山泽征税,五均赊贷,调剂供求,管理市场,征收市税等。王莽令于京师长安、洛阳、邯郸、临淄、宛城与成都六大都市中,各置五均司市官、交易丞、钱府丞掌管"五均赊贷"之事。国家对这六项事业收归国家统制管理,实行课征,避免落入豪民富贾手中。

王莽是世界上所得税的鼻祖,他发明的"贡税"与所得税的征税特征毫无二致。"六莞"所列举的行业,都要照章按收益计算缴纳所得税。王莽性好稽古,给他新创的税种取了一个古典名称"贡"。无论是坐商还是行商,只要有经营收入,都应从其收入中扣出成本,计算纯利,按纯利额的十分之一缴纳税课。征收方法是自行申报，官吏核准。若呈报不实或隐瞒利润偷逃贡税，轻者罚没，重者拘役劳作。从以上各项规定来看，颇类似于现代所得税，这在中国赋税史上是一个创举。仅就发明所得税这一条，王莽就担得起历史上"大改革家"的名号了。可惜由于税制繁杂，要在当时的条件下准确计算出所得额难度很大，再加上税吏贪刻，这个税种最后没有好好地推广下去。

新天凤四年（公元17年），著名的琅琊吕母起义，打出的旗号就是"贡税苛重"。纳言（官名）冯常据此建议取消包括贡税在内的"五均六筦"，被王莽罢官。次年，费兴出放荆州牧，行前进谏，也主张放宽"五均六筦"中的税收政策，未及赴任就被免。左将军公孙禄主张杀掉负责贡税的羲和鲁匡，"以慰天下"。此时的王莽，一面将鲁匡贬为"卒正"小官，一面在地皇三年（公元22年）发布诏令："诸能采取山泽之物……其咨听之，勿令出税。"次年，又废除整个"五均六筦"政策，下令"即位以来诏令，不便于民者皆收还之"。并派遣风仪大夫司国宪等人分行天下，监督执行。但是已经晚了，农民起义的洪流呈不可逆转之势。司国宪等未及出发，新王朝已被推翻。征收了13年之久的所得税，从此就销声匿迹了。

王莽朝特制的"六筦"之法，在限制商人哄抬物价、囤积居奇、兼并土地等方面收到了一定的效果，同时"六筦"所涉项目均系人民日用生活必需品，或迎来送往、喜丧必备之物，即使物价昂贵，也不得不买，所以财政收入也是有保证的。但是，有的物品如鸟、兽、鱼、鳖之类，有的行业，如编织、缝补等收入有限，政府都课税就剥夺了经营者的生计，这样平衡负担不过是一句空话，反而给人们生活带来了诸多不便。且当时灾荒遍地，战乱频仍，经济凋弊，民不聊生，大多数应税者劳苦终年，所得无几，被官府刮去部分活命钱，实在不堪重负。再加上王莽任用的官员多系官商结合的豪族，如洛阳薛子仲、张长叔、临菑姓伟等，都是"乘传求利，交错天下"的大商人，他们勾结官府，坐着专车，周行天下，狐假虎威，法外横征暴索，留难盘剥人民，税收任务完成不了，就采取严酷的课罚，百姓一不小心就受到惩处，导致阶级矛盾日益尖锐。"五均六筦"之法颁布后，反对的呼声很高，王莽不自检讨，反认为是人民不肯合作，不惜以严刑峻法来推行，违背了民心，弄得家家愤怨，民不聊生，饥民和暴民猛增，加速了新莽王朝的败亡。

王莽变法改制的主要动机，一是为了配合符命与《周官礼》以遂行其遵经复古的思想，王莽时改掌管财政的大司农为羲和，后又改为纳言；二是好大喜功，要建立一个心目中的理想社会。王莽在财税方面的改制，遭遇到极大的阻难，而"五均六筦"也因法令繁苛，不为一般老百姓所能了解，再加上经办其事的官吏，最易作奸舞弊，他又用了一批贪官小人主持其事，到处和地方上的官吏相勾结，上下其手，以变法为名来榨取百姓。王莽变法改制，由于纯属理想，不切实际，民难适从，最后基本以失败而告终。

王莽好大喜功，不择手段变法改制，一方面挑衅四夷，将原来汉朝封的王都降为侯以下，还把匈奴改为恭奴，高句骊改为下句骊，引起匈奴、车师、焉耆、高句骊、钩町等边境藩国纷纷反叛；另一方面把固有的社会秩序全面扰乱，繁课重役引起四方民变，绿林、赤眉等起义军声势浩大，汉朝宗室刘縯、刘秀等又以匡扶汉室的名义起兵，天下大乱，最后首都长安被义军攻陷，城中的乱民四起，也许他们被"五均六筦"搞得烦透了，王莽悲催地被商人杜吴杀死于渐台，新莽政权灰飞烟灭。

王莽这辈子，隆重地种下"西瓜"，却郁闷地收获"一团乱麻"，而且最终把自己给"缠"死了。

五、光武度田

东汉开国皇帝刘秀这个人，说他是千古一帝，恐怕难以服众。但说起践行儒家修为的君主，光武帝刘秀排第二，恐怕没有其他皇帝能排在第一。跟西汉相比，东汉许多方面看起来都显得平庸，然而因刘秀的德行和余威，东汉国祚也延续了近200年。王夫之称赞他："自三代而下，唯光武允冠百王矣！"在赋税上，刘秀也承继了儒家低税简约理念。

刘秀为皇族后裔，但到了他这一代家境已衰落，即使在家乡南阳郡蔡阳县一带，也算不得豪门大户，不过他做事冷静，喜好耕田读书，到长安当过太学生，说起来这还是王莽喜欢笼络读书人而带给他上新朝"北京大学"的机会。

新莽末年，因王莽推行的改革盲目崇古，不切实际，触动了各方利益；加之水、旱等天灾不断，中原大地赤地千里、哀鸿遍野，在新莽天凤年间，赤眉、绿林、铜马等数十股大小农民军纷纷揭竿而起，大批豪强地主也乘势招兵买马，开始"倒莽"。顿时，海内分崩，天下大乱，刘秀亦跟随其兄刘縯在家乡起兵反莽。刘秀最初的抱负其实并不大，刘縯问他，他说了两句流传千古的名言："仕宦当为执金吾，娶妻当得阴丽华。"完全没想过当皇帝，美人倒是念念不忘。可有的人就是这样，本无意与众不同，怎奈何品位出众，就是这个刘秀，最后作为乱世中的天选之子，做了东汉的开国皇帝。刘秀在位33年，简约治国，与民休息，大兴儒学，推崇气节，东汉一朝也被后世史家推崇为中国历史上"风化最美、儒学最盛"的时代。

刘秀年轻时生逢乱世，了解百姓疾苦，做皇帝之后，以柔道为治，不仅自己带头节俭，奖掖廉洁，选拔贤能任作地方官吏，还奉行休养生息的国策，故有"内外匪懈，百姓宽息"之誉。在东汉建立之初，因军队数量多，用度不足，田赋行什一之税，事实上10%的税也不重。后为了解决军队给养问题，采取了军士屯田措施。建武四年（公元28年），刘隆讨平李宪后，奉命在武当屯田；建武五年，张纯将兵屯田南阳；建武六年，马援以三辅地旷土沃，上书求屯田上林苑中；同年，王霸屯田新安，李通破公孙述于西城后在顺阳屯田。屯田活动的开展，使东汉朝廷掌握了较充足的粮食。

两汉之间,天灾频仍,战祸连绵,以致"回垂之人,肝脑涂地,死亡之数,不啻大半"。东汉初年,由于战争和灾荒,人口大减,仅及西汉末年的三分之一。针对战乱之后,生产凋敝、人口锐减的情况,光武帝实行减轻民众负担政策,为发展农业生产,释放囚徒和奴隶,以增加社会劳动力,把国有荒地和苑囿以及山林川泽租给流民开展生产,其薄赋敛、与民休息的理念很深。建武六年(公元30年)末,尽管对隗嚣的战事已经全面拉开,军队数量并未减少,光武帝却开始仿照西汉景帝时期三十税一的做法,大幅度减轻田赋。而且,刘秀还采纳了马援的建议,恢复铸造并发行西汉时币值稳定且长期流通的五铢钱,为民众所信赖,建立了正常的金融秩序。轻税和稳定金融,促进了生产发展,使东汉初年迅速安定下来。

汉朝收租图陶仓楼

刘秀采取的另一项重要财税措施是度田,即核实有关垦田及户口的统计数字。

东汉政权本是在以豪强为主的势力支持下建立起来的。但豪强势力的发展,"天下垦田多不以实自占,又户口、年纪互有增减",土地兼并逐渐严重,既威胁皇权,也影响百姓生活。为了通过提升朝廷对全国垦田和劳动人手的控制力来加强皇权,限制豪强地主兼并土地和荫庇人口,掌握确切的土地及人口数字，以便征收赋税和征发徭役，平均赋税和徭役负担，实现经济领域的集权，刘秀想出了度田这一招。

建武十五年（公元39年），刘秀颁布"度田令"，要各州郡清查土地数量和人民户口年龄，作为纠正垦田、人口和赋税的根据，并考察落实二千石秩级长吏阿枉不平的行为。出乎刘秀意料的是，诏下之后，遇到豪强势力强烈抵制。而抵制最激烈也是最难办的，是河南，特别是南阳一带，因河南为首都所在，多近臣，南阳则是帝乡，多近亲，田宅逾制十分严重。① 显然，刘秀低估了度田的难度，度田令执行情况比预料的要糟糕得多。

豪强地主本来就是大量土地的占有者，尤其那些豪强，多半还拥有武装，所隐瞒的田地和依附的人口很多。政府度田，他们自然不愿意被清查，因此极力反对。不过他们一般都是与官府相勾结，采取谎报等手段蒙混过关，地方官惧怕他们，或贪于贿赂，或利害相连，所以就勾结在一起。而普通老百姓，不少通过战争的暴力手段，从地主手中夺得了大量土地，一些人还挣脱束缚，获得人身自由。等到东汉政府实行度田，清查土地和户口，遭到反对是可想而知的。

州郡官员既是度田令的执行者，又大多兼有豪强地主的身份，或与当地豪族有着不错的关系，所以也不想如实丈量土地，呈报户口，"刺史、太守多为诈巧，不务实核，苟以度田为名，聚人田中，并度庐屋、里落"。而实际情形中，还往往以度田为名，将负担转嫁到老百姓头上。

虽然困难重重，刘秀也没有善罢甘休，进一步通过加大惩处严重的营私舞弊行为来强行推动。建武十五年冬，大司徒欧阳歙被抓进监狱，罪名是"前为汝南太守，度田不实，臧罪千余万"。这是刘秀在度田上处置的第一位大臣。从表面上看，刘秀处理的是度田不实的大臣，而刘秀深层次要面对的是以欧阳歙为首的一批有头有脸的人物及其为代表的豪族集团。由于欧阳歙身为三公之一，地位极高，所以引起的震动很大。不过，从事

---

① 黄留珠著：《刘秀传》，人民出版社2003年版，第336页。

情的最后结果来看，刘秀的第一炮似乎打得并不那么响。欧阳歙是一个亦官亦学的人物，弟子很多。他的那些学生为老师鸣不平，请求释放欧阳歙者竟多达千余人。后欧阳歙死在狱中，刘秀也颇感棘手，担心落一个杀害贤能的坏名声，于是给已死的欧阳歙"赐棺木，赠印绶，赙缣三千匹"，等于替他恢复了名誉，而所犯的忤逆之罪也就不了了之。不过，毕竟是因为度田一个相当于"副国级"的大官丢了性命。

东汉考绩图画像砖，朝廷要求各级官吏每年岁末将本地的人口、垦田、税收、粮食、治安等情况呈报上级

建武十六年，光武帝更是对度田不实的郡太守大开杀戒，将不好好推行度田令的河南尹张伋等十余名郡太守处死，表示要对阻碍度田行为实行严打。这次的严惩还涉及南阳刘氏宗室功臣刘隆，其在度田中因有严重的舞弊行为被下狱，刘秀看在既是宗室又是功臣的份上，"特免为庶人"。

让刘秀始料未及的是，如此高压的手段不仅没能使度田令顺利实施，却带来了以民变形式出现的武装对立与抗争："郡国大姓及兵长、群盗处处并起，攻劫在所，害杀长吏。"这就是所谓的"度田事件"。在"并起"的反抗者队伍中，"大姓""兵长"属于一类，而"群盗"则属于另一类。前者即豪强地主，他们反抗是为了保护自身的既得利益。后者却是农民大众，他们反对政府的控制，同时反对官员借度田之名转嫁负担的各种胡作非为。刘秀命令镇压,官吏们也就放下包袱,轻装上阵,加紧追捕剿灭,很快,群贼便灭的灭了,散的散了。同时,把捕到的作乱首领人物迁往他郡,不但不予处罚,反而让"赋田受禀,使安生业",一方面宽恕他们的罪过,另一方面切断其与原所在郡的联系,给了豪强地主沉重的打击。

很明显,刘秀对豪强地主和他的官吏,一概给予了妥协让步,而对农民大众,却分化瓦解,予以镇压。如此,反度田的矛盾总算被消解了。

至于刘秀度田的情况,后世评说各异。一种看法认为,刘秀的度田以完全失败而告终,或是不了了之。另一种看法则认为,度田经历了极其曲折复杂的过程后,终于取得了成功,为明章之治奠定了基础。不管怎样,刘秀度田对地主阶级能够起到一定程度的抑制作用。不但刘秀以前的封建统治者没有进行过这样的度田,而且在刘秀以后几百年间,也没有听说哪个皇帝认真度过田。从这个方面来说,刘秀当初能够下令度田,并且还为此杀死或免黜了一些太守、豪强,这是他对官吏、豪强所采取的抑制措施,有点抑制总比没有好。① 实际上,刘秀提出度田本身便是有意义的,是对豪强势力的抑制与打击,何况他还杀了那么多度田不实的官吏,这当然就更值得肯定了。

东汉时期官方记载的土地和户口数,与西汉末期相比有所减少。按理,东汉生产力较前有了更大的发展,其土地与户口应该比西汉有所增加,但结果却正相反,这与豪强地主肆无忌惮地隐匿土地与人口直接相关。由此亦间接反映出,刘秀的度田举措虽有重要意义,但其对豪强的抑制打击是有限的。不过经过度田事件后,郡国大姓的抗衡逐渐平静下来,度田也成为东汉一朝的定制,为东汉前期80年间国家强盛的"明章之治"奠定了物质基础。

建武中元二年(公元57年)二月初五日,刘秀在南宫前殿逝世,享年62岁。太子刘庄继位称帝,改年号为"永平",是为汉明帝。明帝即位

---

① 马植杰:《刘秀论》。载《马植杰秦汉三国史论文集》,湖北人民出版社2001年版,第75—76页。

后，继承并发扬光武帝施政方针，提倡儒学，注重刑名文法，为政苛察，在位期间多次下诏减免赋税徭役，采取与民休息的开明政策，令官吏劝督农桑，兴修水利，并以公田赐与或租给贫民，呈现出一片繁荣昌盛的景象。其后的汉章帝也能够平徭薄赋，减轻农民负担，采取优惠政策募民垦荒，鼓励人口增殖。汉章帝还采取了不少有利于民生发展的减免税措施，如元和二年（公元85年）春正月乙酉下诏："令云，人有产子者，复勿算三岁，令诸怀妊者，赐胎养谷，人三斛，复其夫勿算一岁，著以为令。"这位皇帝，不但自己免除产妇及其夫的算赋，赐孕妇每人谷三斛，而且要求子孙们都遵照执行。章帝时期，社会、经济、文化都在光武帝和汉明帝盛世的基础上有更大的发展，东汉王朝的发展至此达到顶峰。由刘秀个人魅力起直接作用导致的"明章之治"，成为汉朝发展的又一个高峰，而这个高峰却又如此低调，刘秀去世前一句"朕无益百姓"自评，反而让后世记住了他身处权力顶端还心系民生的品性。

然而，汉章帝末年却犯了一个致命错误，那就是对外戚过于宽容。他一改光武帝和明帝严格禁止外戚和宦官参予朝政的政策，宠爱皇后窦氏，重用窦后之兄窦宪，又优待宦官，使外戚和宦官这两股腐朽势力从此登上东汉王朝的政治舞台，引起了宫廷内部的斗争。东汉王朝的开明政治从此结束，黄金时代稍纵即逝，土地兼并、吏治败坏越来越严重，外戚干政、宦官擅权逐渐加剧，汉家天下转而进入腐败和黑暗。

东汉末年的汉灵帝刘宏，是汉章帝刘炟的玄孙，却没遗传到一点刘秀和刘炟的好品德，倒是变异得越来越不像话，巧立名目搜刮钱财，甚至卖官鬻爵以用于自己享乐，国家被搞得百病全生，成为一个政治黑暗、社会糜烂的时代。

灵帝的母亲董太后和那些被宠幸的宦官"十常侍"们，可是不管不顾国家安危的主，于光和元年（公元178年）教唆灵帝于内苑西园中设署卖官赚钱，这种官爵名为"西邸官"，或称"西园官"。官位的标价以官吏的年俸计算，公布卖官价格，2000石官2000万钱，400石官400万钱，也就是说官位的价格是官吏年收入的1万倍。县令则按县域土地丰瘠分别估价，富者先交钱，贫者可赊欠，买官者如缴钱不足，亦可到任后分期补缴，但要加倍缴纳。段颎、张温等人虽然功劳很大，声望也很高，却也都是先交足了钱，才登上官位的。甚至号称"三公"的太尉（军队统帅）、司徒（丞相）、司空（御史大夫，负监察之责）都标价出卖，官场被搞得乌烟瘴气，许多官吏都因无法缴纳高额的"做官费"吓得弃官而走。灵帝又令新任刺史太守捐献修宫钱，大郡多至二三千万，成为另一种变相的卖官，导致有清廉官吏因捐献不足被逼自杀。

两汉时，主管财税的官称大司农，赋税收入统为大司农掌管归入国库。① 郡县设盐官、铁官、工官、水官，乡有三老、有秩、啬夫，乡佐主赋役。啬夫要了解全乡民户的贫富、丁壮的多少、土地的肥瘠和占有情形，然后按户等差、劳力强弱，评定各户应负担的赋役。乡佐属乡的员吏，具体承担赋税征收任务。灵帝规定，收税的官也要交"做官费"，如国家的大司农、少府（专管郡国王室财政的长官）上交各级租税贡献时，都先抽一份交入宫中，叫作"导行钱"。

灵帝贪图享乐，大肆营造宫殿，大兴土木，纵情声色，日以游乐为务。光和三年，起造罩圭苑与灵昆苑。又在西园弄狗，狗都有官爵。中平二年（公元185年），南宫云台火灾，计划重建，一时国帑不足，于是学着其老子桓帝对羌族用兵每亩附加田租10钱的招数，全国田地每亩加收田课10钱，用来修建宫室，弄得民怨沸腾。又征购天下州郡木材文石，送至京师，诸常侍宦官，经手买办的，再从中剥削渔利，木材堆积腐烂，而宫室连年营造不完，弄得天下骚然，怨声载道。

光武千方百计度田，东汉到头来还是走到土地大肆兼并、疯狂聚敛的老路，再加上水、旱、蝗、雹及瘟疫流行之灾，内忧外患俱至，使大汉王朝四百余年的根基加速动摇，最终导致大厦倾覆，在黄巾起义和军阀割据的浪潮中，东汉末年穷奢极欲的统治者传到献帝一代终于走向灭亡。

---

① 陈致平著：《中国通史》（第2卷），花城出版社2003年版，第414页。

三国两晋南北朝：乱世的聚敛

　　滚滚长江东逝水，浪花淘尽英雄。历史的天空闪烁几颗星——曹操、司马炎、拓跋宏，这些政治巨星跟租调制、占田制、均田制紧紧连在一起。

一、曹操秘籍

三国两晋南北朝，从公元196年曹操迎汉献帝于许都算起，迄于隋统一中国的公元589年，前后共历393年，是中国历史上持续动乱的年代。先是魏、蜀、吴三国鼎立，相互争战持续了60年；后三国归晋实现短期统一，即进入南北朝。在南方有东晋、宋、齐、梁、陈朝代更替；在北方有北魏（后分裂为东魏与西魏）、北齐、北周兴替。这个时期大都处于分裂割据状态，数百年间政治局面动荡，王朝更迭频繁，战争连绵不断，农业艰难维持，工商业总体处于萎缩状态，经济社会遭受严重破坏，民众负担沉重，备受煎熬。

社会动荡，生存艰难，筹财就更难上加难，促使财政赋税制度兴革较多。那些动荡战乱中的政权为了求得生存和发展，不得不改革赋税制度以获得更多资源。魏、蜀、吴三国，曹操掌控的魏国无疑最具实力。曹操挟天子以令诸侯，有很大的政治优势，依托强大的军事力量控制中原心腹之地，具有明显的地域优势，而广开财源和善收税，则巩固了其江湖老大的经济地位。

东汉末年，在黄巾农民起义军打击下，天下分崩离析，各地州牧、豪强拥兵自立，相互兼并，弱肉强食，东汉王朝已名存实亡，取而代之的是在镇压农民起义过程中形成的各豪族军事势力。在三国争霸初期，曹操的势力范围很小。有些时候，所占领的地方还没来得及建立管理机构，就已经换了新的主人，谁都不知道自己能在占领的地盘上坚持多久，于是，打下的城池常常惨遭涂炭，被洗劫一空。在这种情况下，军队和民众都很难休养生息。军阀混战使曹操的大军无法长时间休整，也使流离失所的农民看到春种却等不到秋收，即使等到了也多半是别人的"盘中餐"。

历史上对曹操的评价褒贬不一，誉之者说他是乱世之枭雄，杰出的政治家、军事家、文学家，贬之者称其为逆贼奸臣，但其对税收制度发展的贡献是有目共睹的。

连年的割据混战使社会经济遭到严重破坏，"百里无烟，城邑空虚，道馑相望"。处在乱世中的曹操"忧世不治"，同情劳动人民的兵祸之苦，写下了"铠甲生虮虱，万姓以死亡。白骨露于野，千里无鸡鸣。生民百遗一，念之断人肠"的诗句。他以敏锐的政治眼光审时度势，认识到结束混战、恢复统一是人心所向、大势所趋。为此，他立志统一全国，并为达此目的而努力壮大自己的武装力量。然而，当时由于人口锐减，土地荒芜，各种各样的军队都为粮草头疼不已。史载："自遭荒乱，率乏粮谷。诸军并起，无终岁之计。饥者寇掠，饱则弃余，瓦解流离，无敌而自破者不可胜数。"有些军队不是因打败仗而溃散，而是因缺乏粮草垮台，能筹到粮饷成了诸侯攻伐的先决条件。

袁绍在讨伐曹操时，指使谋士陈琳作《为袁绍檄豫州》来揭露其斑斑劣迹，其中说曹操为了弥补军饷的不足，设立发丘中郎将和摸金校尉等军队官职，专司盗墓取财。虽然这种说法有可能是凭空捏造污蔑政敌之词，但也反映了当时筹集军饷的艰难程度。针对粮草筹措的艰难，曹操想了很多办法来解决问题，并决定把"奉天子以令不臣，修耕植畜军资"作为完成统一大业的政治、经济两大方针，在治国理财的实践中逐渐形成了他独具特色的赋税理念。

东汉初平三年（公元193年），曹操占据兖州，得青州农民起义军30万人，经过整顿，组织起一支能打善战的"青州军"，其中一部分军队一边操练，一边从事耕种，这样才有了征伐和屯田的资本。从此出现了"军户"的历史，每户都有兵籍，世代当兵，延续了75年，从而确保了兵源和军需。

在各军事集团中，曹操最早认识到恢复农业生产、保证军粮供应的重要性。汉末正常的赋税体系被战争打乱，农业衰败，人民流徙，地方萧条，商旅断绝，据以征收赋税的户口版籍荡然无存。在这种情况下曹操认识到，要解决军粮急需，不能坐等农业生产自然恢复，只能通过官府组织力量招募流散农民，利用空荒土地兴办屯田。曹操在辖区内兴修水利，实行屯田制，发展农业生产，增强经济实力。建安元年（公元196年），曹操"用枣祗、韩浩等议，始兴屯田"，颁布《置屯田令》，募民屯田于许下，当年即"得谷百万斛"，并逐渐推广到全境。屯田的土地，主要是战乱中形成的无主荒田，"今承大乱之后，民人分散，土业无主，皆为公田"。屯田所需劳动力，则主要来自流散农民和黄巾起义军旧部。

屯田分民屯和军屯两种。军屯多分布于边境地区，按军队编制组织生产，每十人中，八人佃耕，二人巡守，耕战结合，屯田所得以供军需。民屯是招募或迁徙流民屯垦，当时由官府提供土地和农具，部分屯田户还配给耕牛，其特点是可免服兵役和徭役，专以农桑为业，使其安心生产。用官府提供的耕牛屯田，官得六分，百姓得四分；私牛而官田者，官民各得一半。屯田由大司农统一管理，具体负责官员有典农中郎将、典农校尉等。

屯田将闲置劳动力安置在国有土地上从事生产，使有限的生产资源得到合适的分配，并高效利用。屯田制的实施，强制性地将农民束缚在土地上，使农民与官府建立了一种依附性很强的租佃关系，为曹魏政权提供了稳定的租税来源。屯田收入不是一般意义上的地租，而是一种租税混合物，因为封建政府是以统治者的身份进行课征，不是以私人地主的身份，这使得屯田收入带有赋税性质。

屯田制促进了荒地开垦，对恢复农业生产发挥了重要作用，创造了一个可长久依靠的租税来源，保证了封建国家随着生产力的提高，获得日益增多的租税，解决了军粮问题。同时，使许多饱受饥馑之苦的流民免于饿死，也促使北方的农业经济得到复苏和发展，为曹魏政权奠定了较为稳定的经济基础，最终成就北方霸业。

曹操实施的屯田制度，农民要将平均约一半的收获量交给官府，负担较重，造成不少农民不愿意成为屯田民，逃亡甚多，但屯田制促使大量荒地开垦出来，促进了北方经济的恢复，人民减轻了供应和运输之苦，军粮也得到了保证，屯田制的施行加快了统一北方的进程。屯田制虽不是对自耕农民征收赋税，但在由汉代税制向魏晋以后的新税制转变过程中，起到了过渡作用，在当时特定的历史条件下，实行屯田制对赋税稳定增长具有十分重要的作用。

其实，蜀国和吴国也实行过屯田制，可见屯田是一众实力派普遍认可的生存秘籍。不过魏国屯田多，蜀、吴少。不少在战争中荒芜的土地被耕种，等于多了一项田赋来源，增加了国家的收入。

正是这个史上出名的"奸雄"曹操，在赋税制度改革方面也成绩斐然。针对当时的社会政治经济形势，为鼓励农民发展生产，充实国力，曹操对汉代税制进行了改革，于建安九年（公元204年）八月发布了著名的《收田租令》，取消实行了数百年的田租、口赋、力役税制，建立适应战时需要的定额税制——租调制，使田租与户调成为最大宗的赋税。

要成就一番像样的霸业，往往舍弃不了税收这个让人又爱又恨的家伙，更何况身处乱世。曹操实行税制改革的原因，一是财政困难，物资匮乏，自董卓乱后，天下分崩离析，经济凋敝，人口流亡，已经完全失去以往按口征赋的条件，难以保证国家用度，特别是连年征战的需要；二是东汉后期田租、更赋、口赋、算赋并立，临时性的征调频繁，老百姓负担沉重，社会矛盾尖锐；三是货币贬值，而绢帛成为具有货币性质的常用交换物；四是户调这种征税形式已有一定基础，一些地方已经施行。

租调制将征田租与手工业品相结合。曹操将原按比例征收的田租固定为按亩

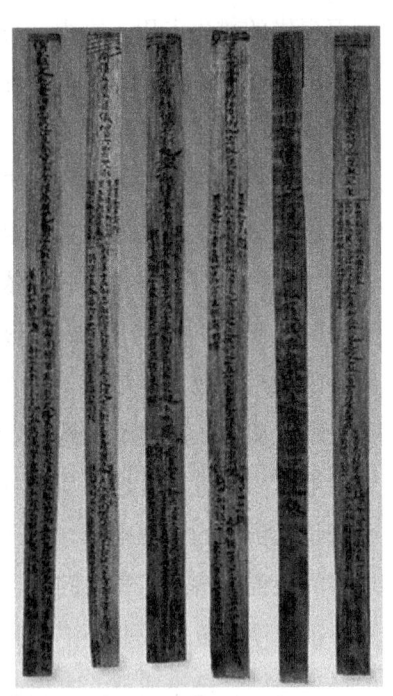

记载租佃土地数量及须向官府缴纳钱粮、布匹等赋税数额的长沙走马楼吴简

征收，取消按人头、按年龄段征收的口赋，把称为调的附加税加以固定化，且按户征收，称为户调。调起于东汉后期，当时支用浩繁，国库空虚，官府常额外征调物品，这种临时的征收称为调。租调制规定自耕农每亩交租粟4升，每户缴纳绢2匹、绵2斤。在当时租调制是一种新的赋税制度，这一改革不仅使赋税征收手续大为简化，而且也在一定程度上减轻了农民负担，可使农民避免因家庭人口增加而带来的增税之累，公平了税负，更适应当时自耕农、农业和家庭手工业密切结合的特点，有利于促进手工业的发展。但由于户调从户而税，而不是按人头征，为了避税，许多家庭累世同居不肯分炊，形成中国古代大家庭格局。

曹操还规定除田租户调正额之外，不许地方再擅自增加纳税人负担，要求郡国守相加强督促检查，并派遣使者明察暗访，发现"暴虐者，举其罪"。在曹操统治下，很少出现汉代那样无休止的繁征杂敛，百姓稍省杂税横生之苦。同时曹操还规定，各地要严加检查，不许豪强地主漏交田租、户调。这一措施对于抑制豪强贵族兼并土地、转嫁赋税以及相对减轻广大民众的负担，进步意义是很明显的。

为了切实做到税负均平，曹操规定在户调征收中实行"计资而税"的"平赀"法。"计资而税"源于汉代，在东汉时就有了根据民户贫富程度确定纳税标准的办法，啬夫"皆主知民善恶，为役先后；知民贫富，为赋多少，平其差品"。曹魏政府将户调制制度化，按户资高低确定等级，计资征收，富者税重，贫者税轻。兼顾了人民的负担能力，缓解了税负轻重悬殊的状况，比较好地遵循了"合理负担"的课税原则。实行"平赀"法要按户评赀，将纳税户分为上下九等，据以征税。曹魏征收户调相当严格，曹操本人对"平赀"也非常认真，甚至连自己家也要评定纳税，以己率下。

定额税制实行后，对农民的好处是税率低、负担轻，增产不增税，并可免除地方官吏在估产时所进行的额外盘剥，农民易于接受，也确实收到了招徕流民、激励农民发展生产的效果。东汉末年被破坏得非常厉害的北方农业经济在很短的时间内便得到明显恢复，这其中，定额税制的推行起了不可忽视的作用。

汉代的算赋、口钱系按人口征收，人多则税多。而户调征收是按户不按人，增人不增税。这在当时人口锐减、劳动力奇缺的形势下有鼓励流散农民回归故土和人口自然增殖的意义，归根结底有利于小农经济的发展。同时，农民为了完成户调任务，必须大力发展家庭手工业，种植桑麻，纺纱织布，这就有力地促进了桑麻种植业的发展和纺织技术的提高。汉代的算赋、口钱出钱，曹魏的户调制则出绢、绵。由出钱改为缴纳实物，表面上是由货币税退回到实物税了，但这一改变适应当时商品货币关系减弱，农业和手工业相结合的自然经济客观实际。对农民来说，交实物比交钱更便利，可使其免去以物换钱时遭受商人的中间盘剥，农民更为认可。

曹操割发代首严于律己的典故广为流传，而为了顺利推行租调制改革，曹操也带头守法，年年向国家缴纳赋税。他还重用和大力支持地方官员依法征税，打击违法的豪强，对亲戚也不姑息。曹操有一位著名的堂弟——大将曹洪，税法意识薄弱，自恃功高，公然支持他在长社县的门人拒不按租调制缴税，阻止新税制的实行。长社县令杨沛坚持依法办事，坚持把那些违法不交税的门人等抓起来补罚税款。曹洪闻讯后，急忙去找曹操，要求惩办杨沛。杨沛毫不示弱，依法诛杀了抗税不缴的门人。曹操通过周密调查掌握了实情，不仅没有听从曹洪的意见惩处杨沛，还对这个不畏权势勇斗抗税分子的杨县令大加褒扬，并委以重任，提拔他做执政首都的京兆尹。曹洪等一干显贵自此对杨沛十分畏惧，纷纷警告子弟和家臣不得犯法，以免被杨沛逮个正着。看来，古代不畏权势严格执法的税官还真不少，这也是税法刚性的重要依托。

曹操反对重税，主张轻税，执政期间多次下令减免赋税，对开垦荒田、遭受水旱蝗灾等实行定期或不定期的赋税减免，对恢复和发展生产起到了促进作用。如建安九年击败袁绍，进入冀州后考虑到河北人民刚刚经历了战火，急需休养生息，于是下

"苍天乃死"砖，曹操宗族墓出土，反映汉末人民负担苛重，民心思变

令蠲免租税一年,并要求对豪强兼并行为予以制裁,以保证政府的减免税政策切实收到效果。曹操还主张除池御之禁,减轻关市之征,这一措施对商贸恢复具有积极意义。

曹操在东汉末年各方割据者中,特别注重恢复和发展生产,培植税源,减轻赋役,恤民疾苦,解决最重要的粮食供应问题,增加物资储备,着力改革赋税制度,建立起更适合当时经济社会现实的租调税制,在一定程度上减轻了农民负担,促进了北方农业经济发展,曹操的赋税均平和轻税主张,与税制改革紧密结合并付诸实践,对促进生产和稳定财税来源起到了重要作用。曹操的租调制还为后世赋税制度改革提供了一个可资参考的蓝本,标志着中国赋税史进入了一个新阶段。自租调制创立后,历两晋南北朝,后成为隋唐租庸调制的基础。

曹操可称得上是历史上重要的税收改革家,正是采取了包括系列赋税改革在内的各种得当手段,特别是掌握了善于生财和筹财的秘籍,帮助曹魏逐渐成为割据势力中最强大的力量,一举统一了北方,确立和巩固了他在群雄争霸当中的"江湖老大"地位。

二、占田背后

晋武帝司马炎的一生,前半段静若处子,充满理性,在登上皇位之初励精图治,振兴经济,行节俭,推法治,其中推行占田制就是其得意之作,促进了人口增殖,使经济社会呈现繁荣景象,史称"太康之治"。然而,司马炎后半段却动若疯兔,自晋灭吴之后,开始骄奢淫逸,糜烂不堪,怠惰政事,肆意挥霍资财,并分封诸王,为"八王之乱"埋下隐患,局面越来越变得难以收拾。

小农经济是封建国家赋税的基础,国家占有编户的数量、农业生产状况的好坏，直接关系着国力的强弱，统治的安危。魏末晋初，官府对屯田农民的剥削日益加重，持官牛者与政府的分成比例由四六分成变成二八分成，持私牛者则由五五分成提高到三七分成。这种高达百分之七八十的剥削量，几乎榨干了屯田农民，造成"民不乐，多逃亡"的局面。而越来越严重的土地兼并使大批自耕农民失去土地，严重危害着小农经济发展。西晋初年，世族地主大土地所有制已经形成，兼并之风愈演愈烈。世族、官僚争相侵夺屯田的土地和劳动力，同时官府还常常将屯田、租牛和劳动力赏赐给各级官吏，这一切都加速了屯田制的崩溃。

许多豪门贵族占有太多的田地，拥有众多的佃客，屯田制名存实亡，严重影响了农业生产与国家租赋收入。这种状况迫使西晋统治者必须妥善处理诸多尖锐的矛盾，特别是对疯狂的土地兼并进行抑制，以稳固封建统治，保障赋税来源，于是在泰始二年（公元266年），司马炎下诏罢屯田。

屯田制被废以后，原屯田管理系统变为普通的行政管理系统，屯田农民成为郡县的"编户齐民"，这一重大变化，给西晋政府带来了新的问题，迫切需要建立一种新的土地管理制度，使刚刚恢复自耕农身份者得到自己的土地，保证农业生产持续和发展。在屯田制废除以后，旧有的租税制度也不再适用赋税征收，必须建立一种与新的土地管理制度相适应的赋税制度。占田制就是在这样的形势下制定颁布的。

占田制颁行于太康元年（公元280年），即晋灭吴统一全国的当年，包括占田、课田和户调之式三大基本内容。占田是官府规定农民和贵族官僚占有土地的最高限额，课田是国家征收赋税的标准，户调之式是按户等征收绢、绵的标准，这三个方面共同组成西晋基本的土地和赋税制度。占田制承认农民对土地的占有权和耕种权，对贵族、官吏的占田及荫亲属、荫客数量做了规定。占田的背后，是保障国家赋税。

占田制对贵族官吏的占田数量并没有加以限制，而是鼓励人民去耕种荒地，同时改汉代之算钱为实物的布帛之征。按占田制规定，以劳动力强弱确定占种土地的数量和输送赋税的标准，一般平民的占田额，男子一人占田70亩，女子30亩，合计一夫一妇的个体农户占田百亩。其中丁男课田 50 亩，丁女 20 亩，次丁男半之，女则不课。男女年 16 岁以上至 60 岁为正丁；15 岁以下至 13 岁与 61 岁以上至 65 岁，为次丁；12 岁以下 66 岁以上为老小，不事。占田制以示土地的占有，务使人人有田，免于田地荒芜。一户农民有上百亩地，对于长期失去土地的农民来说具有巨大的吸引力，提升了农民耕种的积极性，对粮食产量提高和国家赋税收入增长都起到了促进作用。

占田指享有的田地范围，未必都能耕种。晋时以 240 步为一亩，则百亩的面积很大，非一夫一妇之力所能全部耕种。于是规定不仅有占田，还有"督课之田"，即必须耕种而纳租赋的课田。"督课之田"规定，丁男 50 亩，丁女 20 亩，合为 70 亩。"督课之田"是在占田之内，并非于占田之外另加课田。

占田制特别规定官宦贵族的占田额比普通老百姓多。第一品占田 50 顷，第二品 45 顷，依次递减，至第九品 10 顷。所占佃客，一、二品官不得超过 50 户，三品 10 户，四品 7 户，第八、九品 1 户。而又以品之高卑荫其亲属，多者及九族，少者三世。荫庇制度是一种特权，封建政府以法律的形式承认贵族

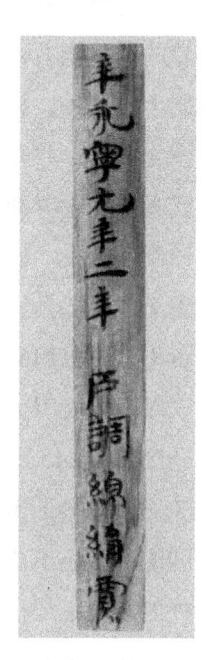

郴州出土的西晋户调简牍

官僚有权从国家控制的编户中取得一部分作为自己的佃客、私属，他们缴纳的租税为这些官僚贵族所有。法令虽限制了豪门任意霸占，但一般达官显贵仍然享有广阔的田地，这就意味着有条件、有限度地对世族利益作了让步和保护。在占田制中，国家只承认其法定的土地、人口占有数额，超过这个限度就不许可，突出体现了它确实具有限制兼并的作用。

晋武帝的户调有重近轻远的规定："丁男之户，岁输绢三匹，绵三斤，女及次丁男为户者半输。其诸边郡或三分之二，远者三分之一。夷人输资布，户一匹，远者或一丈。远夷不课田，输义米户三斛，远者五斗，极远

者输算钱，人二十八文。""调"是一种按户增收的布帛之征，以代汉之口算钱。它是在平吴统一中国之后才颁布的新法令，因为吴地盛产绢绵，故以绢绵为征收之目。夷人不治蚕桑，所以征资布，即土产。而自汉魏以来所征收的租粟，则依然课纳。它将全国划为内地、边郡、远夷三种不同的地区，根据路程远近征收数量不等的户调，内地最重，由近及远，依次递减。同样的耕地和劳动力，内地输税重而边地输税轻，区别对待，这照顾到路远者的负担能力，并可产生促进移民实边的效果。

抑制土地兼并，只是给农民占有土地提供了可能性，要使小农经济真正得到恢复发展，并在此基础上确立赋税收入的稳定性，还必须使占田制具有广泛吸引农业劳动力和调动生产积极性的功能。

占田制使一夫一妇的个体农民得占田百亩，吸引大批隐民和流民回归土地，重新成为郡县管辖下负担国家赋役的编户齐民。同时，占田制规定的农民负担虽比曹魏的编户重50%，但又远比屯田和私人地租率为轻，这也产生了较强的吸引力。据史载，太康元年（公元280年）占田制颁布的前夕，全国仅有245.98万户，而占田制颁布仅两年后的太康三年，户数就达到377万，增加了50%以上。户数增加，也就意味着赋税收入增加。

晋朝统治者还不忘给纳税人一些甜头。占田制规定按固定亩数征税，课田以外的占田不征税，这样一来，占田数与课田数之间的差额便形成了免税土地，在一定条件下，占田越多，则免税土地的绝对量也就相应增加。这种递增的免税规定很容易激发生产者的积极性，促使农业生产更快地发展，从而也使政府能够征收到更多赋税。因此，占田制比较主动地运用赋税杠杆来调节经济生活，使其达到扩大生产，增加税源的作用。

西晋课征赋税，还实行了一个"九品相通，皆输入于官"的制度。九品相通法不是什么新鲜玩意儿，曹魏时期已经用过，但那时只是用在户调绢绵上，西晋政府则将它扩大到了田租上。各郡县政府每年要根据中央责成征收的户调田和数额，在本区域内实行"评资"。在一般情况下，每等户的户调负担为："上上户户各出绢四匹；上中户户各出绢四匹二丈；上下户户出绢四匹；中上户户出绢三匹二丈；中中户户出绢三匹；中下户户出绢二匹二丈；下上户户出绢二匹；下中户户出绢一匹二丈；下下户户出绢一匹。"即按民户财产的多寡将其分为上上户至下下户凡九等，分别确定每等户的应纳税额，依等征税。占田制中田租四斛、绢三匹、绵三斤的规定，只是中中户应缴的数量，或是一个平均数，而中中以上户缴纳的要超过这个数目，中中以下的户则可低于此数，从而体现出均税的含义。各郡县依等征税，完成中央下达的税收任务。最后，中央政府汇集全国各地的户调总额，平均计算，大致相当于"丁男之户岁输绢三匹，绵三斤"的标准。

九品相通法意义较为深远，对后世影响也很大。按劳动力强弱，路程远近和贫富差别征收赋税的做法，可以有效地调整封建政府、世族地主和小农经济三者之间的利益关系，缓和长期激化的阶级矛盾，促进经济社会复苏。

可以说，占田制蕴含的理念，跟魏晋时期思想家傅玄"至平""趣公""有常"赋税三原则是相通的，即必须为封建国家的公利而征课，不能为满足统治者私欲而兴赋役，赋役的征课必须制度化，即强化税收的固定性，以求民劳而不怨。占田制的推行，促使晋初出现了东汉末年以来上百年从未有过的兴旺景象。

占田制与户调式，为后来北魏实行均田制打下了基础。而于租役之外又征收布调，也成为唐代租庸调制之源。

占田制的缺陷也很明显。作为国家基本的土地制度，占田制规定了世族地主占田的最高限额，却没有规定超过限额的处置办法，这实际上是默许世族地主的占有现状，不触动他们的既得利益，因此，占田制是难以持久实行的。如果说它初期尚有一些抑制兼并作用的话，一段时间之后土地兼并活动便复盛行。特别是由于封建统治者推行占田制的目的在于保证赋税来源，在经济形势稍有转机时，赋役负担便不断加重，致使普通农民纷纷破产，造成劳动者与土地再次分离，经济社会又被推向危机的深渊。占田制推行10年后，爆发了"八王之乱"，这是贵族官僚政治经济势力恶性膨胀，社会矛盾再次激化的必然结果。

三、土断是啥

一桩与"地方行政""户籍""赋役"都有关联的事,被叫作"土断"。土断是北方民众因战乱流徙到江左及南方各地以来所发生的特殊问题,是东晋、南朝废除侨置郡县,使侨寓户口编入所在郡县的办法。

西晋自永嘉之乱以后,少数民族纷纷入居中原,并互相攻伐,造成北方一片混战,中原人民被迫大量南迁,"避乱江左者十六七",当时有70万流民迁至长江流域的荆、扬、梁、益诸州,另有20万流民没有到达长江流域,而聚居于今天的山东境内。东晋朝廷对北来流民采取优待政策,并设置大量的侨州郡县予以安置,称为侨人。侨人的户籍称为白籍,不算正式户籍,也不负担国家的赋役。这个措施对于安置流亡世族和农民,稳定东晋政权具有一定作用。但是随着时间的推移,北方战乱日益扩大,不仅流民归乡无期,而且南下者日渐增多,侨置郡县也随之增加,从而不税不役的白籍也越来越多,造成东晋户籍制度的紊乱,"来去纷扰,无暂无息,版籍为之混淆,职方所以不能记"。更为严重的是大批流民根本不入籍,即"无贯之人,不乐州县编户者,谓之浮浪人"。

东晋政府曾对这些浮浪人口实行"乐输亦无定数,任量,准所输,终优于正课焉"的优惠政策,但收效不大。在户籍紊乱和浮浪人口大量存在

晋代青瓷谷仓罐

的情况下，世族地主趁机浑水摸鱼，大量招徕劳动力。至此，秦汉以来的土地兼并已发展到人口兼并，"南北权豪，竞相游食""流民多庇大姓以为客"。世族地主利用特权，荫庇大量流民，侵占良田，逃避赋役。如果不设法制止这种现象，封建政府将会失去更多的剥削对象，税源枯竭，形成国贫家富的局面，再发展下去，世族地主集团就会凭借财富优势同君主政权相抗衡，到那时候，封建政府也就难以驾驭政局，颠覆、政变在所难免。

于是，东晋政权不得不考虑实行"土断政策"，把这些流寓的人民都编入当地的户籍，和所在地百姓尽同样的义务，纳同样的租赋。

东晋成帝咸和年间（公元326—334年），东晋政府开始推行土断，撤销侨置郡县与侨籍，通过清查户口让侨民入当地户籍，同时负担税课与徭役。成帝咸康七年（341年）再次施行土断。东晋哀帝于兴宁二年（364年），曾下令严行土断，裁并侨置郡县，整顿户籍，习称"庚戌土断"。土断的政令，自东晋历宋、齐、梁、陈，时有公布，又时行时辍，并常因时因地而不同。推行土断政策，是作为加强王朝统治，与豪门争夺劳动力，扩大赋税和兵源的一种手段，主要目的就是令侨迁人民落籍输课，以保证国家的赋役征收。

说起土断，不能不说到桓温。桓温是东晋时期炙手可热的人物，名号很多：政治家、军事家、书法家、权臣，还是晋明帝司马绍的女婿，做过驸马都尉、琅琊太守、徐州刺史、安西将军、荆州都督、大司马，册封南郡公，位高权重。掌权期间，抑制朋党，整顿吏治，抑制兼并，实施土断，重视民间疾苦，改善教育，逐渐开启其自我造神之路。然而，天不随人愿，三次领兵北伐，有胜有败，在声望受损后，奢求朝廷加九锡，受制于王导、谢安势力，未能如愿。后桓温废黜皇帝司马奕，迎司马昱入朝，拥立为帝，是为晋简文帝，并改元咸安。桓温于宁康元年（373年）去世后，最终其子桓玄于元兴二年（403年）十一月，代晋称帝，建立桓楚，追尊桓温为宣武皇帝，桓温可算是东晋灭亡的罪魁祸首。

历史上在执政和打仗方面对桓温的评价褒贬不一，但其主持实施的土断，对田制和财税来说影响深远。

中国封建社会，赋税收入主要来自两方面：土地和人口，因此户籍制度实质上是赋税制度实施的基础。历代统治者为了保证国家收入来源，维系和巩固统治基础，无不重视加强户籍管理。对此，身处动乱年代的魏晋思想家自然有更加深刻的认识。范宁等人力主推行土断目的十分明确，就是为了整顿户籍制度，遏制流民投入私门的倾向，增加国家编户，保证国家的赋税来源。

桓温主持的土断，不但土断侨居人户，对世族贵戚隐占人口也进行纠查，对隐匿户口的予以惩处。彭城王司马玄因违禁藏匿流民五户，被下廷尉问罪。这次土断推行得比较有成效，很多隐匿户被查出，仅会稽郡一地便清出隐匿户3万余口。侨户上籍纳租服役，限制了士族特权，因而政府的赋役来源更广，大大提高了东晋的经济与军事实力，桓温北伐也就是在这个基础上进行的，为太和四年（369年）的伐燕之战以及后来的淝水之战的胜利奠定了基础。

东晋时期，围绕着北方南渡流民是否落籍纳税问题，曾展开了一场旷日持久的土断与侨寓之争，因此土断的推行也是时兴时废。其中，范宁是土断派的代表人物。

西晋时由于战乱，自东晋定都江左，中原地区豪族多迁居江南。他们希望有朝一日北返故土，愿意保持原有的籍贯，政府也就设立侨州郡县，安插这些流民。且仍称原来郡籍，形成诸侨郡县。于是在江南地方出现了两种居民，一种是土著，一种是客户。这些客户没有固定的户籍，也就没有固定的赋役租课，如有输纳，常随所乐捐，每被称为"浮浪人"。时间一久，严重影响了地方行政的划一与国家的财赋收入，何况岁月悠悠，一两代之后，这些"浮浪人"也都有了产业。范宁看到了这一社会危机的严重性，于是提出了著名的土断主张。

两晋因袭魏制，尚书省分置度支曹，设左民尚书、右民尚书职掌全国财税事务。范宁曾任东晋余杭县令、临淮太守、中书侍郎、豫章太守等职，封阳遂乡侯，也是经学家，但并不掌管国家财税事务。东晋孝武帝时

(373—396年)，范宁在豫章太守任上，上疏陈时政，阐述了他的土断主张，他说："古者分土割境，以益百姓之心；圣王作制，籍无黄白之别。昔中原丧乱，流寓江左，庶有旋反之期，故许其挟注本郡。自尔渐久，人安其业，丘垄坟柏，皆已成行。虽无本邦之名，而有安土之实。今宜正其封疆，以土断人户，以考课之科，修闾伍之法。"

范宁主张的土断政策，具体说就是把"白籍"侨居户和浮浪人按其居住所在地编入"黄籍"，归当地郡县管理，与土著居民一样照章缴税服役，不再隶属于侨置郡县，也不再享受任何免税免役的权利。因此，东晋的土断过程，既是"白籍"户"黄籍"化的过程，也是侨居户、浮浪人土著化的过程，同时还是侨置郡县逐步取消的过程。

土断对朝廷的收入有利，但也触动了世族地主阶级的利益，引起他们的强烈不满。桓温死后，土断遭到侨寓派的严重破坏，户籍制度再次陷入混乱。范宁的建议就是在这样的形势下提出来的。他的主张表明，虽然经过多次土断，黄白之分的问题并没有得到根本解决，国家财政困难的局面因户籍混乱难以有效改善，因此他上书力主再次实施土断，坚决与世族地主争夺人丁和税收来源。

范宁的意见很自然地又遭到侨寓派的激烈反对，他们攻击土断政策说："人各有桑梓，俗自有南北。一朝属户，长为人隶，君子则有土风之慨，小人则怀下役之虑。"似乎不管是士族还是普通百姓，都害怕土断之后要供官府长期驱使。范宁揭露了这种论调维护世族地主利益的实质，即"斯诚并兼者之所执，而非通理者之笃论也"，但终因反对势力过于强大，他的建议没有被采纳。一直到刘裕当权后，土断政策才得以继续推行。

南朝宋武帝刘裕是对土断政策影响深远的一个皇帝。刘裕自幼家贫，曾贩履、种地、捕鱼。后投身北府军成为将领，对内平定孙恩起义，消灭桓楚、西蜀及卢循、刘毅、司马休之等割据势力，使南方出现百年未有的统一局面；对外消灭南燕、后秦等国，降服仇池，又以却月阵大破北魏铁骑，收复淮北、山东、河南、关中等地，光复洛阳、长安两都。刘裕凭借着巨大的军功，得以总揽东晋军政大权，官至相国、扬州牧，封宋王。元熙二年（420年）代晋称帝，国号宋。

刘裕裁并侨置郡县，加强集权，抑制兼并，严禁世家大族隐匿户口和田地，实行土断，整顿吏治，重用寒士，振兴教育，并多次遣使访民间疾苦，轻徭薄赋，废除苛法，改善社会状况，终结了门阀专政的时代，增强了封建中央集权国家的力量。

刘裕还没篡位时，就于义熙八年（412年）开始推行土断。当时已经掌握军政大权的刘裕给晋安帝上疏，力主推行土断，晋安帝批准了他的建议。他又下令"凡租税调役，悉宜以见户为正""州郡县吏，皆依尚书定制，实户制台调"，将赋税制度与户籍制度紧密结合起来。由于推行有力，制度得当，使这次土断成为东晋时期较为彻底也较为成功的一次土断，"诸流寓郡县多被并省"，国家掌握的人口增多了，北方侨民和当地土著同样成为封建政府征发赋役的编户齐民，扩大了赋税的来源。

义熙土断是刘裕最有影响的政绩，它打击了东晋豪强士族势力，缓和了阶级矛盾，减轻了百姓负担，改善了社会政治状况，确立了中央政府的权威。经过多年的争论和较量，土断派终于占了上风，但这并不是说封建政府的户籍问题已经彻底解决了。事实上，东晋灭亡后，历宋、齐、梁、陈，土断与反土断的斗争仍在继续。由于"白籍"逐渐消失，南朝的土断主要用来解决"黄籍"农民逃亡和隐附的问题，但其目的与东晋土断无异，都是为了有效地掌握全国的劳动人口，充实税源，保证和扩大国家财政收入，以维护统治阶级的根本利益。

刘裕还是比较关心百姓生活的，将繁多的交易税项进行减省，便利商业交易。他多次下令减免税役，免去部分苛捐杂税。同时，刘裕整顿赋役制度，规定租税和徭役都以现存户口为准，严禁地方官吏滥派。

四、 北魏均田

均田制是鲜卑族政权北魏推行的一种计口分配土地制度,是北魏推行新租调制的基础。出现均田制,有其特定的历史条件。

北魏初期,华北及中原经长期战争,百姓逃散,土地荒芜,地旷人稀,许多田地已数易其主,土地争讼很多,地籍散乱,征税出现混乱状况,国家税收来源发生了危机。同时,土地和人口兼并严重,官吏和地主依仗势力逃避赋税,还庇荫亲属和客户,使赋役的沉重负担落在中、下农户身上,以至倾家荡产,四处流徙,民变屡屡发生。为了巩固北魏政权,限制豪强兼并,缓和阶级矛盾和民族矛盾,恢复和发展封建经济,增加自耕农民的数量,以扩大赋税的来源,北魏颁布了均田令,实行均田制。

北魏均田制推行的初始决策者是一个女人,这在整个税收史上都是不多见的。当然这个女人肯定不是一般的女人,她就是当时北魏一段时期的当政者冯太后,因去世后谥号文明,也称文成文明太后。

冯太后的名声可不太好。皇帝年纪幼小,其两度临朝听政而大权在握,于是在宫中多蓄内宠。不过冯太后在这方面还是特点鲜明的,就是看上的男宠不单单姿貌丰美,还很有才华,成为其执政的左膀右臂,且亮点纷呈。其中,北魏重臣、官至尚书仆射李冲就是一例,其伟岸风雅,深得冯太后宠信和孝文帝敬重。李冲不仅参与国政,在赋税方面也做出了突出贡献,提出创设三长制和新租调制。

冯太后和孝文帝借鉴前代的土地管理制度,采纳李安世的建议,于北魏太和九年(485 年)颁布均田令。这项开创性改革举措,是从北魏已实行的"计口授田制度"演变而来。由于战争北魏境内出现大片无人区,土地荒芜,豪强兼并土地,许多百姓流离失所,社会矛盾十分尖锐。为了维持处于风雨飘摇中的北魏王朝，开始实行土地改革。

李安世在孝文帝时，历任主客给事中、安平将军、相州刺史，封赵郡公。李安世深刻认识到北魏当时突出的社会问题，并想着要去做些改变。

李安世认为，要发展农业生产，必须改变长期以来农民与土地相分离的状况，对豪强的兼并行为加以适当限制，通过调剂分配，使贫弱小民也能得到一小块土地，让富人和穷人都成为国家的编户齐民，缴纳皇粮国税。

李安世的建议深得冯太后和孝文帝赞同，于是均田令颁行。均田令规定，计口分配空荒土地。15岁以上男子始授露田（不种树之田）40亩，妇人20亩，奴婢与普通百姓受田数相同，可耕田的牛（非老牛及犊），每头亦授田30亩，限4头为止。所授之田，不准买卖，授田视轮休需要加倍或加两倍，年老及身死时，须还田给官府。露田之外，另给桑田，男子一人给桑田20亩，桑田为永业，不须退还国家，可传给子孙，但不得买卖。除露田、桑田之外，在产麻之地，另授麻田，男子10亩，妇人5亩，奴婢同一般百姓，年老及身死，也要还田。除了露田、桑田之外，国家另外配给宅地（指新居者）。丁三口配给1亩，奴婢五口配给1亩。

田地分配的方法，除了荒地尽量分配给耕农之外，一般原有田地的地主，拥有超过配额的田地，可以卖出多余的，不足者可买到配额为止，并非夺富者之田以给平民。允许百姓由田少之乡迁往田多之乡，以提高耕种效益，从而增加税源，但田多之乡的百姓不得无故迁移。这种授田是指一般的平民大众，至于贵族官吏，国家按官职高低另赐与公田，例如刺史给公田15顷，太守10顷，治中别驾8顷，县令郡丞6顷，所授之田不许买卖。因此，均田制并不是彻底的均分田地制度。

实施均田制，必须以国家掌握大量编户为前提，但北魏改制前户调制度混乱不堪。西晋末年以后五胡十六国长时间的混乱，使中原地区原有的乡党邻里民间基层组织几乎全部陷于瘫痪，长期战乱中，一些地主庄园纷纷武装起来以自卫，形成经济、军事合一的坞壁组织。在坞壁中聚集着成百上千的部曲、佃客，北魏政府为了拉拢汉族地主集团，加强对农民的统治,曾将十六国以来的坞壁组织作为国家的基层政权,改坞主为宗主,形成"宗主督护制"。在"宗主督护制"下,大量农民成为宗主豪强的荫户,"公避课役,擅为奸宄"。"荫附者皆无官役,豪强征敛,倍于公赋"。

为何豪强私租倍于国家赋税,而农民还要大量依附呢?这是由于豪强地主对土地的兼并,使大批农民破产,不得不为人作佃。由于战争环境,使小农难以自存,不得不依附豪门以求暂时安定。而且北魏统一后虽然暂时缓解了战乱因素,但在孝文帝改制前赋役征发异常沉重,加上地方的搜刮,使许多农民为逃避赋役而依附豪强,去做他们的荫户。因此,在"宗主督护制"下,户口的隐瞒现象极为严重,当时甚至出现"一宗将近万室,烟火连接,比屋而居"的情况。

人口大量流入宗主荫庇之下,意味着国家编户的迅速减少,亦即赋税征收对象的减少,造成国家税源枯竭。北魏政府自然不能坐视不管,献文帝时就曾"诏均检括,出十余万户",孝文帝也于太和五年(481年)诏行"户籍之制",但这些大都是权宜之计,即使收效一时也难以维持长久。如果不从根本上解决问题,建立一整套严密而有效的地方基层组织,就无法把大量荫附人口从宗主的控制下争夺过来。

帅哥李冲针对这种情况,提出了建立三长制的主张,并得到当时实际掌权人冯太后的支持。建立三长制,可以解决政府的两大难题——"课有常准,赋有恒分""苞荫之户可出,侥幸之人可止"。这一语道破了北魏政府推行三长制的真正原因,即保证国家的赋税收入。

三长制为五家立一邻长,五邻立一里长,五里立一党长,各级政府直接控制基层政权组织,履行检查户籍、督促耕作、课收租调、征发徭役职责,抑制豪强隐匿户口和逃避租调徭役,打击了世家大族地主势力,加强了中央对地方的统治,减少了国家赋税流失。

李冲接着又提出改革租调制。

北魏颁行均田制是为了保证国家有更多赋税来源,但是仅仅依靠这项制度还达不到目的,必须相应地建立一种与均田制相适应的赋税制度。孝文帝改制前,是沿用魏晋旧制,"天下户以九品混通,户调帛二匹,絮二斤，丝一斤，粟二十石；又入帛一匹二丈，委之州库，以供调外之费"九品混通是由魏晋的九品相通演化来的，本有均平负担的进步意义，但由于品级评定权操于地主官吏之手，他们大都"纵富督贫，避强侵弱"，因而弊端丛生。为了缓和阶级矛盾和民族矛盾，北魏统治者不得不考虑对旧有的赋税制度进行改革。

太和十年（486年），李冲提出一套新的租调制度，一夫一妇为一户，岁纳帛1匹，粟2石，人年十五以上未结婚者四人出一户之额，奴婢八口出一户之额，耕牛二十头出一户之额。其麻布之乡，则一夫一妇纳布一匹，以下少男、奴婢、耕牛的赋额类推，这种赋额并非固定，后来常有增减。"大率十匹为公调，二匹为调外费，三匹为内外百官俸，此外杂调。民年八十已上，听一子不从役。孤独癃老笃疾贫穷不能自存者，三长内迭养食之。"这里面既有税收的分类，还有赋役减免与社会救济内容。

建议提出来后，得到了大多数官员的赞同，冯太后和孝文帝随即全部采纳，诏令实施。北魏时，度支曹所属有左户、右户、金部、仓部等机构，其中左户曹掌天下计籍和户籍，凡财税收支和国家预算、决算，均出其手；右户曹掌天下公私田宅和租调诸事。这些措施，由度支曹抓落实。

均田制、三长制和新租调制并行，是同一链条上的三个环节，环环相扣，将土地分配与赋税征课紧密联系起来，通过均田将劳动力束缚在土地上进行生产，通过租调制征收农民的剩余产品，通过三长制检括户口，协助分配田地，催督赋税，三者缺一不可，构成孝文帝改制的基本内容。

冯太后虽然私行不检，但为政精察，执掌天下十五年，成为北魏中期全面改革的实际主持者，在她统治时期社会安定，吏治严明，执政可圈可点，光太和九年（485年）推行均田制这一项，就足够名垂青史了。

继冯太后推行均田制的北魏孝文帝拓跋宏这个鲜卑人，却有一颗兼收并蓄的大心脏，广泛吸取先进文化精华，不断改革创新，加快汉化进程。当然个中缘由，跟他的那位汉族冯姓祖母相关。

孝文帝拓跋宏4岁（471年）即受父皇献文帝拓跋弘禅让登基。由于北魏实行子贵母死制度，拓跋宏在被立为太子时，生母即被赐死，由祖母冯太后抚养成人。因拓跋宏登基时年纪太小，祖母冯太后执政，直到太和十四年（490年）冯太后去世，24岁的孝文帝才正式亲政，并进一步推行改革。他先整顿吏治，持续推行三长制和均田制；太和十八年（494年），他以"南伐"为名迁都洛阳，全面改革鲜卑旧俗：规定以汉服代替鲜卑服，以汉语代替鲜卑语，迁洛鲜卑人以洛阳为籍贯，改鲜卑姓为汉姓，自己也改姓"元"。

北魏孝文帝改制，是中国古代历史上的一次重要改革。它对北方社会经济的恢复，各族人民的大融合，中华民族历史的进步，都产生了巨大的影响。北魏改制的重心是对土地制度和赋税制度进行全面的改革，推行均田制、三长制和新租调制。孝文帝的汉化改革是历史上的一件大事，因为这件事更加促进了中华各民族的大融合。但单就北魏的立场来说，这件事对于北魏是有利有弊的。利的方面是使北魏接受汉人文化，由欠发达而进于文明。弊的方面则使魏人失去了其原有的强悍之气，尤其北魏贵族王室自迁都洛阳，生活日趋奢靡，他们固有的民族精神反而没落了。自从迁都后，北方空虚，后来乃发生了六镇之乱。

拓跋宏于魏太和二十三年（齐永元年，499年）去世，年仅三十三岁，真可谓心怀凌云之志，最终还是天妒英才。拓跋宏卒后，太子恪即位，是为北魏宣武帝，从此之后北魏竟由盛而衰了。

北魏均田制是中国历史上第一次实行的均田制，具有重要的历史地位，把游荡的劳动力重新与最重要的税源——土地结合起来，肯定自耕农对小块土地的占有，鼓励垦荒辟地，使大量自耕农提供越来越多的赋税收入，这对当时安定社会秩序，用经济手段限制豪强兼并，维护国家赋税来源，巩固封建政权，促进农业生产发展，具有积极影响。北魏均田制不仅为北魏孝文、宣武之际的"四方无事，国富民康"发挥了重要作用，还对后世影响深远，之后的东魏、西魏与北齐、北周，以至隋、唐都曾经沿用过均田制，前后长达300年之久，是中国封建社会中影响大、实施时间长并且效果也较为突出的一种土地赋税制度。

五、木兰交税

千百年来，南北朝时期花木兰替父从军的故事深入人心，可歌可泣，她的事迹被历朝历代千千万万人所传颂。《木兰诗》中，有段话很有意思，也让人产生疑问："昨夜见军帖，可汗大点兵，军书十二卷，卷卷有爷名。阿爷无大儿，木兰无长兄，愿为市鞍马，从此替爷征。东市买骏马，西市买鞍鞯，南市买辔头，北市买长鞭。"

人们不禁要问，木兰替父从军，就要成为士兵了，士兵应该由军队配备武器装备才对，为什么还要自己买全套鞍马呢？

原来，古时不少朝代的军赋制度规定，成年男子服兵役，一般是以田制相配套的。军赋，亦称赋或兵赋，是指古代统治者向臣属征发的兵役与军用品，是一种征调军需人力、物力的办法，从商朝时就"因井田而制军赋"。周朝制定了按田邑多少征集车马甲士的军赋制度："凡起徒役，正卒毋过家一人，以其余为羡。九夫为井，四井为邑，四邑为丘，丘十六井，出戎马一匹，牛三头。四丘为甸，甸井，出戎马四匹，丘车一乘，牛十二头，甲士三人，步卒七十二人，干戈具备，是为乘马之法。"春秋后期鲁国作丘甲与郑国子产作丘赋，汉代的更赋、口赋、算赋，以及后代的田赋制度，都是从军赋制度演变而来的。魏晋南北朝时期，土地税、人头税、力役的总体结构没有变化，但派征的对象更显著地向以人（或户）为单位集中。例如，土地税的演变趋势是从计亩、计户到计丁征收，人头税改名"户调"，不再征钱，改征绢、绵或布，按户征收，并逐步向按丁征收转化。而以丁为主要征收对象，也与军赋稳定征集有很大关联。

在南北朝的乱世中，打仗是常有的事，像北魏这样的国家实行了均田制，朝廷认为百姓的地都是国家给的，依附在土地上的成丁出征就变得理所当然，因此《木兰诗》中就有"昨夜见军帖，可汗大点兵，军书十二卷，卷卷有爷名"。不过，成丁都是男性，女性是不用去打仗的，木兰代父从军就成了传奇。

中国历代政府的强制征课，原始形态为"贡赋"，是古代国君向臣属征发的劳役和实物贡纳。《尚书·禹贡》中有"任其土地所有，定其贡赋之差"，有贡有赋。周代以后，天子和诸侯国君向臣属征发的军役和兵车、武器、衣甲等军用品称"赋"，征收的土地产物称"税"或"租"，赋税之名由此而来。春秋后至战国，赋与税逐渐混合。鲁宣公十五年（公元前594年）的"初税亩"，是按田亩征收田赋的开始。鲁成公元年（公元前590年）"作丘甲"，即是按田亩征发军用品。在古代，赋税和徭役也统称赋役，是历代政府赖以存在的重要经济和军事支柱，共同构成统治者强加给劳动人民的负担。

从《木兰诗》反映的情况看，花木兰应是北魏子民。当时，鲜卑族统治的北魏实行均田制，采用府兵军事制度。府兵必须自备武器装备和资粮，以缓解政府财政困难，因此就有了诗中的"市鞍马"。

敦煌莫高窟战争壁画中的武器装备

北魏时期兵民不分，凡鲜卑人皆有当兵义务，北方游牧民族大都如此，此称为"部族兵"。当拓跋珪于魏皇始元年（396年）大举南征慕容宝时，亲率大军40余万人南出马邑，基本上包括了当时拓跋氏的全部壮丁。后来拓跋氏入主中原，又征服了乌桓、匈奴、氐、羌等，把这些民族的壮丁都编入军队，称为"外族兵"，用作外围兵种，为鲜卑人所奴役，每逢作战，则迫为前驱。北方政权作战重视马匹，士兵多擅骑射，故北魏有调马之制，北魏明元帝时诏诸州六十户出戎马一匹，后又增至二十户输戎马一匹，大牛一头，这些都是军赋的措施，所以北朝的军队更加强悍，总体强于南朝。

北魏人统治中国的北方后，对于汉人初怀畏忌，原则上汉人要服劳役，但当兵打仗却是鲜卑人的特权。后来北魏立三长，行均田，户籍可稽，遂亦仿古制实行征兵制度，事实上作战仍以鲜卑人为主，必要时方征调汉丁。其征兵制，常令州郡之民十丁取一。此外，北魏也有军户、部曲与募兵。不过到了北魏的末叶，鲜卑贵族生活腐化，军士也失却战斗精神，汉人从军的渐多，形成胡汉混杂的情况，势力消长变得越来越复杂，而北魏也就随之分裂乱亡。

北魏时期，北方游牧民族柔然族不断南下侵扰，北魏政权规定每家必须出一名男子并自行配置武器装备上前线。《木兰诗》中木兰的父亲年事高而体弱多病，无法上战场，家中弟弟尚且年幼，所以，木兰决定替父从军，并自行配置装备，即缴纳军赋，从此开始了她长达十几年的军旅生涯。

在魏晋南北朝这样的乱世中，军赋对各个政权争霸来说，显得尤其重要。

老百姓要服徭役，包括军赋和杂役两部分，是民众对于国家的一种劳动服务，常与田赋一起为两项重大的义务，而赋役并称。在两晋南北朝那种战乱时期，百姓的徭役负担十分沉重而又无法逃避。

古代一般法令规定，百姓达到成丁之年，都要服徭役（一般16—60岁为正丁），其次丁或称半丁（一般为13—15岁）则服半役，老小则免役。徭役通常限于男丁，但遇有非常情形，有时妇女亦被征服役。

百姓所服之役，大体可分为三类。其一在乡村中为地方从事公共劳役，如修桥补路等事，由乡官督率之。其二在地方政府中当公差，谓之吏役。其三是军役，于战争中随军从事运输与构筑工事等，这种军役常与兵役相混。遇有紧急战事，常有"三五发丁"，即家有三丁一人去当兵，五丁则去两人。这种临时的征发，一部分壮丁从事兵役作战，另一部分则从事运输与工役。

徭役又有所谓"恒役"与"杂役"之别，恒役是固定的，按法令规定服役；杂役常在法令之外随意兴发，名目繁多，最为病民。

民成丁而为役龄，其服役的期限，各朝各国因时因地而不同，大致以晋制为原则，一般男丁岁役不过二十日，但亦有役重每年超过三个月的。

徭役只限于平民，至于世族大家，王公贵胄，都可免役，连依附于贵族的佃客、衣食客等，也多可免役。但所免者为公役，他们还是要为贵族服私役，一般比公役更轻。所以有许多流民依附贵族以避役政，是所谓"荫附户"。此不仅东晋南朝如此，北魏亦如此，是一种极不合理的现象。因此，可知花木兰家是一般的普通老百姓家庭，既没有免疫的特权，也不是依附于权贵的佃客。

在赋税中，赋和税的用途以及来源有所不同。"赋以给车兵甲士徒之役，充府库赐予之用"，显然这里所说的赋的用途及支出范围，已经超出原来专指军备支出。"赐予之用"是给臣或属国土地和财物，以树立国君权威，维护统治。《木兰诗》中描述："归来见天子，天子坐明堂。策勋十二转，赏赐百千强。"其中的"赏赐百千强"，即是用国赋和军赋对立有功勋的将士进行赏赐。

从军赋演进来看，自奴隶社会到封建社会，赋和税从混同到分开，又由分开到混同。各朝实行的更赋、口赋、户调、庸税、丁赋等，都和军赋演进有关。随着税制的发展，由临时性征赋到经常化赋役，有时作为人头税，有时又以军役为主。我国古代，田制、兵制、户籍三位一体，相互影响和制约。

田赋和人头税的收入用于军需，起源于商鞅相秦变法，汉朝时仍在延续，以充实府库、甲兵和车马。"秦地半天下，兵敌四国……虎贲之士百余万，车千乘，骑万匹，积粟如丘山"，秦经过变法，才有了这样雄厚的物质基础，保证了统一华夏战争的胜利。商鞅颁布"民有二男以上不分异者，倍其赋"的分户令，不仅促进了小农经济的发展，而且也扩大了兵源。可以说，花木兰的时代，也是这样孕育和征集"虎贲之士"的。

在古代封建集权制国家形成以后，徭役渐渐以税的形式来代替。封建国家也向地主征收赋税，但他们多半不是被剥削者，因租、赋都来源于佃农的剩余劳动，地主大都转嫁了自己的赋税义务。由于存在庞大的封建官僚机构和职业兵，底层农民的赋役负担十分沉重，这也构成军赋的实质。[①] 繁重的军赋与徭役，往往是社会动乱的根源，还是改朝换代的导火索，而花木兰这样的普通百姓，也周而复始地被古代统治者裹挟着，承担军赋，随时出征。

---

① 张聪："军事制度和经济关系与军赋演进"，《军事经济研究》1991年第10期，第92—93页。

隋唐五代：峰谷的起落

休养生息还是横征暴敛，是繁荣与动乱的各自选择。即使发明了"两税法"这么酷的税制，不按规矩来，大唐帝国也难逃四分五裂的命运。

一、父子迥异

隋朝开国皇帝隋文帝杨坚，在中国税制改革历史上可圈可点。北周静帝即位时还是个不懂事的小孩，宰相杨坚凭借军事贵族的家世和外戚的身份，在一众大臣的推拥下，获得"入宫辅政"的机会，控制了北周的朝政，并开始了篡夺北周皇权的运作。杨坚"辅政"后，即废除了周宣帝实行的"每人一钱"的"入市之税"，可算是在税收革新上初试"牛刀"。大定元年（581年）二月甲子日，静帝迫不得已，以杨坚众望所归下诏宣布禅让。杨坚三让而受天命，自相府常服入宫，备礼在临光殿即皇帝位，定国号为"隋"，改元开皇，并宣布大赦天下。

隋文帝执政遇到了一个难得的契机，就是后周宣帝荒腔走板得离谱，且"刑政苛酷"，这为杨坚革除时弊、赢得人心、巩固大隋统治地位，提供了极好的参照物。杨坚即位之后，"大崇惠政，法令清简，躬履节俭，天下悦之"。在赋税方面，他承继传统的"薄赋于人"思想，大刀阔斧实施革新。即皇帝位后，继续推行改良的均田制，在全国进行人口普查（"大索貌阅"）基础上，严格户籍管理，厘定赋役制度，减轻民众负担，向豪强之家争夺国管户口和丰沛税源，以达到加强中央集权的目的。隋文帝统治的二十余年间，赋役规制"轻税入官""务以轻典"。当然，这主要还是出于当时政治斗争的现实需要，即通过革除前朝弊政来巩固大隋统治。

隋开皇元年（581年），朝廷就颁布了新令，继续推行均田制，参照北齐的做法，农民一户人家，夫授田80亩，妇人40亩，另有桑田或麻田20亩，合计140亩。奴婢依正常农户授田，耕牛限4头授240亩。桑田和麻田可以买卖。但随着经济的恢复，人口增长，农民授田难以达到规定数额，特别是人口繁密地区和自然条件较差的地方，土地更是不足，"每丁才二十亩，老小又少焉"。隋朝虽然施行均田制，但并不"平均"，仍然最大限度地保障了贵族和官僚地主的权益，从诸王以下到都督，都有所差异地分到了更多的土地，多者达100顷，即1万亩。京官又按品级授给作为俸禄的职分田，一品者给田5顷，之后每品以50亩为差，至五品则为3顷，六品2.5顷，其下每品以50亩为差，至九品为1顷。外官也各有职分田，且另给各官署用作收地租充办公经费的公廨田。

隋朝在赋役上，先是改订租调制。开皇二年（582年），文帝实施均田令的同时也颁布了租调令。朝廷规定，男女3岁以下为黄，10岁以下为小，17岁以下为中，18岁以上为丁，丁需要服役，60岁为老，免除服役。有家室的丁男，缴纳租粟三石，调绢一匹。开皇三年正月，文帝又下令把成丁年龄提高到21岁，即把承担赋役的年限减少3年，同时把户调减为2丈。在古代4丈为一匹，调绢等于减了一半。成丁服役的时间，也由原来每丁每年服役一个月改为20天。

当时担任民部尚书掌管赋役政令的是苏威，"初，威父（苏绰）在西魏，以国用不足，为征税之法，颇称为重，既而叹曰：'所为者，正如张弓，非平世法也。后之君子，谁能弛乎？'威闻其言，每以为己任。至是，奏减赋役，务从轻典，上悉从之"。由于苏威"务从轻典"的减税主张与文帝"薄赋于人"的想法一拍即合，催生了开皇三年的租调新令。

杨坚对"寓税于价"增加消费者经济负担的专卖制度也看不惯了，开皇三年，文帝又"罢酒坊，通盐池盐井与百姓共之。远近大悦"。废除了北周末年的酒、盐专卖制度，工商业实现无税发展，隋初实体经济降成本举措够狠。

文帝不光减免税，还知道怎样把该收的税收上来，这也是其不同凡响的地方。为了夯实税源，文帝采纳左仆射高颎的建议，推行"输籍定样"（又称"输籍法"）这一有力的治税措施。"高颎又以人间课输，虽有定分，年常征纳，除注恒多，长吏肆情，文帐出没，复无定簿，难以推校，乃为'输籍定样'，请遍下诸州。每年正月五日，县令巡人，各随便近，五党三党，共为一团，依样定户上下。帝从之，自是奸无所容矣。"所谓"输籍定样"，包括了租调定额（"定分"）、合法减免（"除注"）、计算资产以定户等高低（"定户上下"）等内容，起到了纠正因官吏舞弊所造成的偷税与赋税负担不合理等现象。隋朝还规定，五家为保，保有保长，五保为闾，四闾为族，都有正；畿外置里正，加强基层相互检察监督。

"输籍定样"还有另一个很明显的功用，即打击豪门隐匿。因租调制是按丁计税的，所以"输籍定样"成为国家同豪强争夺劳动力的利器，发挥了扩充税源的突出作用。在西魏、北齐、北周三朝，因赋役苛重，有大批编户被迫投入豪强地主的私门，成为不承担国家赋役的"浮客"。"其时承西魏丧乱，周齐分据，暴君慢吏，赋重役勤，人不堪命，多依豪室，禁纲隳紊，奸伪尤兹。高颎睹流冗之病，建输籍之法，于是定其名，轻其数，使人知为浮客，被强家收大半之赋；为编甿奉公上，蒙轻减之征。"隋朝通过推行"输籍定样"，用"轻征"把大量"浮客"从豪强地主名下招诱出来，使他们又有了单独的户口，还心甘情愿地纳税服役，因为这些人不仅免除了豪强地主的沉重奴役，负担更轻了，还有了人身自由和人格尊严。

不久，"大索貌阅"也登场了。文帝针对北齐以来民户流迁、户口隐匿不实的积弊，于开皇五年（585年）下令州县地方官亲自核实户口，特别是应承赋役的丁身更要核实清楚，这就是"大索貌阅"。因"民间多妄称老小，以免赋役"，很有必要官府将户籍簿上登记的年龄与其本人体貌相核对，看是否有诳报年龄，诈称老小。特别是地方豪强自恃享有免税免役的特权，通过合户与兼并，或一宗万室，比屋而居；或百室合户，千丁共籍，庇荫着数不清的佃客供其役使盘剥，国家直接掌管的户口却大为减少。隋王朝为扭转这种状况，在"大索貌阅"时规定，堂兄弟以下的血亲都必须分立户头，无亲无故的更不允许合为一户。

通过貌阅验明正身，在很大程度上消除了户口的隐漏，逃亡的农民回到了土地，为农业生产提供了大批劳动力，荫庇户摆脱了豪强的控制，成了国家直接掌握的编民，促进了经济社会发展，纳税户也大大增加。"大索貌阅"的结果，当年进丁44.3万，新附164.15万口，保障了赋役征发，限制了偷逃漏税，充实了国库，对打击豪强，巩固中央集权，建立强盛帝国，都奠定了良好的基础。

"输籍之法"与"大索貌阅"相辅而行，成为隋朝在籍户数大增的重要原因。周末隋初的户数约450万，由于"大索貌阅"和析户，加上减轻徭赋和输籍之法的实施等原因，在开皇九年（589年）灭陈之前，隋朝的户数激增到600余万，此后继续增长，到炀帝大业二年（606年）达到890万。户口剧增，税源扩大，国家财富也随之增多。

有税源丰厚、国家财政富余做底子，隋文帝开始实行不少减免税措施。在隋灭陈的开皇九年（589年），江表初定，给予十年免税，其他各州也免去当年赋税。到开皇十二年，有司跟文帝报告，库藏都堆得满满的，要装不下了。文帝说："朕既薄赋于人，又大经赐用，何得尔也？"于是下

隋代回洛仓刻铭砖，其上刻有"太仓署，新都仓，回洛城北竖街东第五行，纳丁粟贡米……大业四年十二月二十日"，是隋代租调制和修建大运河运漕粮的见证

诏："既富而教，方知廉耻，宁积于人，无藏府库。河北河东今年田租，民三分减一，兵减半，功调全免。"

"薄赋于人"的另一个方面是免役收庸。隋灭陈统一中国后，文帝在开皇十年"以宇内无事，益宽徭赋，百姓年五十者，输庸停防"。在中国封建社会前期，还没有出现劳动力市场，劳动力一直都是国家财政分配的重要对象之一，直接表现为成丁要强制服徭役，因此赋和役这两个字经常是连在一起的。但是，在适当的条件下，徭役也可以转化为实物或货币形式的赋税，通过输庸停防即缴纳纺织品替代服役。文帝采取"人年五十，免役收庸"的改革措施，一方面减轻了50岁以上丁男的力役负担，另一方面还增加了国库物资，可谓一举两得，无怪乎府库充盈。这样好的举措，后世也就争相继承。

实行"薄赋于人"的同时，文帝自己还能以身作则，俭财省费。史称："其自奉养，务为俭素，乘舆御物，故弊者随宜补用；自非享宴，所食不过一肉，后宫皆服澣濯之衣。天下化之，开皇、仁寿之间，丈夫率衣绢布，不服绫绮，装带不过铜铁骨角，无金玉之饰。故衣食滋殖，仓库盈溢。"史书美化皇帝是常事，不过文帝在宫廷内省吃俭用却也是事实。

另外，史称文帝"虽啬于财，至于赏赐有功，亦无所爱吝"，那是指对官员的赏赐而言，对百姓就不那么慷慨了。唐太宗李世民曾批评他道："隋开皇十四年大旱，人多饥乏。是时仓库盈溢，竟不许赈给，乃令百姓逐粮。隋文（帝）不怜百姓而惜仓库……"皇帝的心思往往很奇怪，即使自己富得流油也舍不得从内库往外拿。不过总的看来，文帝躬行俭约有利于缩减财政支出，"薄赋"政策更容易维持下去。

隋建国之后，文帝采取了一系列改革措施，尤其是"薄赋于人"，政治、经济、社会各方面都得到发展。《隋书·高祖纪》评论文帝，"躬节俭，平徭赋，仓廪实，法令行……二十年间，天下无事，区宇之内晏如也"。《通典·丁中》则记载："隋氏西京太仓，东京含嘉仓、洛口仓，华州永丰仓，陕州太原仓，储米粟多者千万石，少者不减数百万石。天下义仓，又皆充满，京都及并州（今太原市）库布帛各数千万。"隋开皇九年（589年）全国耕地面积只有1940.4万余顷，到改革十余年后的大业年间（605—617年），已增至5585.4万余顷；到大业二年（606年），全国人口达到4600余万人；从积累的财富来说，"计天下储积，得供五六十年"。隋初社会相对安定，百姓比较安居乐业，国家财源丰沛，呈现繁荣景象，可谓盛况空前。

然而，好景不长，反转的戏码又一次上演。604年秋，隋文帝离奇暴毙于病榻，世人多疑太子杨广所害。杨广迫不及待地登上了皇帝宝座，历史上有名的暴君隋炀帝正式进入权力中央。在隋炀帝即位时，隋朝户口增多，府库盈溢，因此炀帝即位初年，亦曾两度采取减轻赋役措施。一次是仁寿四年（604年）十月，宣布减除妇人及奴婢部曲的赋役，而男子服役的年龄也放宽到22岁，这就从法令上废除了妇女及奴婢、部曲之课，为赋役制度的一项重大变革。从此，妇女在法律上正式免除了赋税徭役，对民户的赋役负担和后世的赋役制度影响很大。唐朝妇人和奴婢一般不纳税供役，即是沿袭这条规定而来。另一次是在大业三年（607年）炀帝敕"改度量衡制度""斗称皆小旧二倍"。在租调征收实物的情况下，将度量衡改小，税收减量不言而喻。

可是，炀帝即位之初的轻税政策，只不过是他在继承了文帝留下丰厚财政储备时的一时反应，并非有减税降费的自觉性。炀帝即位后不久，就走了与文帝完全相反的一条路，为人"恃才矜己"，拒谏饰非，"志在无厌，惟好奢侈"，生活腐化，任意挥霍；"恃其富强，不虞后患，驱天下以从欲，罄万物而自奉"。也许是文帝留下的遗产太丰盛了，炀帝那颗雄霸世界的欲望之心加速膨胀，对内大兴土木，对外征伐不断。在短短的14年间，他几乎年年调发重役，挖掘长堑，营建东都洛阳，开通大运河，三游江都奢靡之极，三打高丽频繁而苛重的徭役调发使得"丁男不供，役及妇人"，所谓除妇人之课遂成一纸空文，造成"耕稼失时，田畴多荒"的后果，税源流失严重。

炀帝的穷奢极欲使隋朝财政收入迅速缩水，因此，他很快就抛弃轻税政策而转向繁苛重敛。为征到更多赋税,炀帝在大业五年(609年)也搞过一次"大索貌阅"。由于是民部侍郎裴蕴奏请再貌阅,于是具体由他负责。这次貌阅共搜得壮丁24万多人,新附丁口64万多人,对此炀帝十分满意,裴蕴也受宠日隆,成为其手下的一名酷吏,而百姓负担日重。

李密在《讨隋氏十罪檄》中,揭露炀帝"科税繁猥,不知纪极","头会箕敛,逆折(即预征)十年之租",使得"父母不保其赤子,夫妻相弃于匡床,万户则城郭空虚,千里则烟火断灭"。杨坚辛苦攒下的煌煌基业,十余年时间就给杨广这个不肖子败光了,横征暴敛导致阶级矛盾激化,终于激起了风起云涌的农民大起义,不少贵族和地方官僚也相继从统治集团中反叛出来另起炉灶,隋朝和隋炀帝随即遭受灭顶之灾,葬身于壮阔的农民暴动和新势力的猛烈冲击之中。

二、 君臣同心

在造隋王朝反的新势力中,李渊集团逐步发展起来,建立了唐朝,继而扫除群雄,初定治国善策。玄武门之变后,唐太宗李世民即位,继续推行均田制,减轻赋役,劝课农桑,休养生息,提倡节俭,奖励人口增殖,建社仓济灾民,从此开启了大唐盛世。

唐初统治者在建立大唐王朝过程中,认识到隋朝不是因为国贫而灭亡,而是贫富两极分化,广大老百姓不仅贫困,还要负担极重的赋役,经受无休无止的折腾。李渊、李世民的薄赋轻徭思想,不是对传统轻税观念的简单承袭,而是在特定的阶级斗争环境中有了新的领悟,隋末繁苛重敛的烙印打在了他们的思想深处。李世民认为人民无法生活,才被迫起来反抗。农民反抗封建王朝的原因,主要是由于赋役繁重,官吏贪腐,逼得广大老百姓饥寒交迫。李世民认为,用重敛剥削人民,等于统治者割自己身上的肉来充腹,食尽而亡。因此,他提出要去奢侈,省糜费,轻徭薄赋,选用廉吏,使老百姓衣食有余。李世民主张赋役务求宽简适度,坚持赋役征取要便民利民而不能扰民害民的原则。他认为只有从整体上缓和封建地主政权与农民之间的阶级对立,才能使李唐王朝长治久安。

唐太宗算得上是古代"权二代"中很靠谱的,不仅自己深度参与了基业开创,还能在权力达到顶峰的时候保持清醒,反思听劝,带头崇尚简约,避免苛敛病民。可以说,大唐帝国经过安史之乱之后还能磕磕碰碰延续一百余年,唐太宗的余威与人格魅力起到了难以估量的作用。

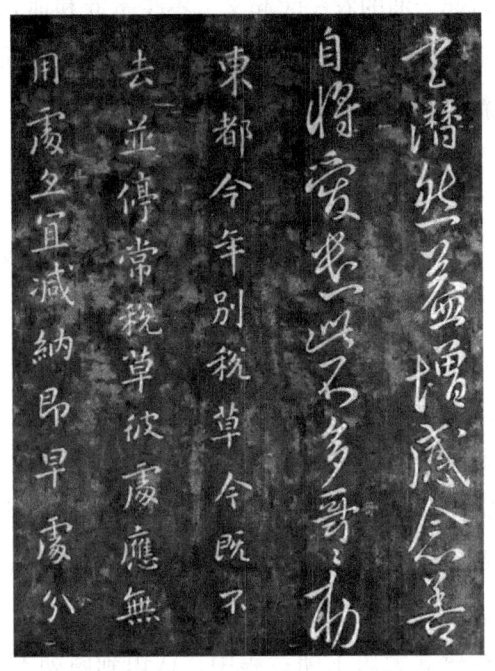

唐太宗李世民《东都帖》,内容有"东都今年别税草,今既不去,并停常税草。彼处应无用处,且宜减纳,即早处分,勿迟"

经过隋末长年战争,唐初土地荒芜现象严重,地旷人疏。李渊父子于乱世中夺取政权后,在沿袭隋朝均田、租调制度的基础上,着手制定唐朝的田制和税制。

唐高祖李渊于武德二年(619年),开始把荒田、无主田和公田分配给无地和少地的农民。

武德三年（620年），制定均田制，规定男丁满18岁受田百亩（其中80亩为分田，20亩为永业田），老、妇等都有授田，死后由官府收回除永业田以外的田再授给无田者；奴婢为良人免三年课征；新迁入户以三、六、九月免役、课，被掳者一年回免征三年等。唐初均田制，一户人家大致可得到100亩地。由于田地资源分布不均，并不是每个地方都能让所有农户获得100亩，为公平起见，对田地达不到100亩的农户，国家规定适当减免，对达不到50亩的，则享受全免赋税的待遇。均田制的推行，使战后的人民得以逐渐安居乐业。

武德七年，又以律令的形式对均田制做出详细规定："以度田之制：五尺为步，步二百四十为亩，亩百为顷。丁男、中男给一顷，笃疾、废疾给四十亩，寡妻妾三十亩。若为户者加二十亩。所授之田，十分之二为世业，八为口分。世业之田，身死则承户者便授之；口分，则收入官，更以给人。"

初定唐朝的租庸调制，是在武德二年（619年）。"凡授田者，丁岁输粟二斛，稻三斛，谓之租。丁随乡所出，岁输组二匹、绫、绝二丈，布加五之一，绵三两，麻三斤，非蚕乡则输银十四两，谓之调。用人之力，岁二十日，闰加二日，不役者日为捐三尺，谓之庸。有事而加役二十五日者免调，三十日者租、调皆免。通正役不过五十日。"而在隋代，徭役一般是30天，工匠则翻倍，为60天。在农业社会，分了田就得有人种，而服徭役跟耕种争夺劳动力，特别是农忙时节，更加令人困扰不已。在唐朝，若国家太平，实在没有活让百姓去干，则可以纳实物税来替代。《唐律》规定，在太平无事的年份，为减少不必要的人员流动，使百姓安居乐业，服徭役时间不得超过20天。如果无缘无故超过20天，地方官吏就要受到严厉惩处，违法严重者可判处死刑。

武德七年（624年），又再定均田、租庸调法，作为国家征收赋税的制度。租庸调法规定：每丁岁入租粟2石，调则随乡土所产，绫绢绝各2丈，布加五分之一。输绫绢绝者，兼调绵3两；输布者，麻3斤。凡丁，岁役

20日，不役者，日为绢3尺谓之庸。有事加役达25日者免调，达30日者租调皆免，民役每年不过50日。唐朝前期的租庸调法，是中国古代税制要素较为齐全的国家税法。

为了增加劳力，鼓励耕种，唐初对外国人和少数民族地区的农民给予较优惠的田租政策：岭南诸州按上户交租米1.2石，次户8斗，下户6斗，如果是那些远离汉人居住地、生产更为落后的少数民族，在税收上优惠政策更多，在已经减少的基础上再减半。蕃胡内附者，上户丁税钱10文，次户5文，下户免之。内附经两年者，上户丁输羊2口，次户1口，下三户共1口。凡水旱虫霜为灾，损失在40%以上免租，损60%以上免调，损70%以上课役俱免。

唐初整个决策集团的赋役观比较一致，这也是轻徭薄赋政策得以深入推行的重要保障。其中，前后陈谏二百余事的谏议大夫魏征不得不提。这位最后重用当了宰相的魏征被太宗喻为"可以明得失"的一面镜子，反对"竭泽而渔"的赋敛手段，主张长期实行"薄赋轻徭"政策以医治社会经济的重创，维护税令的"信"即法律权威，君王必须去侈省役。他认为，"竭泽而渔，非不得鱼，明年无鱼。焚林而畋，非不获兽，明年无兽"。"守成"的帝王往往"志趣骄逸，百姓欲静而徭役不休，百姓凋残而侈务不息，国之衰弊，恒由此起"。魏征的赋役主张多被采纳，对唐太宗持续奉行"薄赋轻徭"影响很大。

唐初田租的税率比汉代"文景之治"时还要低，其实物税税率一般为2%，低于汉初时的"三十税一"（即3.3%）。国家把全国农户分为三等，后又细分为九等，征收较为灵活和人性化，根据农户的负担能力进行梯级征收，农户在劳动力伤残或死亡等特殊情况下可少缴或不缴税。农户因灾害生产受到影响，可享受减免税，一般产量损失达到40%的可免纳粮食税，损失达到60%的可免粮食和经济作物的税收，损失达到70%的可免除所有税收负担。

唐初赋税制度依隋旧制，工商无税，财政收入主要来自农业税收和农民，除租庸调之外，还有户税、地税等。户税始征于武德六年（623年）

三月,先是将全国的农户按照资产多少划为三个等次,后在武德九年又细化为九等,然后按等次征户税,其中一等户每年征四千文,依等次递减,第九等则征五百文。寄庄户从八等户征税,寄住户则从九等户征税,各类浮客及临时寄住户等,都在所在地按这两等征税。如果数处有庄田,则必须在每处交户税。为照顾防御勤劳的军人,不依百姓的标准征收,一律按九等征税。地税作为唐初税收的一种,是为义仓筹集的收入,在田租之外按田亩或者户等缴纳。王公以下以其垦田产出的粮食,每亩再缴纳2升,存贮到州县义仓,以备凶荒年调剂使用。

唐代前期的徭役是与兵役制度相关联的。当时,兵役制度实行府兵和募兵相结合的制度。府兵制就是在全国若干地区设立军府,凡军府所在地的丁男都有服兵役的义务,轮流宿卫京师、防戍边境,战时被征从军。府兵免除租调,但须自备衣粮和部分装备,也即缴纳军赋。服役期满或从征结束后,回家务农。募兵就是招募的雇佣兵,应募期间可免本身租额,资装器械官给,可以说是兵役逐步职业化的体现。

唐开元十九年庸调银饼

李世民一世英豪，也管不了身后事。"贞观之治"后，随着李世民过世，高宗李治即位，其性格软弱，经过残酷权力争夺才得到皇后之位的"武媚娘"得以显露才能，逐渐通过辅佐高宗取得了政治实权。武则天67岁"高龄"废除唐睿宗李旦，正式登基成了"圣神皇帝"，改国号为大周。一千多年来，人们对武则天评说不一。《旧唐书》说她"牝鸡司晨""奸人妒妇"；司马光编的《资治通鉴》不承认她当过皇帝；后世文人更是对这个中国唯一的女皇帝毁多誉少。也许她早有预感，在陕西乾陵唐高宗《述圣记碑》旁，为自己建立一座"无字碑"，一生功过，任由他人评说，比起自吹自擂更让人印象深刻，并生出几分敬意。而武则天治税兴农桑的举措，颇具亮点，值得历史铭记。

　　武则天当政期间，特别关心农业发展，传承了高祖、太宗时期的轻徭薄赋政策。唐高宗上元元年（674年），武则天提出了富国强民的《建安十二事》作为她的施政纲领，其中有关赋役的就有三条：第一条是"重农桑，薄赋徭"，第二条是"给复三辅地（免除长安及其附近地区之徭役）"，第五条是"省工费力役"，给予普通老百姓实实在在的利益，得到下层民众交口称颂。武则天治国，有"贞观遗风"的美誉，也为其孙唐玄宗李隆基的开元盛世打下了厚实的基础。

　　唐开元时期，租庸调制的税负亦较低。唐玄宗李隆基开元二十五年（737年）"定令：诸课户一丁租调，准武德二年之制。其调绢絁布，并随乡土所出，绢絁各二丈，布则二丈五尺。输绢絁者，绵三两；输布者，麻三斤。其绢絁为匹，布为端，绵为屯，麻为缏。若当户不成匹，端、屯、绽者，皆随近合成。其调，麻每年支料有余，折一斤输粟一斗，与租同受。其江南诸州租，并回造纳布（准令，布帛皆阔尺八寸，长四丈为匹。布五丈为端，绵六两为屯，丝五两为绚，麻三斤为缏）。诸丁匠不役者，收庸无绢之乡绝布三尺（绝绢各三尺，布则三尺七寸五分）"。虽是税负低，但民富物丰，因此税收总数不少，唐玄宗天宝五年（746年），全国

10道以庸调名义上缴朝廷的麻布及苎布总数即达517.5万匹。①

随着土地的垦辟，人口增加很快，天宝元年（742年）达到4890.9万人，已接近于隋极盛时。人口的迅速增加，导致土地数量普遍不足，于是，开垦愈烈。开元、天宝之中（731—756年），耕者益力。四海之内，高山绝壑，未耜多满。人家粮储，皆及数岁；太仓委积陈腐，不可较量。然而，到唐玄宗时期，搜刮之风也在慢慢兴起，当时征色役、僧尼税、率贷等杂税甚至买卖官爵已越演越烈，为唐中后期动乱埋下了隐患。

唐前期轻徭薄赋、休养生息等一系列适应经济社会发展政策的实施，使社会稳定，政治清明，人民富裕安康，出现了贞观之治与开元盛世，国家政治、经济达到了封建社会昌盛的顶点，文化也空前繁荣。当时许多地方夜不闭户，路不拾遗，出现了一片欣欣向荣的升平景象，"东至于海，南极五岭皆外户不闭，行旅不赍粮，取给于道路"，为历代史家所津津乐道。唐贞观二年（628年），开明的李世民还忍痛割爱，祭出人性化的"狠招"，出宫女3千余人，令这些美眉"任求伉俪"。贞观七年（633年），纵狱囚应死者390人归家过年与家人团聚，命令他们秋后自来就死，到期皆回，于是全部得到赦免。这是怎样的气魄，又是何等的自律！大唐成为当时世界上文明富强、科技进步的强国，气势恢宏，自信十足，有包容万象的气魄，盛名远播，即使是当今海外华人聚居地仍然称为唐人街。

三、取民无怨

爆发于天宝十四年（755年）十月的安史之乱，历时八年方告平息。安史之乱既是唐朝由盛转衰的标志，也是中国赋税结构变化的契机。肃宗

---

① 翁礼华著：《钱财两面》，浙江文艺出版社2004年版，第83页。

乾元元年（758年），主掌战时财政的盐铁使第五琦"始立盐铁法"，采取了产、销都由盐铁使及其所辖机构控制的专卖方式。不过，当时榷盐的实际收益不多，代宗广德二年（764年）前后，江、淮盐利每年不过40万—60万贯钱，河东盐利也仅达80万贯。真正发挥盐利在唐后期财政结构中的支柱作用，凸显盐铁专卖筹措丰厚财源的，则是唐中期如雷贯耳的理财家刘晏。

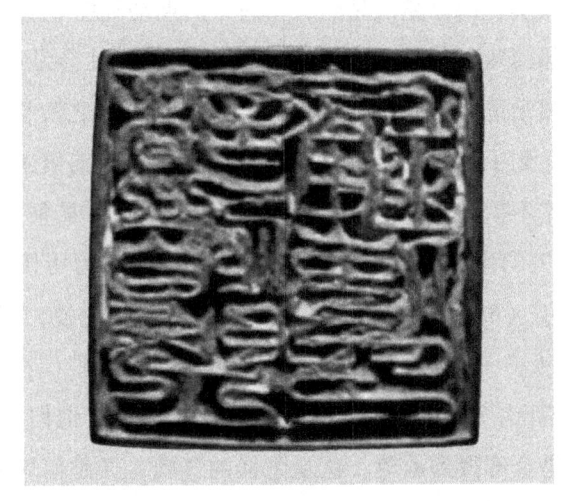

唐盐铁使印

刘晏从小就是个神童，开元四年（716年）出生在曹州南华。《三字经》有"唐刘晏，方七岁，举神童，作正字，彼虽幼，身已仕"之语，即七岁就因满身的才华横溢做了太子正字的官，名噪一时，在天才面前，努力有时真是不值一提。其后，刘晏在地方从小官做起，一直升迁做了夏县和温县县令，做得风生水起，以干练闻名，体恤百姓，县里的纳税人不用催督，就心甘情愿地按期把税粮交到官府，政绩斐然。此时正值唐王朝由盛到衰的转折时期，朝中宦官专权，地方节度使四处侵扰，刘晏身为县令，特别了解民间疾苦，整个县保持按常赋征收，从不额外加赋，在自己的职权范围内为地方百姓办了不少好事，其官职也有所提升，任为从六品的侍御史。

安史之乱爆发后，玄宗逃往四川后遇到马嵬事变，其子李亨在灵武接位，为肃宗。而玄宗另一个儿子永王李璘则乘机割据江表，东取金陵，觊觎皇帝宝座。此时刘晏正在襄阳避乱，永王李璘想拉拢他许与高官，刘晏经受住诱惑就是不跟他一边。肃宗知道后重用刘晏，拜为度支郎中兼侍御史，领江淮租庸事。从此刘晏开始涉足唐王朝财政，后又担任过陇、华等州刺史和京兆尹。肃宗在上元元年（760年）后，任命刘晏为户部侍郎兼度支、铸钱、盐铁使等一系列财税官职，使其积累了处理地方和中央财税事务的丰富实践经验，成为朝廷重权在握的理财官。后刘晏因没有处理好官场关系，遭到诬告弹劾，被贬为通州刺史。

肃宗去世后，儿子李豫继位为代宗。代宗器重刘晏，尤其倚重刘晏理财，于宝应元年（762年）召刘晏回京复任京兆尹、户部侍郎，领度支、转运、盐铁、铸钱、租庸使。当时安史之乱不仅没有完全平息，不少地方还因赋敛沉重爆发农民起义，刘晏对症下药，立即罢去加收税赋，同时赈济百姓，以消弭乱源。宝应二年（763年）正月，刘晏升任吏部尚书、同中书门下平章事，掌管了全国财政事务，却又遭诬陷弹劾，被罢为太子宾客。还好他是朝廷急需的理财高手，一个多月后再度被重用，升为御史大夫、检校户部尚书，领东都、河南、江淮转运、租庸、盐铁、常平使。隋代创立三省六部制后，唐进一步发展和完善。尚书省下设户部，统领全国财政税收。户部下设户部、度支部、金部、仓部等四司，其中户部掌管全国户口、田赋、劳役和贡献诸事，度支部掌管全国租赋的数字统计。开元以后，为加强赋税征收力度，增设户口使、租庸使、盐铁使、转运使等官职，负责某一方面的财税工作。而刘晏实际上行使宰相的权力，主持制定经济财税重大政策。

由于刘晏主持唐王朝财税工作时值安史之乱后，社会经济遭到严重破坏，纳税户大幅减少。又由于安史之乱后，唐王朝政权日趋腐败，开支不断膨胀，财政难以支撑，到了捉襟见肘的地步，王朝处于风雨飘摇之中，这个时候启用刘晏理财，要扭转局面难度很大。但刘晏不负所望，十余年间实行了以漕运、榷盐和常平仓三项为主要内容的财税改革，成效卓著，杰出理财家的名号声名远播。

刘晏于广德二年（764年）兼任转运使之后，首先进行了漕运改革，力求使民不加赋而国用饶。为扭转京都地区公私俱困的局面，刘晏给宰相元载上书："京都三辅百姓，唯苦税亩伤多，若使每年得江湖二三十万石，即徭赋顿减，歌舞皇泽。"表示通过漕运将江南粮食调往京师，可实现"人不加税"而"国用以足"的目标。

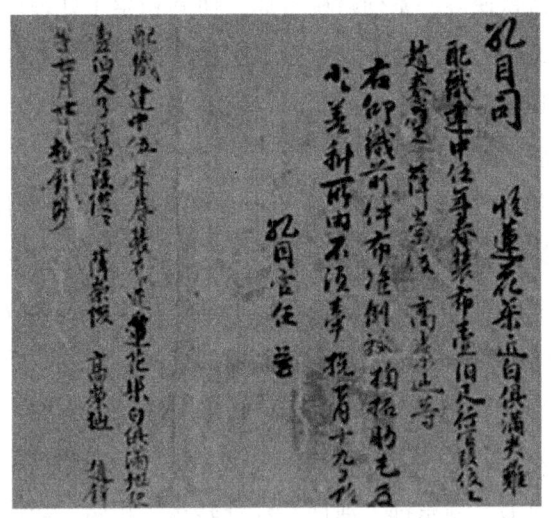

孔目司帖，唐代商品税账单

刘晏在漕运路线的设计上，采用了当时最经济的线路，即以全部水运来代替水陆杂运，以减少运输中间环节，去除运费更贵的陆路运输方式。同时，刘晏在考察了漕运线路后发现，水路没有疏通，于是发民工、出兵丁，开决汴河，并派人疏通运河，分黄河水入通济渠。河道疏通后，大大减少了运输的成本和损耗，节省了大量时间。在运输方法方面，刘晏采取分段运输法，根据长江、黄河、渭水水势各异的特点，把从江南到渭水入黄河处渭口一段的水上运输，由一船全程改为多船分段。

刘晏的漕运新举措，大大提高了漕运效用，过去由扬州运粮到长安，需要270天时间，沿途粮食损耗20%，现在仅仅只需要40天即可抵达。运费也从原来1000钱至1400钱降为700文，降幅达30%—50%，江淮的粮食通过水道源源不断地运到长安,"岁转粟百一十万石,无升斗溺者"。漕运改革,解决了京都地区粮食紧缺、粮价上涨的矛盾,减少了对当地百姓加征税粮的行为。第一批粮食运抵京都地区,唐代宗亲自到运河边迎接。面对源源不断进入长安的江淮粮食,代宗给予很高评价,在文武百官面前由衷夸赞刘晏为"当朝萧何"。

从大历元年(766年)起,刘晏与第五琦分东西二区共掌全国财税事务。刘晏发现,食盐专卖的财政效益极高,而且还有官收厚利而人不知贵的特点,在当时社会动乱的情况下,不愧为一种不至于激化社会矛盾的聚财方式。因食盐专卖有"寓税于价"的特性,就像韩愈所说的:"国家榷盐,粜与商人;商人纳榷,粜与百姓,则是天下百姓无贫富贵贱,皆已输钱于官矣!"这是食盐专卖"人不益税,而国用以饶"的奥妙所在,于是刘晏致力于改革盐制。

刘晏亲自治理整顿盐务,在东区积极推行盐法改革。通过裁减冗官与撤并官署,调整充实了食盐专卖机构,形成了一套受盐铁使直接指挥的高效专卖系统,起到提升盐利和打击走私的作用。刘晏采取灵活的"官督、民产、商销"方式,纠正了原来完全排斥私商经售官盐的偏差,在食盐经销上减少国营成分,增加民营成分,适应了民营商业的发展趋势,做到官商分利,调动了私商贩盐的积极性,激发了民间活力,这样就大幅度提高了官盐的销售总量,同时盐利更加丰厚。刘晏还设置常平盐,低价购入盐后,若贩盐商人不至,则用比市场价低的盐出售以粜民,但官府仍收厚利而百姓却不知贵,官府不仅得到了好名声,还增加了大笔财政收入。

盐法改革推行后,收到了明显的效果,刘晏管辖的东区盐利逐年增加,由最初的40万缗,增长到大历末年的600余万缗,而第五琦管辖的西区"河东盐利不过八十万缗"。刘晏掌管的东区盐利已占全国全年财政收入1200万缗的50%,《旧唐书》载:"季年所入,逾十倍,而人无厌苦。"榷盐改革既保证了居民供应,官民两方得利,还增加了国家财政收入,而民众没有感觉到增税之苦。多少年后英国人才总结出,税收也要采用拔鹅毛的技术,拔了鹅毛还让鹅不叫唤或少叫唤。

唐初，作为赈济之用的常平仓就已设置，但在赈济物资的分配上，地方官吏却冲着暴利，冒险肆意串通作弊，这种侵吞救灾物资的行为在历朝历代都令人头痛。安史之乱后，常平制度被迫中断。刘晏经管常平仓后，命令所辖各度支、盐铁巡院的知院官，必须逐月上报当地的雨雪丰歉情况，以便及时调度各地常平仓的粮食购销活动，"丰则贵籴，歉则贱粜，或以谷易杂货供官用，及于丰处卖之"。通过采取这一系列措施，各州常平仓里的米常常存储300万斛以上。同时，刘晏还着手建立起传递市场信息的网络："诸道巡院距京师，重价募疾足，置递相望，四方物价之上下，虽极远，不四五日即知，故食货之重轻，尽权在掌握，朝廷获美利而天下无甚贵贱之忧。"刘晏依靠用重金雇佣的物价信息员，就能及时掌握物价变动、行情涨落和物资丰欠等，对各地供应和需求进行统筹调控。可见，中国很早就知道建设信息网络的重要性。

刘晏作出规定，各地的官府必须在发现歉收征兆之后，就呈报所需予蠲免或救助的项目与数量，"晏不俟州县申请，即奏行之，应民之急，未尝失时，不待其困弊、流亡、饿殍，然后赈之也"。通过未雨绸缪和及时应对，大大减轻自然灾害对经济的破坏程度，起到了保护农业税源的作用。刘晏娴熟运用商品流通手段来运作常平仓，拿较低价格的粮食同灾区百姓交换农业副产品。通过以副补粮，以商促农，振兴灾区经济，从而带动灾区生产的发展，起到生产自救作用。刘晏通过改进常平仓的经营管理，收到了利民增收之效。

刘晏为大唐财税苦心积虑，甚至上朝的时候还在马背上埋头筹算，真是到了忘我的境地。然而，由于刘晏掌管财税牵涉到无数人的利益，在近20年为国理财的生涯中，不知不觉得罪了包括后来成为皇帝的皇太子李适在内的诸多贵胄，受到残酷的打击报复。随着大历十四年（779年）唐代宗谢世，德宗李适临朝，有人便以曾反对立李适为太子的莫须有罪名状告刘晏，德宗于是于建中元年（780年）一月诏令，全国钱粮移交金部、仓部管理，接着免去刘晏转运、租庸、青苗、盐铁等使职务。二月，借口刘晏"奏事不实"，贬其为忠州刺史。

真是祸不单行，另一位几乎与刘晏同样如雷贯耳的理财家杨炎，在这个时候又给了他致命一击。杨炎与刘晏可谓积怨甚深，德宗听信杨炎等诬陷刘晏谋反的不实之词，先派人去忠州缢杀刘晏，过后才公开下诏赐死。文人之间，总是不断上演着相妒相杀的戏码，而要置人于死地，最有效又最歹毒的招数就是污对方为谋逆，你都谋逆了，皇帝还能让你活下去吗？然而，刘晏那取民无怨的理财思想与治税措施，在身死之后却越来越受后世推重。

刘晏死后，朝廷派人查抄刘晏的家产，却发现唯有杂书两车，米麦数斛，真可算是两袖清风。消息在全国各地传开以后，天下人都钦佩刘晏的才能和品德，为其广为鸣冤，恨德宗残忍，甚至有些朝臣还言辞犀利地上表指斥朝廷，责问刘晏为何被杀。德宗惧怕汹涌而来的非议，就给杨炎安了个罪名后将其杀死，以转移视线，搪塞天下。历史的底牌真是难以预料，要是杨炎知道是这个结果，说不定生前就跟刘晏冰释前嫌，共推中国财税改革大业了。数年以后，唐德宗才许刘晏归葬，还重新追认其郑州刺史，并加司徒。

在唐中期的动乱年代，刘晏执掌多项财税事务，通过发挥自己的理财才能，推行财税系列改革举措，成功扭转了安史之乱给唐朝经济财税带来的巨大冲击，使朝廷渡过了经济难关，对大唐中兴起到了突出作用。刘晏为朝廷分忧，为官清廉，将民间冷暖挂在心上，堪称古代官吏中的楷模。

四、行"两税法"

"两税法"的名气很大，史书中常常提起，但好像给人的感觉是由唐中期的宰相杨炎一夜之间发明的，其实不然，事情皆有来龙去脉。

独孤及这个人,可算是"两税法"的"来龙"。

早在唐大历五年(770年),舒州刺史独孤及就在当地推行"口赋法",不论主户和客户,按各户人口多寡和资产厚薄,将州内民户分为不同户等,根据资产差率,把中央政府分配给该州的赋税总额按户等均摊到各户,使国家赋税的一部分由富豪之家负担,从而减少了一般编户之民的负担。[①] 这种方法颇具"两税法"的雏形,可算是前期试点,而这个试点比杨炎的"两税法"要早十余年。

盛唐过后,随着经济社会逐渐演变,税收制度也在酝酿着变革。杨炎向皇帝提出推行"两税法",有着深刻的社会演进背景。《资治通鉴》载:"唐初,赋敛之法曰租、庸、调,有田则有租,有身则有庸,有户则有调。玄宗之末,版籍浸坏,多非其实。及至德兵起,所在赋敛,迫趣取办,无复常准,赋敛之司增数而莫相统摄,各随意增科,自立色目,新故相仍,不知纪极。民富者丁多,率为官、为僧以免课役,而贫者丁多,无所伏匿,故上户优而下户劳。吏因缘蚕食,旬输月送,不胜困弊,率皆逃徙为浮户,其土著百无四五。至是,炎建议作两税法;先计州县每岁所应费用及上供之数而赋于人,量出以制入。户无主、客,以见居为簿;人无丁、中,以贫富为差;为行商者,在所州县税三十之一,使与居者均无侥利。居人之税,秋、夏两征之。其租、庸、调杂徭悉省,皆总统于度支。上用其言,因赦,令行之。"

安史之乱后的大唐王朝,已处于多事之秋,国家动荡,土地大量被兼并,均田制和租庸调制遭到破坏,继续推行下去十分艰难,国家财政特别困难,使苛征滥敛更加无孔不入。唐朝诗人张籍在《野老歌》中写道:"老农家贫在山住,耕种山田三四亩。苗疏税多不得食,输入官仓化为土。"深山为农的老人耕种着贫瘠的土地,却要面临着"苗疏"但"税多"的残酷社会现状。这表明,赋税制度迫切需要改革,否则一定会因阶

---

① 郭树伟:"独孤及的'口赋法'是唐代两税法的前期探索的研究",《安徽农业科学》2009年第3期,第1354—1355页。

级矛盾进一步激化面临更大的动乱。

安史之乱平息之后,中国赋税体系的重大变化来临了,即"扫庸调之成规,创两税之新制"。被誉为税制大变革的"两税法"的出现,跟一个人直接相关,这个人就是先被贬为司马然后却直接入相的杨炎。

杨炎字公南,凤翔天兴人,在唐代宗时为中书舍人,以文学才华名望当世,亦以孝行和礼贤下士而博得朝野的交口称誉。大历九年(774年)底,宰相元载提升杨炎任吏部侍郎,并视其为相位的继承人。不料三年之后,政治风云突变,元载遭代宗诛杀,杨炎受株连,被贬谪为道州司马。大历十四年(779年)五月,德宗李适即位,在商议谁最适合做宰相时,当时执政的宰相崔祐甫就推荐杨炎,德宗也听闻了他的盛名,于是在八月间下诏擢拔杨炎由道州司马入朝任相,直接从副地级当上了正国级。史称:"炎有风仪,博以文学,早负时称,天下翕然,望为贤相。"杨炎受命之后,不负众望,着手清除当时的诸多弊端。其中一项重要政绩,就是上疏力主进行税制大变革,成为唐代乃至中国古代享有盛名的财税思想家,其所创立的"两税法"对后世赋税制度影响深远。"两税法"的推行,标志着中国封建社会的农业税收结构开始历史性地由以人头税为主向以资产税为主转变,杨炎对此立下了首创之功。虽然他因恃才傲物和"卷入"党争,在官场倾轧中落得被德宗贬杀的悲惨下场,却在中国赋税制度改革进程中留下了无法磨灭的印迹。

在杨炎主持下实施的"两税法",标志着进入以地产为本获得财税收入的新阶段。租庸调制以人丁为本,户籍制度是其首要的基础性环节。为此唐初三年造户籍,查人口。但由于唐中期均田制名存实亡、地产兼并、逃避赋役等原因,不少农民离开故土,四处流散,没有固定户籍。当时称仍在原籍的为"主户",没有固定户籍则为"客户"。唐德宗曾遣官到各地查户口,约计主户有180余万,而客户却多达130余万。客户的大量涌现严重冲击了赋役秩序,租庸调制难以维系。"两税法"就是在这样的背景下,由杨炎倡导出台的。

杨炎建议:"凡百役之费,一钱之敛,先度其数,而赋于人,量出以制入。"杨炎关于"量出以制入"的表述中，包含通过征收代役金而把征役全面转化为雇役的变革内容，显示出杨炎"赋役合一"的改革思路。唐代以前的历代财政，一般是以实行"量入为出"为原则，"两税法"明确规定实行"量出以制入"的原则，即先做好国家财政支出预算，然后量出制入，制定财政收入总额。随后将要征税数量分配到各地，并确定每个民户应交数，意在限制滥征苛敛，使民众负担相对合理。欧洲到了19世纪后期才在财政理论上出现"量出为入"原则，杨炎却能在那个时代就提出"量出以制入"，是十分超前的。这种"以支定收"的思路，是在"大历中，纪纲废弛，百事从权，至于率税少多，皆在牧守裁制"的特定背景下产生的，因而具有通过编制预算对支出作出一定限制，从而限制税收收入总额，减轻民众负担的积极意义。

"两税法"的课税主体与租庸调制是不一样的："户无主客，以见居为簿。人无丁中，以贫富为差。"① 也就是不分主户和客户，一律就地上户口；不论年龄长幼，全部计资产定税。因此，征税对象没有主客和年龄之别，定税的依据主要是资产（包括土地、住宅、桑麻等农副业、牲畜、钱财等），凡有产者，就必须缴纳赋税。这样，国家的纳税主体和征税对象都比以往大大增加了。主户和客户都一律编入现居州县的户籍，在所居地纳税，对于那些流动的行商，由于不常居一地，规定他们要在所在州县纳3.3%的税。这样，行商税收负担大致跟定居人员不相上下。以往享有免税免役特权的不课户，连同被他们庇荫的客户，以及不定居的商人，都一律要负担税收，扩大了征税面，纳税户随之大量增加，政府的赋税收入水涨船高。"两税法"推行后，宰相陆贽指出："两税法""惟以资产为宗，不以人丁为本"，这句话概括了"两税法"的精髓。从此，人丁之征虽还在后世不断出现，但赋役制度在总体上告别了人丁为本的历史阶段，跨入主要按资产计税的年代。

"两税法"依据拥有土地和财产多寡征税，土地和财产多的多征，少

---

① 刘昫：《旧唐书》卷四八《食货志》，中华书局1975年版。

的少征。这样就把过去由按劳动力的多寡为标准课税，改为按财富的多少为课税标准，以资产为征税对象。确立以资产计税原则，是杨炎关于税制改革思想的精华之所在。"两税法"把地税、户税、租庸调和一切杂税合并到一起，改变了原来课敛之名达到数百种的状况，租庸杂徭省了很多，减轻了民众税收负担。"两税法"的课征，不再以丁计算，而是以资产计算，同时商人和农民一样征税，起到了均衡负担的作用。人无丁中，以贫富为差，按税收负担能力来征税，不仅相对公平合理，还更容易征收，这种课税主体与课税对象的改变，是一大进步，顺应了封建土地关系的发展趋势，对后世财税制度影响很大。两税之制为宋、元、明、清所持久沿袭，绵延八百多年，证明其有强大的生命力。

从纳税物品看，"两税法"规定按户纳钱，按田亩纳米粟。在"两税法"改革之前，有不少税收已是用货币缴纳，只是像租庸调这样的主税仍以实物缴纳，从实物税向货币税转变，这是商品货币经济发展的必然趋势。法定的征收物品分谷物和钱两大类，但在以往实际征税当中，多数把钱折成绢帛、谷物等缴纳。税收以货币形式缴纳较为简便，因此杨炎在"两税法"中用货币税代替实物税，尽管之后仍有交替反复，但货币税代替实物税本身就是一种进步的标志，且随着商品经济加速发展成为难以阻挡的趋势。

从纳税期限来看，"两税法"的征收分夏秋两季进行，夏税完纳时间不超过六月，秋税完纳时间不超过十一月，简化了征管手续，不仅有利于矫正此前旬输月送没得休息的积弊，既便利农户缴纳，又便利政府征收，体现了合理税制所具备的便利原则。

在"两税法"实行的同时，力役制度也发生了重大变革。徭役虽依然存在，并且继续据丁征调，但给钱"和雇"（即雇佣）的方式推广开来，使民众多了一种选择方式，部分代替了民丁服役。这也在一定程度上促使唐中期府兵制度的瓦解，募兵制度逐渐成为主流。

在随后的唐朝社会发展中，"两税法"发挥了重要作用，进步意义突出，相对均平了纳税负担，扩大了纳税面，简化了纳税手续。"两税法"

集中财权于中央，整顿了财税制度，巩固了中央集权，对延续唐朝统治起到了重要作用。

"两税法"也有诸多缺陷。其按照财产多寡征税，而财产有动产与不动产之别，若同等对待显然不尽合理。"两税法"以大历十四年（779年）的垦田数为基准进行摊派，由于各州道田亩数额变动大，原来的基数失实，又没有进行新的"书籍定样"，一定程度出现配赋不均的情况。"两税法"规定折钱纳物，以货币计税缴纳，由于商品经济发展，产品交换增多，钱不够用，出现了钱重物轻的现象，征税折钱也有可能加重民众负担。而实行"量出以制入"的原则也是一把"双刃剑"，若统治者德行败坏，易造成征取无度。

"两税法"的颁行，在一定程度上实现了社会公平，对后世影响深远。然而，随着时间的流逝，贪得无厌的封建官吏和地方军阀又在两税的定额之外巧取豪夺，各种各样的杂税杂徭蜂起。一些官吏为了得到升官发财的机会、军阀们为了扩充实力和地盘，在正赋之外又横征暴敛，无所不用其极。"两税法"在唐晚期实际上逐渐失去原来的效用，不断加重的赋税，使劳苦大众重新陷入了难以生存的悲惨境地。白居易在《观刈麦》中所写"复有贫妇人，抱子在其旁，右手秉遗穗，左臂悬敝筐。听其相顾言，闻者为悲伤。家田输税尽，拾此充饥肠"，反映出农人因为繁重赋税的悲苦境遇，令人"闻者为悲伤"，感叹再好的赋税制度，还要看如何真正落到实处。

而在青史中深深被打上"两税法"烙印的杨炎，还是逃脱不了许多著名财税改革家被贬杀的悲惨宿命，朝廷要他死的理由，跟商鞅、桑弘羊、刘晏等一众涉税大腕惊人相似——"谋反"。杨炎费力地爬上人生之梯的顶端，却悲催地发现，梯子搭错了墙头。

五、 乱世难支

唐朝进入中期以后,盛极而衰,藩镇割据严重,农民起义此起彼伏,导致四分五裂,经济衰退,土地撂荒,民不聊生。

唐代后期,统治集团更加腐朽没落,朝政败坏,中央权威受到越来越大的挑战,藩镇割据日益加剧,继之又出现宦官专权、牛李党争,虽有永贞革新等,但都以失败告终,内乱不息,两税制度也遭到破坏,先是税上有加征,税外又出台许多苛杂。唐代著名政治家、史学家杜佑曾评述:"昔我国家之全盛也,约计岁之恒赋,钱谷布帛五千余万,经费之外,常积羡余,遇百姓不足,而每有蠲恤。自天宝之始,边境多功,宠锡既崇,给用殊广,出纳之赋,支计屡空,于是言利之臣继进而道行矣。割剥为务,岐路多端,每岁所入,增数百万。"苛税肆虐,百姓负担沉重。

王叔文、柳宗元等领导的永贞革新,是唐顺宗永贞元年(805年)的一次涉及政治、经济、军事诸方面的改革运动,又称二王八司马事件(二王指王叔文、王伾,八司马指韦执谊、韩泰、陈谏、柳宗元、刘禹锡、韩晔、凌准、程异,这八人在改革失败后,俱被贬为边远州司马),这是一次官僚士大夫以打击宦官势力、革除政治积弊为主要目的的改革。改革主张加强中央集权,消除藩镇割据、反对宦官专权。永贞改革在经济上以整顿财税为主要内容:一是停止苛征、罢进奉;二是改革盐税管理;三是惩治横征暴敛的官吏。永贞革新因为宦官俱文珍等人发动政变,幽禁唐顺宗李诵、拥立太子李纯,失去最上层支持而只持续了100多天就失败了。永贞革新失败之后,唐朝政治更加黑暗,宦官拥皇帝自重,朝官分成朋党,本来就有相沿成习的趋势,在唐宪宗李纯以后,更加明目张胆了。从此,唐朝又创了一个新的恶例,每个皇帝都把自己任用的人当作私人,继位的皇帝对前朝皇帝的私人，不论是非功过，一概予以贬撤。

其后，唐宪宗也推行了一些改革的措施，通过征伐不服的藩镇树立中央权威，整顿江淮财赋以增加财政收入，取消宦官监军等，由此出现了宪宗朝讨平藩镇的元和中兴。然而，元和中兴只是唐中期政治上的短期反弹，宪宗虽然平定了部分藩镇的叛乱，却不能消除造成割据的根源。宪宗死后，各藩镇重又变乱或不禀朝命，且朝廷重新形成宦官专权的局面。

唐后期杂税杂课丛生，其中就有个僧尼税。唐初的僧尼一般都可享受免税的优待，但在特定情况下也要纳税。武则天在久视元年（700年）要造佛像，下诏天下悟民，每人出一文钱。德宗建中初年开始，向年龄在50岁以下的僧人每年征收绢四匹；向未满50岁的尼姑和道姑每年征收绢二匹。还有个杂课叫率贷，是肃宗对富户按财货一定比率强制推行的举债行为，有钱1000文以上者都要缴纳，课征率是20%。这种率贷强制征收，且按高课征率向资本而不是盈利征收，遏制了生产发展，损害了有钱人的利益，引起商人强烈不满。

唐朝还有其他各种名目的巧取豪夺，根本就无法可依，无章可循。比如宫市，就是强夺民间财货以充宫中之用。唐代诗人白居易的诗歌《卖炭翁》就是对"宫市"的真实写照："一车炭，千余斤，宫使驱将惜不得。"此外，还有所谓的借商、公廨本钱利息等，都属横征暴敛，不一而足。

唐朝后期，阶级矛盾夹杂着民族矛盾，呈愈加尖锐之势，藩镇割据更烈，唐王朝已呈四分五裂的状态。在财用方面，更是现衰竭之状："伏以诸道州府，或兵戈之后，灾沴之余，户口逃亡，田畴荒废，天不敷佑，人多艰危。乡间屡困于征徭，帑藏因兹而耗竭，遂使从来经费色额，太半空系簿书。缓征敛则阙于供须，促期限则迫于贫苦。"还在藩镇火并时，就"西至关内，东极青、齐，南出江、淮，北至卫滑，鱼烂鸟散，人烟渐鲍，荆榛蔽野"。唐末，以王仙芝、黄巢为首的农民起义军如风中野火一样吹遍了华夏大地。唐僖宗广明元年（880年），黄巢农民军在"冲天香阵透长安，满城尽带黄金甲"的凯歌声中，冲决了旧秩序，地方藩镇更成了一个个独立王国。中央政权暨宦官集团的税收权力，只局限在长安城及附近一小块地区。朝臣俸禄无着，宦官掌控的神策军军饷无着，众叛亲离，宦官集团伴随着其依附的大唐帝国，步上了覆亡之路。

907年，靠着镇压黄巢起义军做大的朱全忠，废掉唐哀帝李柷称帝。这个朱全忠本名朱温，先是趁乱跟着黄巢起义军造反，后叛变投靠唐军，反过来剿灭起义军，屡立战功，唐僖宗大喜，给其赐名"朱全忠"，意即完全忠于唐朝。朱温越战越强，后不但不"全忠"，反而把唐朝翻个底朝天，先是在天佑元年（904年）用武力把唐昭宗逼迁洛阳，不久又将昭宗杀死，立昭宗儿子李柷为帝，即唐哀帝（又称昭宣帝）。天佑四年（907年），朱温通过禅让的形式夺取了唐哀帝的帝位，当仁不让地做了皇上。然而，朱温却无力统一天下，自己还被亲子朱友珪弑杀，随后各地纷扰，不少军阀独立建国，形成了混乱的五代十国时期。五代是指占据中原的后梁、后唐、后晋、后汉、后周五个王朝，十国则是在江淮以南据地称王的九个小国，即吴越、吴、南唐、闽、南汉、楚、荆南、前蜀、后蜀，加上位于太原一带的北汉。从907年朱温建立后梁开始，到960年赵匡胤黄袍加身建立北宋，五代十国共延续了53年，唐朝中央集权的赋税制度彻底土崩瓦解。

由于五代政权多由节度使起兵夺位而成，十国割据政权除一部分是由五代的节度使割据称王外，其余大部分则是由唐末夺取农民起义果实的节度使、部将发展而来，割据政权的地方行政长官多是武将，这些人"不明治道""割夺蒸民"，在大小军阀统治下，人民受尽了灾难和痛苦。特别是在北方，自唐末至五代，兵连祸结，加上统治者的残暴和契丹贵族的贪婪，造成中原地区社会经济破败不堪。在"富甲天下"的江南扬州，也因军阀混战而出现"庐舍焚荡，民户丧亡"的景况。

为维护自身统治，使政权不至于早早崩溃，五代十国的一些统治者也采取过一些减轻赋税、招还流民的措施，如后梁、后晋都曾下令不许擅自加征；后梁朱温在开封开辟荒地，鼓励农桑、减轻赋税；后唐明宗杀掉苛剥能手孔谦，取消税外苛征；后周太祖郭威改革田制，将原系官庄田地悉数分配给原佃户充永业田，仅广顺三年（953年）一年，国家就因此大幅增加了税户和应税土地。南方各小国政权，也大多采用过招还流民、鼓励垦荒的政策。这些优惠或免税措施的实行，一定程度上有利于荒田的垦复，促进经济的恢复，增加了赋税总额，客观上为后来宋朝的统一和发展奠定了基础。

这个时期也有些帝王看似靠谱。史载，南唐"唐主性节俭，常蹑蒲履，盥颒用铁盎，暑则寝于青葛帷，左右使令惟老丑宫人，服饰粗略。死国事者皆给禄三年。分遣使者按行民田，以肥瘠定其税，民间称其乎允。自是江、淮调兵兴役及他赋敛，皆以税钱为率，至今用之，唐主勤于听政，以夜继昼，还自江都，不复宴乐。"

在五代十国，后周世宗柴荣的赋税改革可圈可点。柴荣是邢州龙冈人，被后周太祖郭威收为养子，改姓郭，名荣，于显德元年（954年）继位为帝，后将姓名改回，在位六年。柴荣在位期间，以郭威厘革税制为基础，继续实行以整治税源、均平田赋为重点的赋税改革。

五代时期因战乱和赋役苛繁，许多民户逃亡，大片土地荒芜，这就使得官府丧失了相当大的一部分税源。柴荣于显德二年（955年）正月颁布处理逃户庄田的法令：凡逃户庄田，许人请射承佃，缴纳租税。如三周年内本户回乡归业者，不论荒熟其原桑土并庄田交还一半；离乡在五周年内归乡操业者，三分交还一分；五周年后归乡者，除坟茔外，再不交还。即政府允许农民以供纳租税为条件，向政府承佃无主田地，同时对承佃人与逃户还乡之后的偿还关系作了各种具体规定。可见柴荣是想通过招徕农民耕种无主田地，一举两得，恢复和发展农业生产，增加田赋收入。

与此同时，柴荣发动了一场"灭佛运动"，只允许保留6万多名的僧尼。这就使得大量寺院田地成为课税对象，众多的僧尼还俗成为政府的编户齐民，输税供役。因此，"灭佛运动"也是贯彻柴荣拓展税源的一项重大措施。

此外，柴荣还重新规定两税的起征时间，下令：自显德三年起，"今后夏税以六月一日起征，秋税至十月一日起征，永为定制"，改变了以往的不时征敛之弊，也便利了纳税户。

显德五年（958年）七月，柴荣"赐诸道节度使、刺史均田图各一面"。所谓均田图，其实是根据唐代同州刺史元稹的《均田状》而制成的。史称"时帝将均定天下赋税，故先以此图遍赐之"。同年十月，他下达

"均田"诏，派出三十四名使者分巡各地，检括户口与田亩，"均定"田赋。次年，诸使臣回朝，"总计检到户二百三十九万九千八百一十三，定垦田一百八万五千八百三十四顷。淮南郡县不在此数"。柴荣遣使均田之后，增加了编户输纳赋税，可见这场均定田赋的运动收效显著。

柴荣致力于农业生产发展，均定田赋，整理税收，是他改革内政，富国强兵，试图重新统一中国的重要步骤。可惜天不随人愿，显德六年（959年）六月，看起来有千古明君潜能的柴荣才39岁就因病而逝，人再强也敌不过时间。

南方十国的情况与北方五代有所不同，战争较少，破坏较轻，相对来说，南方经济比北方发达，课税也不像北方那样苛重。特别是手工业和商业发展较快，如闽太祖王审知重视沿海一带商业发展，免除商税，鼓励海上贸易，使福州成为东南沿海的重要商港。

五代十国时期，主要税收收入仍是田赋，沿袭中唐旧制，行"两税法"，分夏秋两次征收。纳税额按土地多少和田亩优劣而定，如江南吴国的田税，上田每顷税钱2100文，中田每顷税钱1800文，下田每顷税钱1500文。后唐明宗考虑所属州府土地、气候关系，征收期限因地而异。后周显德三年，规定两税的起征时间，分为夏秋两季缴纳，民间称便。

五代十国由于战事频繁，人户逃亡，政府税收时有落空，而财用孔急，遂于正赋之上有附加，正赋之外有预借，百姓不堪其苦。至于田赋附加，主要有省耗和鼠雀耗、牛皮筋角税、农器钱、牛租、曲钱、分摊麵钱、头子钱、义仓税等。

牛皮筋角税看起来好像是个工商税种，然而却是按田亩摊派。牛皮是制造军人衣甲的材料，五代时对牛皮禁约很严，农民的耕牛死后其皮及筋骨要全部交给官府，严禁出境。官府只付给农民很少一点钱物，算作补偿。后来收了牛皮不给钱物，发展到最后，竟不管百姓有牛无牛，一律收取牛皮税。后周广顺二年（952年）十一月，郭威改革办法，规定牛皮税按田亩摊派，每十顷缴纳连牛角在内的牛皮一张，余者民自用及买卖，但禁止卖给敌对之国。后唐明宗时，民输牛皮于官，有司偿以盐。后晋天福

（936—944年）中，不给盐，纯粹成为一种税收。北周规定，每秋夏苗共十顷，纳连角牛皮一张，其黄牛纳筋四两，水牛半斤，后汉严格牛皮法，贩卖私牛皮一寸抵死。另据《五代会要》记载，所纳牛皮，须连牛角一起，同时，还要缴纳牛筋，黄牛纳干筋四两，水牛半斤，犊、特皮不在缴纳之限。

进际税，则是以进际之名，虚增税额，每田十亩虚增六亩，每亩纳租三尺四寸，米一斗五升二合。桑地十亩，虚增八亩、每亩纳绢四尺八寸二分。统治者打定了主意收更多的税，就要想着怎么给新开征的税安个尽量让人能接受的名字。

五代十国时期的工商各税主要有盐税和盐专卖、铁专卖、酒税和酒专卖、茶税和茶专卖、关市税等，各地广设关卡，对往来商人课税。后唐明宗于天成元年（926年）诏省司及诸州置税茶场院，自湖南至京六七处关卡征税，以致商旅不通。商人为了避税，多取僻路行走，可见苛扰之重。后汉时，除向商人征收关市税外，还对其征收通行税，南唐也曾征收过此税，税上加税。自后梁开始，各地设有场院，专门对商品买卖征税，称为市税，税率约为2%。当时市税征收很乱，几乎逢物必税，影响人民生活，阻碍商品流通。

《旧五代史》中的记载，很能说明五代十国时期政权兴衰与财税的关系："梁祖之开国也，属黄巢大乱之后，以夷门一镇，外乎烽候，内辟汙莱，厉以耕桑，薄以租赋，士虽苦战，民则乐输，二纪之间，俄成霸业。及末帝与庄宗对垒于河上，河南之民，虽困于辇运，亦未至流亡，其义无他，盖赋敛轻而丘园可恋故也。及庄宗平定梁室，任吏人孔谦为租庸使，峻法以剥下，厚敛以奉上，民产虽竭，军食尚亏，加之以兵革，因之以饥馑，不三四年，以致颠陨，其义无他，盖赋役重而寰区失望故也。"赋役苛重的加持，是乱世政权衰亡的铁律。

宋：理财的歧路

两宋的三大理财活动，理财技术细腻和隐蔽，亦难掩增税型改革的实质。诸多遗利的开发都是饮鸩止渴，非独"宋然"，诸多王朝大多败于此，这就是中国古代王朝的宿命。

宋：理财的歧路

一、陋宋襟肘

当方及弱冠的宋神宗赵顼几次迭番向年近半百的王安石发出"要重用他理财变法"的明示和暗示时，君臣二人心照不宣：看似百年无事的赵宋王朝，其财政危机已经到了必须直面和急需扭转的紧要关头。

1067—1070 年，王安石的职务任免，从江宁知府、翰林学士经参知政事到同中书门下平章事，只用了三年。拜相诏书明确表达了皇帝对他的无上信赖："朕取其知道者深""予有违而汝弼，汝有为而予从。"王安石也终于从不受重用的失望中走出来。他在出金陵赴阙前所写的那首《浪淘沙令》可以看出他那时激动的心情："伊吕两衰翁。历遍穷通。一为钓叟一耕佣。若使当时身不遇，老了英雄。汤武偶相逢。风虎云龙。兴王只在笑谈中。直至如今千载后，谁与争功。"

神宗即位的第三天，三司使韩绛报告说："百年之积，惟存一簿。"真宗"兴封祀营土木十八载"，而仁宗"坐销岁月于议论之中又四十一年"，危机辗转推卸。庆历以来每年赤字 300 万贯以上的尴尬局面，到如今铸成一年 1570 万贯的缺口，"弱甚矣，忧至矣，非立大奇不足以救"。正待君臣二人"奋起而思有以张之"。

有意思的是，王安石从其出生的那一天，就与宋朝的财政危机黏连到了一起，可谓"不解之缘"。天禧五年（1021 年），北宋的垦荒数达到最高，财政收入也抵达一个空前的高度。但就是在这同时，政府在钱、粮、金、绢、草等主要赋税项目上首度入不敷出，其主要品类的收入总计为一亿四千零二十九万八千一百匹石贯两，总支出则为一亿六千八百零四万四千二百匹石贯两。① 冥冥之中，王安石被拖入一场政治旋涡，让他成为中国历史上最有争议的人物之一。

明眼人都能看到的"三冗""二积"困境无一不与"袭故守常""以常为变，以易为难"的祖宗家法相关，要变祖宗法为新法，正赖这金风玉露的君臣机巧施为。

所谓"三冗"，即冗兵、冗官、冗费；"二积"，即积贫、积弱。

兵之渐多而无为，一是因为募兵制下宋廷采取了逢灾年大量收容犷悍无赖之民的手法；二是因为宋都开封一无所恃只好大量屯集禁军，即所谓"守内虚外"；三是因为外有强敌无力胜之只能一而再再而三地扩军备边；四是因为"杯酒释兵权"后出于"事为之防，曲为之制""将从中御""权任轻而法制密"的家法终至"兵不识将""将不专兵""不能自奋于一战"而渐渐淡去了滋生劲兵锐将的环境；五是"崇文抑武"的家法导引了"军为世贱，士耻言兵"，于是乎，即使"建国八十年后军人数量已达一百四十余万"，宋朝面对强大的辽国和并不怎么强大的西夏，仍然只得以"岁币"谋和平，"斥地与敌"。庞大的士兵规模除了耗费十分之七八的财政收入，"竟民赋租以养不战之卒"，却连吓唬人的作用都未曾起到。梁启超笑言："古今中外之有国者，未闻有以兵之强为患者也。宋则不然，汲汲焉务弱举国之民，以强君主之一身。曾不想举国皆弱而君主果何术以自强者。"② 针对这"民利尽归于国，国用尽入于军，所以民困而国贫"的局面，神宗感叹："穷吾国者，兵也。"

冗官即"官尊、俸厚、员众"，自然是"与士大夫共治天下"家法的结果。如果说冗兵是对无业游民的包养和收买，冗官则是对知识阶层的包养和媾和。这来自宋太祖当年的一句名言："我用一百个文臣知州，即令他们个个都贪污，危害也不如一个武将捣乱大。"曾经有过这样的乐子，有一个举子献诗成都知府："把断剑门烧栈道，西川别是一乾坤。"仁宗一

---

① 张祥浩、魏福明著：《王安石评传》，南京大学出版社2006年版，第21页。
② 梁启超著：《王安石传》，商务印书馆2021年版，第18页。

笑置之：这家伙是想找个官做吧？给他一个远州小郡的司户参军当当！太宗后的科举，取士规模大大地高于先朝，也是出于这般的考虑。宋朝对知识人的包养体现在官制上，就是因为官、职、差的交叉运用凭空多出了许多的位置，"州县不广于前，而官五倍于旧"，叠床架屋。真宗景德年间内外官已经有一万多人，三十年后的仁宗皇祐年间已经超过二万。于是乎，因为讲究"以忠厚养前代之子孙，以宽大养士人之正气"，宋代制禄之厚空前绝后。官员们既有正俸、禄俸、职钱、公用钱、职田，也有绫绢、棉花发给，出差有路费，吃喝有厨料、薪炭、酒肉，连他们的仆役，也有粮、布、棉花发给。除得到正俸及每年两季的定期衣料赏赐外，还有藩粟的分配。更有退职的恩礼。其中，宰相的月薪为本俸400贯，职钱50贯。此外，还有各种补助，例如餐钱、薪炭钱、刍粟，以及傔人衣粮、养廉钱，加起来不会少于600贯，相当于现在年薪40万美元，跟美国总统的年薪差不多。冗官最终成为一个财政问题。

因为兵多官多，自然事情也多，经费自然也膨胀。宋祁的归纳最为周全："天下有定官无定员；天下厢军不任战而耗衣食；僧道日益多而无定数。道场斋醮无日不有，百司供应不可赀计；京师寺观，或多设徒卒，或增置官司，食粮所给，三倍它处；罢黜之臣仍带使相、节度之衔，贪取公用，坐糜国费。"宋朝人算过，一个禁军的花费，每年是五万钱，厢军则为三万钱。试想，以一百万兵来计，每年的衣食之费便是五千万贯。而郊祀之费景德中为六百万缗，皇祐中则达到一千二百万缗。

因为"三冗"，所以"二积"。积贫是说国家和百姓都被拖累得很穷很疲，积弱是说国家和军队都不堪一击。王夫之对宋朝这个数度为夷狄所挫、所轻、所羞、所灭的王朝嗤之以鼻，蔑称之为"陋宋"。"陋"是一个道德评价，首先反映为财政状况的伦理取舍："恩逮于百官者惟恐其不足，取财于万民者不留其有余。""夫官所以养民者，兵所以卫民者，今养民卫民者反残民也。"要填平祖宗之法挖出的一座座深坑，宋朝的纳税人需要付出远高于前朝的代价。因为有着"十倍于汉，五倍于唐"的支出需要，北宋前期"所入之财比于唐代之盛时一再倍"，熙宁元丰后"比治平以前

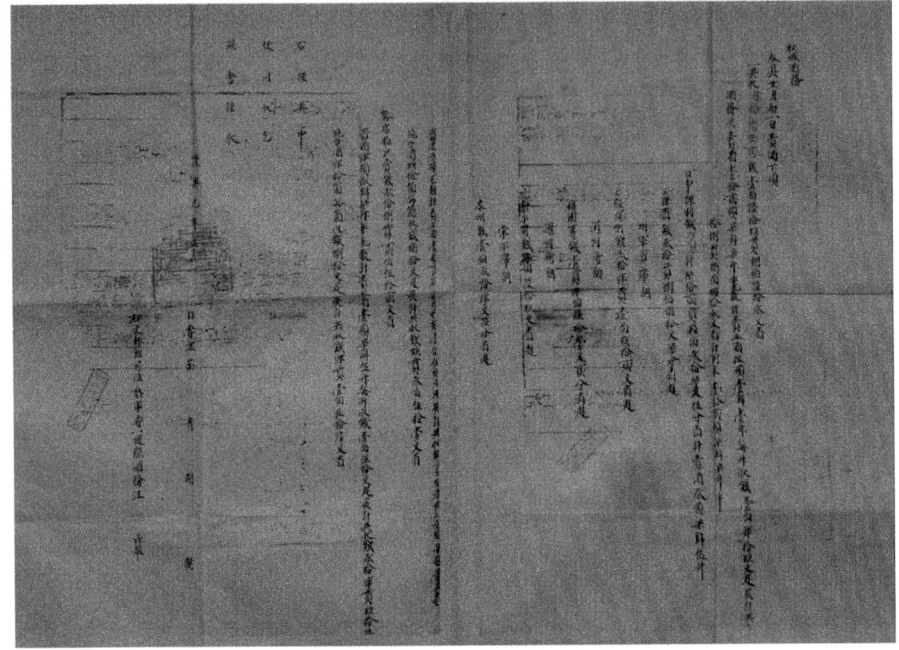

宋隆兴元年在城酒务衙西店有关经营和各项课纳的照会

数倍",蔡京变法后"比熙宁又再倍矣"。

欧阳修对当时的财税状况有段描述,恰也可以印证王安石理财的困境,也可以加深对王安石变法的理解:"臣闻昔之画财利者易为工,今之言财利者难为术。昔者取之民赋税而已,故其不足,则铸山、煮海、榷酒与茶、征关市而算舟车,尚有可为之法。以苟一时之用。自汉、魏迄今,其法日增,其取日细,今取民之法尽矣。昔者赋外之征以备有事,今取民之法悉以冗费而糜之矣。""古者刻剥之法,本朝皆备"的情势下仍然不足以"应副得足",甩给了神宗、王安石一个很大的难题。

北宋时期的税收及类税收理财项目是一个繁复芜杂的系统,可以归纳为:

5+5+5+11+8+2+2+2+4+x+2+x

第一个5,指赋。五大岁赋构成北宋税收体系的主干:公田之赋、民田之赋、城郭之赋、杂变之赋、丁口之赋。

第二个5，指榷。主要是对盐、酒、茶、矾、香的专卖。

第三个5，指役。以着落于人民身上的职役负担而论，计有衙前主要运送官物或看管府库或管理州郡长官厨房；里正、户长、乡书手掌管催督赋税；承符、人力、手力、散从官供州县衙门随时驱使；耆长、弓手、壮丁逐捕盗贼。还有县曹司至押录，州曹司至孔目官，下至杂役、虞侯、栋掏等，不可悉纪，各以乡户等第定差。据聂崇岐考证，宋代的色役还有节级、客司、书表司、通引官、厅子、解子、坛子、斗子、库子、揞子、典吏、承引官、学事司、斗级、揽户等多种名目。

其中11，指基于田赋的附加或预征，包括头子钱、义仓税、农器税、牛革筋角税、进际税、蚕盐钱、曲引钱、纳醋息钱、带钞发纳钱、纲脚暗脚钱、市例钱等。①

其中8，指矿冶之课，包括金、银、铜、铅、锡、水银、朱砂、矾等品类。北宋时矿冶场较少，至英宗治平年间有271处，南宋绍兴年间则狂增至1176处。

第一个2，指农业类税收的扩张处理：支移即"移此输彼"，人为加大百姓负担；折变"既以绢折钱，又以钱折麦"进而"一合之粟转为釜，一缕之布直为尺"。

第二个2，指近于捐输的商业操作：入中、入刍粟。因为西北和辽夏作战，边防紧急，刍粟与兵费时常供不应求，于是募民捐献。捐钱者谓之入中，捐实物者谓之入刍粟。凡入中和入刍粟者，由政府发给证券，商人可以凭借这些证券于指定的时间到指定的地点收购官卖品。这种办法，两相得便，政府可以救急，商人可以获利。这些证券中最为重要的是"盐钞"，为商人所乐取。

第三个2，指来自国际贸易的税收，即榷场税和市舶税。

其中4，指变相的税收索取，分别是和买、和籴、科买、配卖。和买，是规定按田亩多寡强制征购民户一定数量的帛绢。和籴，是指征购粮草以

---

① 孙翊刚、董庆铮主编：《中国赋税史》，中国财政经济出版社1987年版，第145页。

供军需。科买指官府随时所需要的物品由商业和手工业组织的各种"行"负责供应。配卖指官府把征收的各种实物税类，在长期积压甚至变质后强行摊派给坊郭户。和买、和籴、科买最初属于善政，因为讲究优价，有让利于民的初衷。后来多是低价索取，便成了虐民。

第一个 x，指商税。"艺祖开基之岁，首定商税则例，自后累朝守为家法。""国朝之制，凡布帛、什器、香药、宝货、羊豕、民间典卖庄田、店宅，马牛驴骡橐驼，及商人贩茶盐皆算"。过税，每千钱算二十；住税，每千钱算三十。

第四个 2，指商税的附加，主要是力胜钱和溪渡钱。

第二个 x，为与日俱增的杂税。就熙宁之前而言，有印契钱、牙契钱、经总制钱、市例钱、板账钱、月桩钱、上供钱、免行钱、河渡钱、屋税、枯骨税、称提钱、竹木税等。叶适谓："经总制钱之窠名既立，添酒、折帛、月桩、和籴，皆同常赋。"

我们可以从历史地理学的角度认知宋朝所处的区位和时代特质。首先，它处在大中华幅员上多个政权并立的格局下。从北宋建隆元年即北宋开国的960年，到南宋祥兴二年即亡国的1279年，在匹配于今天我国的版图，先后出现了北宋、辽、西夏、金、南宋、元等多个政权，以及吐蕃、高昌回鹘、喀喇汉、于阗、大理、西辽、黄头回纥等少数民族或部族政权，分治与对抗的国际关系横亘宋朝存在的320年。其次，在经济文化多方面，宋王朝处于一种高地、主导地位，相对成熟的封建经济关系对落后的氏族制、农奴制、原始农业既有一定的引领性，又有相当的诱惑力。最后，宋朝的经济发展十分迅猛，而游牧民族的生存环境因为气候等原因雪上加霜，进而刺激了北方民族的攻击。

呼应着唐宋间的重大变革，宋代经济在相当程度上达到了中国古代社会的巅峰。有人甚至论证，在科技、劳动生产率、城市化等方面，到明清也没有赶上宋朝。王安石所在的时代，正处于一个由封建农业文明向商业文明转变的关键点。市场经济的发达程度，从铸钱数也可以看到。唐代每年铸钱二三十万贯，就足够了；宋代从早期的二三百万贯到神宗年间的

500万贯,加上铁钱600万贯,还有新发明的纸币交子等,仍然不够用,交换规模大大扩张。反映在税收形态上,之前和之后诸朝大抵都是以农立国,而宋代独不然,且不说版图较大的北宋在熙宁时期商税已经到了一个不容小视的当量,即使是只占北宋国土五分之三的南宋,商税加专卖收益已经超过农业税的收入,改变了宋以前历代王朝农业税占主要地位的局面。商税加上同样加之于工商领域的榷,已经远远超过两税正供,这恰是宋代已经跨越进入农商社会的一个佐证。太宗时商税收入400万贯,到仁宗时,每年近2000万贯。太宗至道末年赋税收入3559余万贯,当时的农业两税收入为2300余万贯,仍占主体地位。可到了神宗熙宁十年,赋税收入7070万贯,农业两税收入为2100万贯,已经退居次席。征之于土地与人丁的两税,在北宋仁宗时还能占近60%,到南宋的绍兴末年和淳熙末年已经滑落至20.4%和15.3%![1]

在如此局面下的理财,必然需要开发出新的不致引发民众反感的税源、税柄或"遗利",而像刘晏所言"如钱流在地上"的未尽之利已经基本上罗掘俱穷。曾巩曾谓:"自时以来,兵薄既众,他费稍稍亦滋,锢利之法益急。于是言矾课则刘熙古,深茶禁则樊若水,峻酒榷则程能,变盐令则杨允恭。各骋其意,从而助之者浸广。自此山海之入,征榷之算古禁之尚疏者皆密也。"[2] 说来滑稽,宋朝这个号称百年无内乱的王朝,只是没有如同黄巢、李自成、太平天国那样蔓延大片国土因而很是沉重地打击了王朝统治的大规模起义而已。关履权曾经罗列出两宋历史上较大规模的75场起义,平均四年就有一场。[3] 南宋孝宗统治的二十八年,曾总合乾道、纯熙两个年号而称为"乾淳之治"。时人对它有这样的浮词称颂:"朝廷无事,四方宁谧。士深厚而成风,民富饶知义。负者歌,行者乐,熙熙侃侃,相期于咸平、庆历、元祐。"可是,张家驹罗列了这个时段十八场千

---

[1] 漆侠著:《宋代经济史》,中华书局2009年版,第444页。
[2] 《元丰类稿》卷四十九《管榷》。
[3] 关履权著:《两宋史论》,中州书画社1983年版,第182—186页。

人以上规模的农民起义加以反驳。① 有意思的是，宋代农民起义的组织者如王小波、方腊、钟相、赖文政大多是"中产之家"，而起义队伍中多茶贩、茶民、盐贩、盐户等，比如王小波、李顺、赖文政都是茶农茶商。考察起义的缘由，大多可以从税权之政寻到端倪。

正是在这种捉襟见肘的尴尬态势下，虽承认"金谷之事，生平所不习"但仍然勇于任事的王安石，提出了他关于理财的两个崇高原则：一是"因天下之力以生天下之财；取天下之财，以供天下之费"。二是"民不加赋而国用饶"。理财是富于技术、艺术、心术地取财，而非不管不顾不由分说地聚敛。而且，理财有许多备选方式，非止征税一途。除了税收方式，还有商业方式、贸易方式、金融方式、价格方式、货币方式、公产方式等。但仍有一些算是隐蔽的税收，如那些以普遍地取之于百姓而无回馈的做法，尤其是运用了国家强制力而非两厢情愿的做法，如终至"官不给钱而白取之"的和籴，如巧取豪夺的"花石纲"，如那些完全没有约束的楮币发行。王安石强调"民不加赋"，自然是给理财活动增加了限制。在古代，"田赋"的初始意涵是基于农田、农民、全民的征取。这一方针的出发点，自然就是不准备对雪上加霜的升斗小民再事诛求。"民不加赋而国用饶"有两大义理和实践渊源，一是桑弘羊；一是刘晏。更何况，不立田制、不抑兼并、不加田赋是宋廷的既定国策，"不加农田之赋"甚至被传说写进了太祖誓言碑，由此，两宋的诸多理财者，如本章涉及的王安石、蔡京、贾似道都默认了尽可能不对农民增负。即所谓："度茶盐酒以完岁用，勿增赋敛以困黎元。"②

不过，这样的期望遭遇了讲究"养其本原而徐取之"的司马光的嘲笑："善理财之人，不过头会箕敛，以尽民财。""天地所生，货财百物，止有此数。不在民间，则在公家。桑弘羊能致国用之饶，不取于民，将焉取之？"

---

① 《张家驹史学文存》，上海人民出版社2010年版，第255页。
② 《宋史·食货志》。

二、法意先王

心仪孟子和商鞅的王安石，渴望着成就得君行道的帝王师。而少年好学的宋神宗，也确实将王安石视为"师臣"一样看待。像每一个好为人师的先生一般，王安石对"躬亲庶政，无流连之乐，荒亡之行，每事惟恐伤民"的宋神宗时常祭出他的"诲君四连"：哄之、唬之、导之、策之。其中最有效的一招，便是法意先王、"诵法三代"。

甫一抵京便得到"越次入对"待遇的王安石回答神宗的第一个问题时，便甩出了这一"杀手锏"。神宗问："唐太宗如何？""干嘛要问唐太宗呢。尧舜要比他境界高多了。""道有升降，处今之世，恐须每事以尧舜为法。"这一回答，"四连"全用上了。

在"末世学士大夫不能通知圣人之道故常以尧舜为高不可及"的情况下居然说先王之道"至简而不烦，至要而不迂，至易而不难"，这巨大的心理和知识落差立时横亘于君相之间，一方面增进了对神宗的激励，达成了"哄"的效果；一方面揭示了目标之远阔，达成了"唬"的预期；一方面明示了施政的方向，起到了"引导"的作用；一方面赋予神宗巨大的希望，产生了"鞭策"的动力。当神宗表现出"自觉材质平庸，恐不足与有为"的不自信时，王安石诲君不倦："唐太宗行义至不修，陛下修身与尧舜无异。""陛下圣质高远，当慕尧舜三代圣王。如汉宣帝，不足以信。"就是因为建立起了这样类比师生的相处场景，君臣之间的关系迅速融合为一："荆公既耻其君不为尧舜，而神宗闭门毅然以学尧舜自任，则荆公之事业，皆神宗之事业。""君以尧舜其民之心，坚主于上；臣以尧舜其君之主，力赞于下。"

王安石的这一华丽出场，引来一众惊艳。"三代以来，书生得君自安石始。其始见神宗也,直以文帝、太宗不足以法者为言,复以魏征、诸葛亮之不足以为者自任,此其智识之卓然,又皆秦汉以来诸儒所未闻者,所谓择术讲学之方,虽孟子告君,殆不是过,人主安得不信其知道哉?""三代以下,人君之信任其臣,孰有笃于神宗者哉!一入安石之言,则惟其言之是信。虽以母后之亲、大臣之旧,皆不入一语。"①"得君之初,与人主若朋友,一言不合己志,必面折之,反复诘难,使人主伏弱而已。"

就是在这样的空前信任下,在其七年两度为相的过程中,界分为军事、教育、理财旨在实现"富国强兵"的三大板块为王安石变法拉开了帷幕。虽说理财并非王安石的强项,可遍读诸书的他也并不觉得有多么陌生。自小抱定"得因吏事之内力,少施其所学"志向的他,总是不能回避皇帝对自己的知遇托付:"养兵备边,府库不可不丰。"儒家虽不重理财,可也不回避理财。不是有"孔子为委吏则求会计之当,为乘田则务牛羊之茁"的先例吗?因此,尽管未必出于深思熟虑胸有成竹的妙算,甚至有一些是"从以前个别、局部的改革实施发展来的"②,毕竟投入了相当的精力,且都能寻到与先王之道的渊源。就变法中的理财措施而言,依其路向,可以分成五组:

● 均输法、漕运。均输法是对不论征收或籴买的各种物品,"徙贵就贱,用近易远"。如此可以把东南六路日益富饶的物资,与不富饶的地区相互调剂,"稍收轻重敛散之权归于公上,而制其有无",便转输,省劳费,去重敛,宽农民,也对久受"支移""折变"之苦的纳税人有所解救。

均输法有着明显的"师承",皆自桑氏,一为均输一为平准。漕运则在很大程度上是模仿刘晏:"始募客舟与官舟分运,互相检察,旧弊乃去。岁漕常数既足,募商舟动至京师者,又二十六万余石而未已云。"

● 青苗法、市易法。在农村行青苗法,其远承常平法,近接王安石在鄞县的经验和李参在陕西的尝试,也就是将原来常平、广惠仓敛散法加以

---

① 丘浚著:《世史正纲》,海南出版社2005年版,第565页。
② 漆侠著:《王安石变法》,上海人民出版社1959年版,第70页。

改造和扩大而成的。① 其益在"赈贫乏,抑兼并,广储蓄以备百姓凶荒"。"与先王之法挂钩的是:'是亦先王散惠兴利,以为耕敛补助、衰多补寡而抑民豪夺之意也。'"

在城市设市易务,建常平市易司吞吐物资,参与交易平抑物价,"结保贷请,一也;契要金银为抵,二也;贸迁物货,三也"。"求良贾为之辅,使审知市物之价""贱则少增价取之,令不至于伤商;贵则少损价出之,令不至于害民"。这一做法很快就收到了成效:"皆得消息盈虚,翕张敛散之。"市易法与《周礼·泉府》郑玄注的"国服之息"联系紧密。

• 募役法、免行钱。募役法是北宋君臣长期以来对役法尤其是"最病民之差役制"进行研判的阶段性成果。因为民困于重役,募役之议早有酝酿。至王安石变法,遂确定"计产定赋,募民代役","释天下之农归于田亩"。与先王之政相联系,免役之法出于《周官》府史胥徒,《王制》所谓"庶人在官"者也,合于先王便民出财以初在官庶人之意。募役法实际上就是一种役改税、"易征徭之性质为赋税之性质"。它包括了三项收入:当第人户以等第出钱,名"免役钱";其坊郭等户及未成丁、单丁、女户、寺观、品官之家旧无色役而出钱者,名"助役钱";雇直既已足用,又率其数增取二分,谓之"免役宽剩钱"。

免行钱就是免去商行组织的行人等第缴纳实物、"给限供纳"的"行户祇应",改为逐户缴纳定额现钱,官府所需物品按市价收买。手工业各行无须再向政府直接供应各种硬性摊派的物资。免行钱在汴京地就涉及170余行,6400家行户,一年共出缗钱4.33万贯余。如此说,免行钱可以视为一种从未正规化的摊派转化为正规税收的处置。

• 农田水利法与方田均税法。太宗、真宗、仁宗诸朝都曾经搞过均田税,郭谘和孙琳的千步方田法甚至可以说是方田均税法的早期尝试。仁宗景祐年,郭谘曾在洺州、蔡州以千步方田法括定民田,查出无租之地,免除无地之租,收回不少逋赋。《农田利害条约》规定:各地兴修水利的用

---

① 汪圣铎著:《两宋财政史》,中华书局1995年版,第44页。

费由当地居民按照户等高低分担，不足部分向政府贷款。这又可以视为一笔因户等而有负担轻重的课税。

● 茶税与矿税抽分。两者属于榷改税：榷茶改成官收茶税，"民自贩运"。而矿山开采则"依熙宁法，以金银坑冶召百姓采取，自备物料烹炼，十分为率，官收二分，其八户许坑户自便货卖"。

如果说"资之以天地"和"民不加赋而国用饶"是王安石理财的终究指归，在大自然里的新生税源还没有来得及涵养开拓的情况下，摧抑兼并分豪强之利成为王安石的应急预案。他的设计思路：一是"理财以农事为急，农以去疾苦，抑兼并、使趣农为急"；二是"均天下之财"；三是"抑兼并，济贫乏"；四是"较固法""均无贫"；五是"榷法不宜太多"。在这个设计思路下，王安石是将天下之利着眼于贫富分化上。既然"今天下税赋不均，富者地广租轻，贫者地蹙租重，由是富者益富，贫者益贫"，王安石变法就是继续扩张在宋朝已经颇见规模的官经济体系。"盖本孔子不患寡而患不均之意，而谋以权制兼并，均济贫乏以收利权以通天下之财。而其所谓利权者，上不在官，下不在民，而在于兼并之家，夺之于兼并之手，而还之于国家。此即介甫所谓理财乃所以义者也。"

探究王安石变法中的税收元素，均输和漕运是对税钱、税物的商业处置，可以视为对既定税收成果的流转增益；农田水利法强调了按照税收方式的民间集资，如隋唐对常平、义仓的处理方式相似，呈现一定的税收色彩；方田均税法，是在强调平均公平的情势下的税源增广或调剂措施；茶税和矿税，是典型的榷改税；募役法和免行钱，是役改税和摊派改税；最为含糊的是市易法和青苗法，本来是金融或商业措施，却因为强调了较之于常情相对略高的"息钱"处理，而呈现为一种心理感知上的新税。如此说，王安石变法貌似不是税制改革，却胜似税制改革。募役法本来代表了在商品经济日益发达下役转税的一个潮流，可因为局部服役的特定役法助役钱的引入而变成了普遍受役，还设置了宽剩钱的增加值，使得募役法成为一项加强版、加重版的税收名目。诚然，王安石对他不得不借用了许多税收手段，也有辩护："陛下以为科敛甚重，以臣所见，今税敛不为重，但兼并侵牟尔,此荀悦公家之患优于三代,豪强之暴酷于灭秦。"

这与王安石所声称的"民不加赋而国用饶"呈现出巨大的差距。这是一场典型的加税性改革,怎么可能说是民不加赋呢?而且,甚至因为青苗法这种隐税而违背了不课农田、不伤农民、不普遍加收的基本默契。于是乎,王安石变法中的最大争议,便起自于那些隐具或显具税收资质的措施。伊沛霞如此说:"新政中争议最大的是对农民实施青苗法,将劳务换为税收的募役法,以及征收商业税并使政府参与贸易的市易法。"[①] 当年荆公、温公争论时,司马光一针见血地指出:"不加赋而国用足,不过设法阴夺民利。"对于荆公变法的核心诸事,司马光则诉之:"一是青苗法使百姓负债而官无所得;二是免役法养些浮浪之人;三是市易法与民争利;四是经营西北侵扰四夷;五是保甲法滋扰百姓;六是兴修水利劳民废财。"这些指斥,可以说是招招刺痛了王安石的软肋,因为这些本是他的得意之笔:"惟免役也,保甲也,市易也,此三者有大利害焉。得其人而行之则为大利,非其人而行之则为大害。""故免役之法成,则农时不夺而民力均矣;保甲之法成,则寇乱息而威势强也;市易之法成,则货贿流通而国用饶矣。"不是从天地所生的资源中新辟利孔"访求遗利",而是从已经有的盘子中分割调剂,无论如何有眼高手低的感觉。

这不能不让人置疑他法意先王的水分。他"好学泥古",但终究不是古人之言,尤其不是尧舜之言。在很大程度上,王安石的"先王之法"每每暗自替换为"周公遗法"或"敛散之术",继而与后世管子、商鞅、桑弘羊、刘晏的心法划上等号。就是说,"安石以汉桑弘羊与唐刘晏自任,而文之以周官之法、尧舜之道,师心自用"。梁启超说他:"景公之于齐,子皮之于政,司城子罕之于宋,皆以斯道得民,而荆公则师其意也。"范纯仁说他:"舍尧舜知人安民之道,讲五霸富国强兵之术。尚法令则称商鞅,言财利则背孟轲。"从立意境界之高妙到实施技法之写实,这么大的反差不由得会让读史者感觉失望。毕竟,在"民不加赋而国用饶"这个标

---

① [美]伊沛霞著,韩华译:《宋徽宗》,广西师范大学出版社2018年版,第46页。

准下，王安石做的并不比桑、刘更聪明隐蔽。但王安石也承认自己的"托古改制"，本意是为了减轻阻力："法其意，则吾所改易更革，不至乎倾骇天下之耳目，嚣天下之口，而固已合乎先王之政矣。""扬尧舜以震其君，而诱之以易；揭尧舜以震廷臣，而示之以不可攻。"① 如四库馆臣所言："安石之意本以宋当积弱之后，而欲济之以富强，又惧富强之说必为儒者所排击，于是附会经义而钳儒者之口。"而这，恰是王安石的性格。

尽管在"民不加赋"方面存在着一定的争议，"国用饶"的目标却是很快实现了。改革期间，政府货币性收入比仁宗末年增加了六成多，②"迨元丰间，年谷屡登，积粟塞上盖数千万石，置四方常平之钱不可胜计"。"合苗役税役，所入乃至六千余万贯。""封建国家在均平徭役的口号下扩大了赋敛征收面，得到大宗的役钱，其剩余部分也成为国库中一笔重大项目。以熙宁九年为例，役钱总收入 10414553 贯石匹两，而总支出为 6487688 贯石匹两，就剩余了 3926865 贯石匹两。"③ "中外府库无不充裕，小邑所积钱米亦不减二十万"，统算所得，"以为经费，可以支二十年之用"。到了徽宗时期，还是"余财羡泽，至今蒙利"。每一项改革措施都似一棵摇钱树，熙宁六年青苗钱利息达 292 万贯，熙宁九年的免役宽剩达 392 万贯。神宗仿效太祖"特令封桩以待边用"聚金帛内帑建立元丰库，并赋两诗，每库以一字揭之："五季失图，猃狁孔炽。艺祖建邦，思有惩艾。积帛内帑，基以募士。曾孙继之，敢忘厥志。""每虔夕惕心，妄意遵遗业。顾予不武资，何日成戎捷。"

平均每四年一次的民变，神奇般在熙宁八年销声匿迹。不仅社会秩序相对平稳而且迎来了生产力的大规模解放。如果说宋代的社会生产，在整个封建时代居于两个马鞍型的最高峰，那么可以说，王安石变法时期的社会生产，则居于这个最高峰的最高点。④ 毕竟，以王安石为代表的变法派

---

① 王夫之《宋论》卷六。
② 包伟民、吴铮强著：《宋朝简史》，浙江人民出版社 2020 年版，第 71 页。
③ 漆侠著：《王安石变法》（增订本），河北人民出版社 2001 年版，第 138 页。
④ 李华瑞著：《宋史论集》，河北人民出版社 2001 年版，第 113 页。

站在地主阶级和专制主义统治的立场上,强调了抑制豪强兼并势力(由大官僚、大地主和大商人、高利贷者组成),稳定中间阶级(中下层地主阶级与上层农民),缓和对广大劳动人民的剥削,以巩固封建统治。因为这一点,"故士大夫豪右不能无怨,而实则农民之利"。从税源开发的角度而论,"这次改革给宋封建国家扩大了赋税的征收面。在扩大赋税的征收中,大地主、大商人以及前此享有免役特权的品官之家的负担相对增加了;以农民为主体的劳动生产者的负担则相对地减轻了"。

即便"以不世出之杰,而蒙天下之垢",王安石毕竟激流勇退,潇洒归隐,保全了一个儒生的人格尊严。政和三年的《王安石封舒王制》中,对他也算有了一个合法意义的盖棺定论:"学术精微,足以穷道奥;器识宏远,足以用事几。负命世亚圣之才,有尊主庇民之志。入辅机政,延登宰司。力赞斯文于将兴,独为多士之先觉。若伊尹佐佑厥辟;若周公勤劳王家,用斯年而变俗。千载之遇,万世有辞。"①

延伸而言,"王安石为神宗变法,大取民财与力,而用之也,在于兵"。王安石主王韶、章惇主王赡、蔡京主王厚三次用师,颇有建功。"熙宁五年到六年,王韶收复了河湟;六年到八年,章惇平定了湖南路的蛮夷;其间熊本又讨平了四川路的蛮夷,九年,又征服了交趾"。虽然之后宋神宗和宋徽宗分别对西北用兵时遭遇了失败,至少自王安石时代起,强兵的效果初现。

可这显然远远不能让王安石志得意满。从功利面上看,他既完成了神宗"富国强兵"的委托,也做到了全身而退,又受到了相应的封赏,就他个人而言,他是成功的。可相对于预期目标,即"变风俗,立法度",无奈的他半途而废。再从审美面上看,即"资之天地""民不加赋而国用饶"而言,他根本来不及和缓地培植税源、开发利孔,而不得不采取急功近利地劫富济国,即"损有余而补不足""均天下之财,使民无贫"的急躁手段,这一点是不成功的。"民不加赋"而资之以天地的潜台词,应该包括

---

① 《宋大诏令集》。

兴修水利、发展生产，诸如垦荒、煮海、采山、铸钱，以及交通运输，打击囤积居奇，稳定物价，保证供应，蠲租免税，赈灾救困，而这些开源性的工作，他都没有来得及做到位。王安石初执政，即分诸路常平官，使专领农田水利。吏民能知土地种植之法，陂塘圩埠堤堰沟洫利害者，皆得自言，行之有效，随功利大小酬赏。其后在位之日，始终汲汲尽瘁于此业。史称自熙宁三年至九年，府界及诸路所兴修水利田，凡一万七百九十三处，为田三十六万一千一百七十八顷云，可这只能算是一个开头。王安石力主抑兼并、倡公平，却又只能以兼并摧兼并，以朝廷的兼并取代上层富豪的兼并，因此变法及发展生产所带来的巨额社会财富真正留给百姓的并不多，只是从富豪手中集中转移到朝廷府库而已。而且，王安石的抑兼并"未能大困兼并"，毕竟，他不是为了唱衰商贾。"盖制商贾者恶其盛，盛则人去本者众。又恶其衰，衰则货不通，故制法以权之"。在王安石退出

辽上京遗址内蒙古赤峰市巴林左旗出土的宋崇宁四年司户参军银铤。宋各州置司户参军，掌户籍、赋税、仓库缴纳等事。北宋银铤现身辽上京遗址，为宋徽宗生日贺银，因澶渊之盟纳贡而送至辽国

后，他的新法遭遇清算，后来甚至被认为是北宋遭遇灭国的始作俑者。再后来，他甚至被认为是从宋理宗的"万古罪人"到一步步强化为周德恭笔下的"古今第一小人"。

历史加之王安石的千年毁誉，都来自于连王安石都未必满意的新法。王安石曾经征询自己学生陆佃的意见。陆佃的回答很委婉："法非不善，但推行不能如初意，还为扰民。"这可以作为历史上人们对王安石变法较为折中的意见，毕竟肯定变法是出于"良法美意"。其实，更理性的判断可能是：诸法未必尽善，推行尤滋弊端。"一人立标，万人射之。强者嫌其近，弱者恶其远。岂标有远近哉？亦射者之力不同耳。安石敢为异议而不顾，其才力气勇，必有大过人者，特急于见功，知有己而不知有人，知有利而不知有害，故其为法也，既无不善，以刚狠暴戾之心行之，宁有不为民害者乎，况乎其未能尽善也。"当年的嘉祐四友，即王安石、吕公著、司马光、韩维，另外三个尤其是对王安石受到重用推波助澜的韩维都成为新法的反对者，也间接说明了一定的问题。顶层设计纵有一些纰漏尚可以理解，最大的问题还在于基层官吏们出于自身的人格假设和主观能动性而对新法做出的扭曲甚至败坏，"聚敛小臣希进妄作"，"务敛之多而行之峻"。黄仁宇当年对王安石的评价，其实也是把现代观念强加给理想中的他进而显得更加虚幻："当王安石对神宗说出不加赋而国用饶，他无疑地已经知道可通过信用贷款的办法刺激经济之成长。当生产增加货物流通时，即使用同一税率也能在高额的流通状态里收到增税的结果。这种扩张性的眼界，与传统的看法不同，当时人的眼光将一切视为不能改变的定数。因此王安石与现代读者近，而反与他同时人物远。"

加之于王安石身上的漫天毁誉，从他开始变法的第一天就不曾中断过，甚至一路延续到了他千岁诞辰的今天。千年来基于王安石分出了两个泾渭分明的阵营："自来论介甫，其毁之者，凡一谋一法，只须谋其法出之介甫，则不问事实，而一切有非而无是。其欤之者，则又只须其谋出于介甫，则不问事实，而一切有是而无非。"如此大的毁誉，也让他像一个"幽灵"，飘荡在两宋甚至两宋以来的历史天空之上，凡遇理财，无不呈现重大分歧。对于理财之人，也大多以奸佞名之，一番番挑起义利之争。孰不知，当一个王朝开始讲究理财，就已经说明，这个王朝已然走向衰落。毕竟盛世里的支出少而收入多，压根不需要锱铢必较的上穷碧落下黄泉。王安石之后，这样的毁誉还将牵涉蔡京、李椿年、贾似道的身上，所不同的是，后三者的下场更惨。以此而论，王安石是理性的。他在变法中就已经意识到了危机，进而选择了急流勇退。对于神宗褒"言财利，恐不须问他行义"，安石谓："今欲理财，则须使能。天下但见朝廷以使能为先，而不以任贤为急；但见朝廷以理财为务，而于礼义教化之际未有所及，恐风俗坏，不胜其弊。陛下当深念国体，有先后缓急。"严格说来，他自己也是这场变法的反对派。

三、毁誉纷呈

王安石变法触发了北宋政治风向上的一个不良倾向——党争，这个倾向可能是导致北宋灭亡的诱因。士大夫之间相互攻击，惑乱人主，结党营私，甚至置皇帝、国家安危于不顾，最终酿成北宋靖康之耻的惨剧。

据《枫窗小牍》记述，王安石当政时，在相国寺壁上出现了一首字谜诗，颇是可以佐证人们对于变法的反对在很大程度上来自于儒生之间的一种对抗游戏，未必痛切关乎利益和政见，而更多的是一种对潮流的劣根逆反。该诗写道："终岁荒芜湖浦焦，贫女戴笠落柘条。阿侬去家京洛远，惊心寇盗来攻剽。"经苏轼解释，此诗的谜底是：青苗法，安石误国贼民也。[①]

久被冷落的王安石的脱颖而出和厉行变法，从一开始就触犯了"官

---

① 《中国历代诗话选》，岳麓书社1985年版，第509页。

愤"。在他两度为相的8年中，官僚高层对他的狙击不绝如缕。一反历届官家对"异论相搅"家法的运用，宋神宗对这些反对派采取了严厉的贬窜措施：恰因为神宗对安石极为信任，为确保变法成功，所以采取了对反对派悉加贬窜的非常手段。必须说，这样的极端做法激化了后来的党争局面。王桐龄写道："神宗之初行新法也，元老大臣与谏垣，多群起与王安石为难。神宗不听，则投劾而去，以自成其名。甚或身为方面，而戒州县勿得奉行朝令。其人既属巨室，为士庶所具赡。则凡不利于新法者，皆得以依附，以簧鼓天下之耳目，使人民疑所适从。神宗不得已，乃左迁翰林学士权知开封府郑獬知杭州，宜徽北院使王拱辰判应天府，知制诰钱公辅知江宁府，御史中丞吕诲知邓州，知谏院范纯仁知河中府，判尚书省张方平判应天府，知审官院孙觉知广德军，御史中丞吕公著知颖州，参知政事赵忭知杭州，枢密使吕公弼知太原府，翰林学士司马光知永兴军，知开封府韩维知亳州，御史中丞杨绘知郑州，出同平章事富弼知亳州，解判相州韩琦河北安抚使，出枢密使文彦博判河阳府，听翰林学士范镇、知蔡州欧阳修致仕。而选用韩绛、吕惠卿、元绛、曾布、李定、邓绾俱御史中丞等以代之。"这样的极端处置，并不足以吓阻反对者，相反，他们的参与者更多，势头更猛，花样更多，生生把本来就孤僻高傲的王安石逼到了一种更为孤独逆反的状态："岩岩元老，梗之于上；岳岳台谏，哄哄于下；而荆公以孑然一身，挺立于其间，天下之艰危，莫过是也。"

被"借以弹击之权，养其敢言之气"惯坏了的官僚士大夫阶层，虽然久已习惯了"因循、疲沓、苟且度日的萎靡气局"，可对志欲做事的执政横挑鼻子竖挑眼穷追猛打必欲毁之而后快的作风，却一直保持着。"以敌视当权为勇敢，以反对法令为高超，以言事得罪为无上的光荣。"[①] 由于开国以来，过度优礼读书人，养成其在政治上的气焰，以致士大夫议论太多而不重实。《宋史·食货志》谓："宋臣于一事之行，初议不审，行之未几，即区区然较其得失，寻议废格。后之所议未有以愈于前，其后数人

---

① 张荫麟著：《两宋史纲》，北京出版社2016年版，第140页。

者,又复訾之如前?"神宗当时就未分清楚:"更张法制,于士大夫诚多不悦,然于百姓何所不便?"文彦博强调:"是与士大夫共治天下,非与百姓共治天下!"一语道破了党争的底牌。更可乐的还在于,大家只是为了争,而不计较在争论什么。嘴仗一旦打起,十个人可能会有十三种观点。例如,苏轼、苏辙兄弟对于新法,有过三次观点的变化:"方庆历嘉祐,世之名士常患法之不变;及熙宁元丰,则又以变法为患。"元祐之中,苏轼又承认"吾侪新法之初辄守偏见""所言差谬少有中理者"。司马光早年曾上《论财利疏》主张募人充衙前,只是他不知这钱从哪出,待王安石变法作免役法,他又反对并主持废除,且在讨论免役法的利弊时支支吾吾,被章惇抓住矛盾之处一通数落,"前后自不能照应"。苏轼说他"专欲变熙宁之法,不复较量利害,参用所长"。

变法在朝廷的争论,可以视为王安石、司马光两个君子之间的政见之争。王安石和司马光都声称通过研究人类历史获得了各自的原则。王安石研究的是经书,司马光研究的是史书。王安石拓宽了政府行动的范围,而司马光则希望限制它。王安石构想了一个国家,不存在政府与社会、政治与道之间的差别。国家制度能够满足所有人共同的渴望与需求。但司马光的目的在于确保建立在现在社会基础上作为一种政治实体的国家的生存。王安石相信公共权力应该能对私人利益发号施令,司马光则认为这会毁坏资源,使民众与政府作对,政府便不能维护国家的秩序。司马光认为政府生存的环境背景是私人利益,私人利益可能会对政府维持国家的权力产生威胁。王安石对此也并非不同意,但他认为没有必要容纳那些富裕的、独立的家庭利益。[①] 司马光的理财观是"养其本原而徐取之",可这在当时危机的情势下是没有可取之处的。而且,王安石的农田水利法,也得从长计议。可"赋予新法以道德说服力的财富再分配和提高生产力两个目标,最终还是被国家的紧急财政状况压垮"。

[①] [美]田浩编,杨立华、吴艳红等译:《宋代思想史论》,社会科学文献出版社2003年版,第159—161页。

中国的官场久有儒道、吏道之分，两者各有优长。儒道指治国平天下的方略大计，这在诸家经典中多有讨论。吏道是指处理行政、司法、理财方面的技巧与才能，这些专门的学问就不是儒家经典所能包罗的了。如司马光这样的迂叟，理财必是知识盲点，自然不能指望他们富国强兵。而王安石儒法兼通，算是对理财诸术有所接触。他的以儒求法，恰是在利进之臣和经术之贤两者之间的折中。在财政危机面前，功利太露骨，道德不实用，惟守经达权者可以兼其长而去其短。司马光得自于经典的泛泛学说颇多，基本的出发点也大致一致，可惜失之于教条而无补于实际。不过，成事的能力虽然欠缺，拆台的本领却并不小。从后来司马光上台后大刀阔斧的废除新法行动，就可以见其本领：熙宁二年七月，颁均输法；九月，行青苗法；十一月，颁农田水利法；熙宁三月，立保甲法；熙宁五年，行市易法、保马法；熙宁七年三月，行方田均税法。元丰八年七月，罢保甲法；十一月，罢方田法；十二月，罢市易法；元祐元年闰二月，罢青苗法；三月，罢免役法。王安石花了四五年的时间详细论证逐一推出的熙宁新法被司马光仅用了8个月的时间废除干净，"先帝肉未冷，而诸法破坏尽矣"。

从王安石与司马光之间的互相点评中也能知道两者的不同。王安石强调的是两人的学养不同："窃以为与君实游处相好之日久，而议事每不合，所操之术多异故也。"而司马光则痛陈人格迥异："臣之于安石，犹冰炭不可共器，若寒暑不可同时。"

有一个故事也能够印证这样的反差：王安石听说司马光废除了他制定的募役法时，一向"刮磨世习"的他惊道："亦罢至此乎？"良久叹道："此法终不可罢。安石与先帝议之二年乃行，无不曲尽。"朝堂之上，章惇与司马光发生了激烈的辩论，并强调："至于役法，如以差代雇，须详议熟讲，或者才可行。"曾布抗拒："免役一事，法令纤悉，皆出己手，若令遽自改易，义不可为。"保守派苏轼也说："差役雇役，各有利害。要骤罢免役而行差役，怕不容易。"范纯仁也劝说："尤当熟讲而缓行。"但司马光一概不听。徭役的税收化、货币化倾向，从"两税法"到"一条鞭"

"摊丁入亩"是一股汹涌的潮流，标志着人身依附关系随着商品经济的发展逐渐向松解方向变化，可以说是一种进步。后来，随着元祐更化被清算，募役法也很快被恢复。之后的岁月里屡有绍述、绍圣、崇宁的逆反，也在某种程度上证明了确实"终不可罢"。

王安石、司马光谢幕后的北宋政坛成为朋党的角斗场。"朋党在反对王安石新法的斗争中确实起着主要作用。到12世纪70年代，王安石成功地将反对派挤出朝廷。王的反对者因于元祐时期（1086—1093年）在朝廷掌权而作为一个联合体仍足以推翻王的变革并施加压力将其同党扫出政权之外。朋党政治在王的同党掌权后升级为文字狱。1093年，支持保守主义的皇太后一死，皇帝就转向改革派一边。复辟后的变法群体主要由蔡京领导，从1093年至1125年控制朝廷30多年。他们仍然继续着王安石对国家财政税收的关注，却对其变革社会的理想目标熟视无睹。他们甚至比王安石更为强硬，专断地压制批评者和反对者。政治迫害包括一场波及面很广的文字狱，它使人们很少读到反对派领袖的著作，从而进一步抑制了11世纪的文化复兴精神"。[①] 过度的党争之后，君王与国家已经退居很次要的位置，因此，才会出现后来的情景：兵临城下，几个臭名昭著的家伙甚至逼迫两个皇帝出城到女真人的司令部去，而正是在那里，他们遭到俘虏，再也没有回到开封。

四、丰亨豫大

元祐中，司马光要求5天之内取缔免役法。全国范围内，只有开封知

---

① ［美］田浩著，姜长苏译：《功利主义儒家：陈亮对朱熹的挑战》，江苏人民出版社2012年版，第46页。

府蔡京做到了。绍圣中，章惇惑于采行哪种役法更好，户部尚书蔡京果断建言："取熙宁成法执行即是。"同样是针对王安石的募役法，蔡京轻言弃取心无挂碍，活脱脱一个政客而非政治家派头。当年王安石给他的"屠沽"评价，真是形象。

随着宋徽宗的即位，蔡京四度拜相，权倾朝野。此时的他再次拉起王安石的旗号，大言不惭地声称"吾固临川之徒也"。由此，作为王安石变法的余声，蔡京的理财活动横空出世。传说中"祖宗法惠民，熙宁法惠国，崇观法惠奸"的巨大分野，因此得以清晰呈现。

尽管"京以绍述神宗皇帝为名，实挟王安石以图身利"。"名义上遵用熙宁，未有一事合熙丰者"。① 但至少在形式上，他确实是学王安石最像的那个。如他对于古典中"唯王不会"的解说，就颇似继承了王安石强调开源而少言节流的风格。王安石曾经说过："陛下果欲理财，虽以天下自奉可也。""人主能以尧舜之政泽其民，虽竭天下之力以奉乘舆，不为过当。"② 在这个基础上，蔡京更进了一步，将《易经》中的"丰亨，王假之""有大而能谦心豫"发挥而成了"丰亨豫大"的堂皇理论，鼓动皇帝堂堂正正地"享天下之奉"。③

为什么王安石变法被"正人君子"屡番否定而仍然挡不住蔡京、贾似道等兴利之臣的一再崛起呢？新党兴利有术而旧党理财无门是一个根本性的原因。例如司马光，一方面指责王安石"舍是取非，兴害除利；名为爱民，其实害民；名为益国，其实伤国"；另一方面却是"寥寥焉无一实政见于设施"。④ 自元祐以来司马光等务散府库以结惠小民，以致财用匮乏。"大抵一岁所收钱谷、金银、布帛等物，未足以支一岁之出。"⑤ 理财这种看上去既不雅正却又难为的经世致用之术，是儒家的经典不屑研讨的。徽宗对蔡京，"贱之而不能舍之"，三度罢相而又四次拜之，恐怕还是因为蔡

---

① 《宋史·蔡京传》。
② （清）毕沅撰：《续资治通鉴》，岳麓书社1992年版，第932页。
③ 吴泰著：《宋朝史话》，中国国际广播出版社2007年版，第116页。
④ 王夫之《宋论》卷七。
⑤ 《续资治通鉴长编》元祐三年条。

京生财有道。伊沛霞证明了这一点。这位"财政管理的奇才"一上任就立即恢复了新政设立的一些财政机构和措施。1102 年 7 月，杭州与明州建立了市舶司，并将盐业专卖扩大到了东南地区。一个月后，恢复了免役法，以及哲宗在位最后几年实施的一些条款。又过了几个月，蔡京恢复了废弃已久的东南茶法专卖，这一制度很快就带来了大约 250 万贯的年收入，每年可以用这笔收入购买 15000 匹到 2 万匹马。1104 年 7 月，根据新测量的土地，与新政相关的土地税也得到恢复。到蔡京担任宰相的第三年，他已消除了财政赤字，甚至开始产生盈余。① 虞云国也认可蔡京是第一能臣：他在盐、茶、酒等国家专卖与役法、币制、漕运等经济领域大刀阔斧，以变法的名义确保朝廷严苛而有效地从生产经营者那里攫取更多的份额，即营造了"承平既久，帑庾盈溢"的虚假繁荣，也为宣和君臣们"丰亨豫大"的享乐主义奠定了雄厚的财富基础。②"创宣和库式贡司，四方之金帛与库藏之所储，尽拘括以实之，为天子之私财。"如果不是因为蜂拥而至的金兵铁骑令汴京梦断，徽宗眼中的蔡京简直就是比王安石还要完美的存在。"崇观以来，蔡京专国柄，托以为其策出于王安石、曾布、吕惠卿之所未工，故变钞法，走商贾，穷地之宝以左上用，自谓其蓄藏至五千万，富足以备礼，和足以广乐，百伎并斗，竭力相奉。""二十年间天下无事，无一夫一物不被其泽，虽儿童走卒皆知其所以为太平宰相。"王安石时代还没有足够的精力和财力建立起"大规模的福利事业"，"代表着对穷人应享有的最低福利水平彻底地负起责任"，如居养院、安济坊、漏泽园在蔡京治下纷纷建立，也从某种侧面证明着"丰亨豫大"局面的"存在"。宋徽宗陶醉其间，恍惚中真的认为已经处于清明盛世。他为黄河水清的祥瑞所赋一诗，可以佐证他的这份恍惚："清晓传邮凤报声，紫宸称贺集簪缨。乾崇来上新祥瑞，几夜黄河彻底清。"

---

① ［美］伊沛霞、韩华译：《宋徽宗》，广西师范大学出版社 2018 年版，第 90 页。
② 虞云国著：《从中州到钱塘》，中华书局 2021 年版，第 170—171 页。

立于宁波海曙广德庵的宋徽宗御笔碑,碑文内容有宋徽宗给当时明州太守楼异的敕谕,对填平广德湖造田增加税收予以肯定

可这份盛世错觉却是蔡京刻意营造的。这个时候的大宋,如宋人自谓:"心腹溃了。"① 何竹淇曾经做过一份统计,徽宗时期具有一定规模的民变达32起之多,尽呈末世之象。关键还在于,这些民变大都与朝廷的财税举措有关:"置花石纲而激两浙之盗起,科免夫钱而激河北京东之盗炽。"宋徽宗在他的罪己诏中也承认:"赋敛竭生民之财,戍役困军伍之力。多作无益,靡侈成风。利源酷榷已尽,而谋利者尚肆诛求。"在这些税收病民现象中,"西城所"与"花石纲"并驾齐驱。

"西城所"的前身,是宦官杨戬听说汝州可以种稻而设立的"稻田务"。政和六年,有人献计,将专门种植水稻的国有汝州稻田推行于府畿,改名曰"公田",准备将"南暨襄城,西至渑池,北逾大河"的大片民田,

---

① 张邦炜著:《恍惚斋两宋史论集》,河北大学出版社2020年版,第528、530、537页。

都搜刮为公田。此议得到杨氏的首肯，他派遣了一个名叫杜公才的人实施此事。"立法索民田契，自甲之乙，乙之丙，展转究寻，至无可证"，然后把土地抢劫为官，"度地所出，增立租赋"。这次公田法从汝州开始，"浸淫于京东西、淮东北，括废提、弃堰、荒山、退滩及大河淤流之处，皆勒民立佃。额一定后，虽冲荡回复不可减"。不仅将民有田亩掠为官有，而且把梁山泊等处也据为公田，"立租算船纳直，犯者盗执之"。据统计，"西城所"仅在京西汝州就强占民田三万余顷。这一政策随即推行至京西一路、京畿、京东、淮南、河北、浙西等地，凡逃田、天荒、草田、菇茭荡、退滩、沙涂等，均刮为公田，载于簿籍，强迫贫民佃种，缴纳公田钱。在实施刮田的过程中，官吏强征豪夺，惹起天怒民愤。李彦于宣和三年控制"西城所"后，派遣官吏在梁山泊一带大肆掠夺，"遍诸州县，自济、郓、濮、兴仁、广济等处为之骚然。迫胁官吏，抑勒细民，有不承佃者，便枷项送狱。人人愤怒，莫保性命。蒲鱼荷茭之利，皆日计月课，纤细无遗。遂致泺旁之人无所衣食者结集寇盗"。在京西，刘寄等人以唐、邓、汝、蔡等四州九县为掠夺对象，他们"取民间税田谓之公田，敛取无艺"。于是，"破产者比屋，有朝为豪姓而暮为乞丐于市者"。掠夺行径甚至达到明目张胆的地步，"凡民间美田，使他人投牒告陈，皆指为天荒。虽执印券皆不省，鲁山阖县尽括为公田，焚民故券，使田主输租佃本业"。

如果说"西城所"的胡作非为次第引发了宋江等人起义，则"花石纲"与方腊起义的关系却是直接的。政和三年，宋徽宗在宫城北兴建略小于皇宫的延福宫；政和七年又在东北修建规模更大的"艮岳"，称为华阳宫。直至北宋灭亡，修建工程还未完成。为了供应宫廷园林的超大规模开发，在两浙地区大肆搜寻奇花怪石，在苏州设立应奉局。方勺《青溪寇轨》言："迨徽庙继统，蔡京父子又引吴人朱勔进花石媚上。上心既侈，岁加增焉。舳舻相衔于淮汴，号花石纲，至截诸道粮饷纲，旁罗商舟，揭所贡暴其上。""纲运所过，州县莫敢谁何，殆至劫掠，遂为大患。""时朱勔以花石媚上，东南骚动，邓肃进十诗讽谏，末句云：但愿君心安百姓，圃中何日不春风。"方腊本是睦州青溪县西部山区邦源洞的漆园主，多次遭遇造作局敲诈性的掠夺，他对部众一百多人说："今赋役繁重，官吏侵渔，农桑不足以供应。吾侪所赖为命者漆楮竹木，又悉科取，无锱铢遗""吾民终岁勤动，妻子冻馁，求一日饱食不可得""东南之民苦于剥削久矣，近岁花石之忧，尤所不堪。"随即起兵，次月攻占青溪县城时，参加者超过万人。

"西城所""花石纲"虽与蔡京有关，但毕竟是他人所为。蔡京亲自主导的改革，名目繁多，眼花缭乱，且有相当的技术含量。他的"理财"主要在茶、盐、酒、货币和漕运五个方面。

茶法方面，蔡京先后几次改革，其要点有四：一是通过加强对园户和商人的管理，防止茶税的流失；二是扩大销售区域、疏通流通渠道，通过增加销量来获得更多茶利；三是通过榷货务和都茶务掌控茶利的收入；四是通过发运司将茶利的绝大部分收入集中到中央，剥夺了转运司对茶利的使用。

盐法方面，要点有三：一是以钱请钞，以钞请盐。二是盐钞屡变，对带、贴纳、循环变换不已。在盐钞变换的过程中，盐商的盐利被剥夺，政府收入不断增加。三是积钱于中央，地方漕计困乏，转嫁负担于民众。蔡京推行钞法于江南，以通商法代替官般官卖，将从前应付各方面支用之钱，大部分集中于中央。如东南盐，在官般官卖制度之下，和买民间绸绢，岁给蚕盐钱以偿其价。自崇宁行钞法以后，东南盐课悉归朝廷，转运司无以支拨补助州军经费，"州县横敛起矣"。

榷酒制度方面，"东南酒课之入，自祖宗时悉以留州"。从北宋中期开始，政府偶尔下令天下酒课增添酒价，以其部分增添之钱起发上供，酒利的分配关系出现变化。但当时起发上供酒利的数额并不大，而蔡京的榷酒制度起到了一个承上启下的作用。进入南宋后，酒利在中央财政收入中的比例迅速扩大。①

货币改革方面，主要是行使当十钱和夹锡钱。崇宁元年，先铸当五

---

① 包伟民著：《宋代地方财政史研究》，上海古籍出版社2001年版，第97页。

钱；第二年，铸当十的"崇宁重钱"；第三年专用"当十钱"。其含铜量只有四成，利润有四成，即贬值三分之一强，民间大为不满，甚至罢市以拒。其在政治压力下虽得以流通，但信用不足，人民售物，市有二价。另外，苏州发生盗铸，至兴大狱。私铸当十钱，质量更劣，以至"买卖阻滞"。自崇宁五年始复铸"小平钱"，物价才渐稳定。

蔡京的劣政可举者还有对般输法的破坏。据《宋史》记载，"崇宁初，蔡京为相，始示羡财以供侈费，用所亲胡师文为发运使，以籴本数百万缗充贡，入为户部侍郎。来者效尤，时有进献，而本钱竭矣；本钱既竭，不能增籴，而储蓄空矣；储积既空，无可代发，而转般之法坏矣"。宋都于汴，主要是利用汴河，集中四方之粟以运京师。至于陆路之粟，则自真州转般输至京师。而诸州回船则自真州购盐，以互得其利。至胡师文献羡余，各仓已无籴本，而盐法亦遭破坏。结果财用大增，遂有"大观东西库"之设。但漕运之般输法废。

蔡京通过茶、盐、酒、货币的改革将大量财赋集中于中央，并强化对地方的控制。蔡京的上下其手，很快就收到效果。左藏库以前每月支费36万贯，徽宗时增加到120万贯。制度上不失创意："茶法自政和以来，官不置场收买，亦不定价，止许茶商赴官买引，就园户从便交易，依引内合贩之数，赴合同场秤验，至于今不易，公私便之。"徽宗大悦："太师楚国公京，兴植废坏，以义置法。曾未期月，开阖敛散一出于上，公藏私余上下兴足。朕甚嘉之。"民间大哗："蔡京用事，举天下之财而尽用。""崇宁纷更，唯是茶盐二法最为民害。"

五、大权似道

有财政危机，便会有功利性的理财。在这样的逻辑下，我们可以如此排布两宋三大理财家的行动脉络：在推崇"民不加赋而国用饶"的基本默契下，王安石理财为"变法正声"，蔡京理财为"变法余声"，贾似道理财为"变法新声"。

贾似道面临的局面比之于王安石和蔡京都要严峻，南宋领土不及北宋2/3，军政需要却比北宋还要繁重。真宗仁宗时，宋朝是以320多个郡的财赋供应一万多个官吏的俸禄，到了贾似道时代，则是以100多个郡的力量养活2万多官吏。"境土蹙而赋敛日繁，官吏增而调度日广"，以致国家岁入与北宋全盛时大约相等，达到12000贯左右。成都知府曹彦绝如此描述彼时的尴尬："臣窃谓今日财用之弊不可不深致意也。问之朝廷，则窘于应办；问之州县，则究于支遣；……千里承流之地，日夜办财；万灶饱师之地，日夜虑财；牛酒日至之地，日夜乏财；使士大夫帝皇愕眙以为天下事无一可为者。"

南宋末年，财政治理已经到了积重难返之境。蔡戡更加具体举证："二税，古也。今二税之内，有所谓暗耗，有所谓漕计，有所谓州用，有所谓斛面。二税之钱，有所谓和买，有所谓折帛，有所谓义仓，有所谓役钱，有所谓身丁布子钱，此上下通知也。于二者之中，又有折变，又有水脚，又有靡费；有来年而预借者，有重价而折钱者。其赋敛繁重，可谓数倍于古也。然犹未也，有所谓月桩，有所谓盐产，有所谓茶租，有所谓上供银，有所谓干酒钱，有所谓醋息钱，又有所谓科罚钱。其色不一，其名不同，各随所在有之，不能尽也。"王德毅在其《南宋杂税考》中说："经总制、月桩、板帐、牙契、和买、折帛钱等，都是南宋杂税之大者。此外尚有河渡钱、力胜钱、称提钱、折估钱、免行钱、义仓社等色，虽所收至微，而重困于百姓者则一。更有身丁钱。"[①] 在已经足够无赖的和买和籴科配等敛财手法的基础上，又有了和预买，即"白纳"，还有预借。

尽管"少落魄为游博，不事操行，以荫补官"，贾似道的干才却是强悍的。宫崎市定有论："贾似道在南宋的地位，可比北宋的蔡京。但与蔡

---

① 王德毅著：《宋史研究论集》，新文丰出版社公司2008年再版，第403页。

京在徽宗面前的一味卑躬屈膝相反，贾似道保有大臣的矜持，有时甚至态度不逊。理宗身后无子，其弟之子度宗继位时，贾似道宛然以辅弼成王的周公自居，加太师位、封魏国公，在西湖以西的葛岭构别墅而居，十日朝觐一次，仅处理政务。不过要说政治如何，较蔡京常与宦官沆瀣一气，贾似道运用权术抵制宦官，不许他们在宫中轻举妄动。又一改从前外戚干政的情况，在贾似道的威权面前外戚地位沦落，不敢混淆公私。更令人吃惊的是，此前动辄联合罢学威胁政府、置喙人事并左右舆论的学生运动也被封禁，学生唯唯诺诺，听从学官指导。其术盖有过人者，时人如此评价。"从性格尤其是与皇帝相处的方式而言，王安石与蔡京呈现为两极，而贾似道则整合了两人的长处。他像王安石一样儒生气十足，又像蔡京一样执行力可观。

作为一个纯正学者，宫崎并不赞成坊间对贾似道"奸臣误国"的那些简单化描述，而是相对中肯地指出了贾似道的许多长处。例如，他这位年轻时做过藉田令的山中宰相相较于那些无能的学究式地方官拥有着突出的事务性才能，实行了一些"清浊并吞"的治理手段。贾似道在其迅速发迹的过程中获得广泛的好感：大儒真德秀赞赏他的行政能力，名将孟珙欣赏他的军事能力，忽必烈则用他来奚落自己的将领："鄂州守城的只是一个儒生贾似道，你们十万人围攻了这么长时间还不能取胜。这是你们无能，怎么可以说儒生无用呢？"皇帝的倚重更空前绝后。在贾似道已经是丞相兼枢密使、太师、魏国公的情况下，特授其为"平章军国重事"，今日"师臣"、明天"元老"、今天"周公"、明天"魏公"地奉为上卿，显然是已经把他视为"吾民赖之以更生，王室

宋朝出门税（一种杂税）银铤

有同于再造"的柱国干城。赵翼如是说："至如贾似道专国，威权震主，至度宗为之下拜，其权更甚于桧与弥远。斯则亡国之运，主即昏庸，臣亦狂悖，实无大奸大恶之才，固无足论也。"

宫崎市定的《南宋末年的宰相贾似道》做过一项价值中立的专项研究。他归纳贾似道的理财主要有公田法、经界推排法、金银见钱关子。

（一）公田法

江南一带一直盛产大米，特别是都城临安附近的浙东和浙西，自古以来便以米谷丰熟著称，绝无粮食不足的问题。不过，为了供给庞大的军费开支，当地的租税却一贯很高。其中，政府每年会以和籴的名义强制性购入约600万石的大米，并用所谓会子的不兑换纸币支付。而年年发行这种不兑换纸币，又使这种纸币的价值年年走低。即使会子不过是纸墨大量印刷而成的，可最终印出的会子甚至不能支付印刷成本。贾似道暂缓了新印会子的数量，而为了抑制通货膨胀，他采取的一劳永逸之策就是公田法。此法根据刘良贵等人的建议而立，规定国家可以强制买入拥有200亩以上土地的大地主的1/3的土地，并将之租予佃户收取年贡，这些年贡取代了以往的和籴，用于供应军粮支出。贾似道对这一新法非常热心，率先将自己的10000亩土地售出，并成功地使以各啬闻名的理宗之弟荣王与芮交出土地，堵上了反对者的嘴巴。贾似道首先选择在浙江的平江、嘉兴、安吉，以及江苏的镇江、常州、江阴一共六个郡设立官田所分司，在其下各乡设立官庄，由当地土豪出任庄官，负责租米的征收。之后又废除庄官，直接由政府官吏对佃户朝廷监督。公田法，虽说是买入了大地主的土地，可是政府所支付的，其实只是会子和作为一纸空文的官员告身罢了，其实质与征收无异。此外，即使专门设置了催缴租米的官吏和庄官，但最后收缴到的租米却很少。当然，这并不能责怪已十分贫穷的佃户，而只能让土地原来的所有者——大地主们将不足的份额补足。因此，公田法很快引起了浙西大地主们的恐慌。这些大地主也并非无辜之人，其中多有凭借雄厚的经济背景获取不当收入者，而在此前的和籴政策下，他们可以将和籴的负担完全转嫁到小地主们的头上。随着和籴政策的终止，公田法开始施行，他们或是存心将荒地卖给政府，或是在出让的土地面积上巧做文章，而这些肮脏的手段，最终都会在租米上缴之时暴露。虽说不过是咎由自取，然而当时亦有大地主受困于补缴租米而最终自杀这样的流言四起。由此可见，地主阶级对贾似道公田法的反对态度最终在朝野舆论中得以反映。按贾似道等人的计划，本该在全国范围内收缴1000万亩的公田，并据此征收到六七百万石的粮米。然而在征收了浙西的350万亩土地之后便不得不中止。而这些公田所产生的租米约为250万石，相当于此前两浙转运使的和籴额。也就是说，浙西公田的存在，完全可以取代两浙的和籴总额。而此后，公田所产生的租米便一直贮藏在咸淳仓之内，使之保持在600万石的仓储量。

《续资治通鉴》中，对贾似道行公田法的记述是：景定四年，贾似道以国计困于造楮，富民困于和籴，思有以变法而未得其说。时临安知府刘良贵、浙西转运使吴势卿献买公田之策，似道乃命中侍御史陈尧道、左路正言曹孝庆、监察御史虞宓、张希颜上疏曰："三边屯列，非食不饱；诸和籴，非楮不行。既未免于瘠兵，则和籴所宜广图；既不免于和籴，则楮币未容缩造。为今日计，欲便国便民而办军食，重楮价者，莫若行祖宗限田之制。以官品计顷，下两浙、江东、西和籴去处，先行归并诡析，后将官户田产逾限之数抽三分之一，回买以充公田。但得一千万亩之田，则每岁可收六七百万石之米，其于军饷沛然有余，可免和籴，可以饷军，要以杜造楮币，可平物价，可平富室，一事行而五利兴矣。"帝从之。丁巳，诏：置官田所，以刘良贵提领，通判陈訔为检阅，副之。良贵请下都省，严立赏罚。给事中徐经孙条具其害，似道讽御史舒有开劾罢之。浙西安抚魏克愚言：取四路民田，立限买回，所以免和籴而益邦储。议者非不以为公忠，然未见其利而适见其害。徐经孙所奏江西买田之弊甚详，若浙西之弊，则见有甚于彼者。因历述为害者八事，疏奏，不省。未及，帝手诏曰：永免和籴，无如买逾限之田为良法。然东作方兴，权俟秋成，续议施行。似道愤然，上书求去。复讽何梦然、陈尧道、曹孝庆抗章留之，且劝帝下诏慰勉。帝乃趣似道出视事，且曰：当始于浙西，诸路视之为则。似道俱陈其道，帝悉从之。三省奉行惟谨。似道首以己田在浙西者万亩为公田倡，荣王与芮继之，赵立奎自陈投卖，由是朝野无敢言者。

（二）经界推排

出于偷漏田税的原因，当时的富豪们有意让田籍边界变得紊乱不清，而执行检地，对田籍正本清源的工作，也必会招到官僚地主们的恶评。尽管在地主们看来，施行经界推排法无异于使"江南之地尺寸皆有税"，不过在今天看来，实有如此为之的必要性。自古以来，难以博得地主阶级好感的新政大多以失败告终，然而贾似道所推行的政策最终却不可思议地迎来了成功，由此可见其强大的政务处理能力。

经界推排法，源起于如绍兴十二年两浙转运使李椿年奏行的经界法。南宋初建，兵火仍频，文籍散失，户口租税无可依凭。豪民猾吏趁机兼并土地，隐匿赋税，或以有为无，或以强吞弱，有田者未必有税，有税者未必有田。鉴于此，李椿年上言经界法，获准实行。其法大略为：凡有田之家，自画图标出田之形状、地色、四至，造成砧基簿。田主在上划押，由邻居作保，按图核实清丈。如有隐匿，许人陈告给赏。然后以此为准，正其经界，按田征税，使产有常籍，田有定税。经界法将丈量土地与自己陈报融为一体，同时并行，相互补充，是当时行之有效的一种方法。但由于许人陈告给赏，一度造成混乱。以后屡行屡罢，未能彻底实行。贾似道于景定五年再倡此法，初行平江、绍兴及湖南路，后推广到各路。其制："以县统都，以都统保，造任财富公平者，订田亩税色，载之图册，使民有定产，产有定税，税有定籍。"李椿年的经界法受到朱熹的大力推崇："经界一事，最为民间莫大之利。其绍兴中已推行处，至今图籍尚有存者，则其田税犹可稽考，贫富得实，诉讼不繁，公私之间，两得其利。"[①] 当然，物议从来逆着官方立场："三分天下二分亡，犹把山川寸寸量。纵使一丘添一亩，也应不似旧封疆。"

---

① 《朱文公文集》卷十九《条奏经界状》。

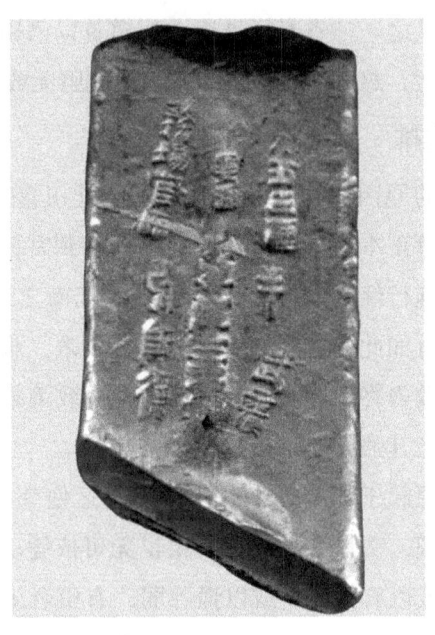

南宋"务场官"铭文五十两金条切件,务为榷货务简称,
场为都茶场简称,"务场官"为管理茶场税收和专卖的官吏

(三)"金银见钱关子"

南宋时期代的通货原则上是以铜钱为本位的,而实际上又有会子这种不兑换纸币与之共同发行,逐渐压迫了铜钱的流通,将之驱逐出货币流通界。政府也因此发布了铜钱和会子同时流通的命令,且使用各种手段维持着会子的价值,保证两者能够在某种程度上等价交换。不过当朝廷财政困难之际,又往往过量发行会子,使其价值大大小于铜钱。南宋后期,如何维持会子的价值,也成为困扰政治家的一大难题。而贾似道通过买入公田以部分罢免和籴,也有阻止会子滥发的企图。当时,正逢第十七界、十八界会子流通于世,贾似道随即下令停用十七界会子并发行新的"见钱关子",亦即所谓的"铜钱兑换券"。总的来说,所谓交子、会子和关子并无本质上的区别,最初都只是各种兑换券,而经过了一段时间之后则变成了不兑换纸币,最终又迫使政府发行能够兑换制钱的新券并加以新的名字。而贾似道所发行的见钱关子,其一贯可兑换铜钱770文,又可交换十八界

会子三贯。第十八界会子的一贯应该可以兑换铜钱 257 文左右,而第十七界会子则因为已被回收,替换为十八界,故不清楚其具体兑换比率。除了铜钱和与之兑换的会子之外,当时白银亦渐渐开始大量流通,有了取代铜钱成为新的本位币之势。对此,贾似道则发行了可以兑换金银的关子,与之前的见钱关子一道流通。然而遗憾的是,金银之间、铜钱之间的具体交换比率今日已经不可知。至于各种关子发行之后通货市场空间稳定与否,从今日所见的史料来看,其结果造成了物价沸腾、民不聊生。然而这样的记载到底是难以全信的。因为在贾似道的一系列改革之后十年,南宋即宣告灭亡,而记载了这十年的各种史料,现今恐怕早就不存在了。①

如果说商税、专卖、扑买等方式加剧了国家税收的市井习气,纸币这种越来越缺乏技术含量的做法则让政府的治理流入形式。对纸币发行的巧取豪夺,叶适一语中的:"造楮之弊,驱天下之钱,内藏于府库,外藏于富室。"可在这方面,贾似道显然不是始作俑者。

因为不是在天下无事的扩张期,而是在王朝出现财政困局的情势下进行的改革,三大理财活动无一例外虽然都强调了理财技术的细腻和隐蔽,但终究属于增税型的改革。这就是王朝的宿命。诸多王朝大多败于此,与它的支出项目越来越大而收入项目越来越少的器质性矛盾相关联。诸多遗利的开发都是饮鸩止渴,非独宋然。

---

① 《宫崎市定人物论》,浙江人民出版社 2018 年版,第 78—82 页。

元：跌宕的汉化

　　从杀戮进化到和平，税收起了重要作用。而税负不公，吏治不靖，支出无度，帝国根基不稳。检点元朝百年而亡，无田制、无官制、无节制是较为醒目的器质性原因。

元：跌宕的汉化

一、治天下匠

税收在何种情境下可以称之为一种文明？这在元朝的历史上衍成了一段段的佳话。在好战少文的蒙古贵族眼中，大抵战败了的敌对势力，只有僧侣、女人和工匠有留下命来的必要性。汉地的人民没有什么用，自然应该杀掉；中原的耕地没有什么用，当然应该辟成牧场。这种以征服者为本位的思维逻辑，是服从于"蒙古习惯法"的。每次成功的征服，不都是要分给各个忽必或兀鲁思供他们任意取用的么？如果说财政诉求经历了掠夺、征服、治理的三个境界而越来越规矩，大蒙古国以及它的继任者大元似乎一直是在掠夺经由征服走向治理的过渡中。导向治理的那个因素，后来被称为汉化。汉化中最为符合儒家理性的那个界面，包括了以"敛从其薄"为标志的税收文明诉求。

通常说来，税收文明呈现在这样的相对情境中：第一，从百分之百对财产生命的恶性征取，到百姓以适当的税收贡献换取政府对自身生命和财产的确认；第二，从苛重的税收负担，到对这种负担的大力度降低；第三，从百姓及时足额的税收缴纳，到政府特情特景下的局部、专项甚至整体的蠲免。相较于掠夺对生命财产的尽数剥夺和征服中的任性索取，治理界面下的税收表现出了一种有度有序甚至有礼有理有道的外观，税收陡现文明。然则越来越苛重以至于人民越来越苦于支撑的税收，再次偏离了文明的轨道而回归掠夺与征服的本质，减税和蠲免活动再现文明。元代税收恰恰演绎了从野蛮到文明再到野蛮并在受到汉化熏陶的官员推动下挣扎着趋向文明的一幕活剧。

元朝基于税收领域的汉化演进，同时也是税收文明的肇基、松弛、重建、维系、破坏、修复、颠覆的过程。在这个过程中，一个个汉家知识分子与汉化程度较深的蒙古、色目知识分子点缀期间。第一个可圈可点的人物，就是自负"治天下匠"之才的耶律楚材（1190—1244年）。有一个故事，可以作为他的"开场白"：夏人常八斤，以善造弓，见知于帝。因每自矜曰："国家方用武，耶律儒者何用。"楚材曰："治弓尚需用弓匠，为天下者岂不可用治天下匠耶？"帝闻之甚喜，日见亲用。

元朝《萨迦班智达致蕃人书》，内有西藏接受元朝管辖后须向中央政府进贡的贡物、缴纳的赋税等内容

作为辽代开国者耶律阿保机的九世孙，其所在的长子一系一向有"楚材晋用"的传统。阿保机的长子东丹王突欲不满于弟弟的"小山压大山"而投向了后唐并被赐名李赞华。楚材的祖父德元恰逢契丹国为金国所灭，他未经历特别复杂的思想斗争便投入新主子的怀抱。楚材的父亲耶律履更是在金国官至相位，精于占卜之术的他，在1190年60岁喜得贵子的兴奋中仍然不失清醒。他算定这个孩子将为异国所用，于是为他取名楚材，字晋卿。1215年，已经不算是金国首都的中都陷落，城中的楚材虽然没有加入迎降的队伍，仍然因为他的契丹贵族身份和占卜家学而在几年后被成吉

思汗征召。

耶律楚材很快引起成吉思汗的注意。一是因为他那一捧蒙古人视为有福之相的大胡子，让大汗脱口而出"吾图撒合里"，蒙古语即"长胡子"，汉语类似于"美髯公"，这也因此成为楚材的蒙古用名。二是因为他的坦荡。大汗说：金国灭了你的国，我代你报仇了！楚材说：我家早就已经是金的臣子，怎么敢对故主抱有仇恨呢。如此的达观，让成吉思汗大为放心："此人可用，可以留在左右，以备咨访。"三是因为耶律楚材对诸多军国大事的先验性推断，包括对金国灭亡时间点的准确占卜，都让成吉思汗大为惊讶：天上的事体都知道得这般清楚，地上的事更不成什么问题了。他感叹道："爱君忧国之心，难道还有像吾图撒合里这样的么？"于是乎，在自己行将就木时很郑重地对继任者窝阔台说：这是上帝赐给我们的亲人，你们要加以重用。

窝阔台称汗后，对楚材很是重用。最为典型的，是默认他以税收辗压毁灭方式，进而让税收而非房掠、豪夺、清洗成为大蒙古国以至后来的大元朝可以接受的统治方式。征服可以用武力随兴地剥夺人们的生命，治理却不可以继续运用这样与人民为敌的疯狂手段。先后占领了欧洲、亚洲大片区域的蒙古人，也在不知不觉间发生着让他们自己都感觉神奇的变化。例如在汉地，从"秋来春去，大掠而还"到"恣民耕稼，为久驻之基"甚至"仪文制度，遵用汉法"，文明的气息逐渐弥散。

蒙元帝国从掠夺走向治理的文明演进，恰是在耶律楚材的策划之下完成的。大片的汉地打下来，短视的蒙古贵族不知如何据有。中使别迭很自然地主张："这些汉人对我们大蒙古国也没有什么用处，干脆都杀掉；中原空出来的大片领土，可以开发成牧场，让草木茂盛，朝廷畜牧，其乐何及？"耶律楚材只好委婉说服："天下之大，四海之富，万众之聪，求什么便会得什么，怎么可以说无用呢。陛下还要继续南征，需要大量的军需。交给我经管，我会引进一种被汉人们使用了几千年的取给工具，源源不断地征得地税、商税、酒醋盐税、铁冶、山泽之利。已占领的中原地区，估计每年可以得银五十万两，绢八万匹，粟四十万石。以这些东西供应大军，必无后顾之忧。这些物资都需要中原老百姓提供给我们，把他们杀了，这些军需也就没有保障了。"窝阔台当即令，"卿试为朕行之"。为此，楚材设立了"燕京等十路征收课税使"，"选通古今、练钱谷、明儒术、娴吏治"的文人儒士担任。1231年秋，窝阔台至云中，十路所进账籍、钱物尽呈于庭。太宗见此，惊讶而又兴奋："汝不去朕左右，而能使国用充足，南国之臣，复有如卿者乎？"初尝汉家赋税制度的好处后，立拜耶律楚材为中书令。

元代提控印，为都转运盐使司衙门中管理盐业和税收官员之印

在这里，耶律楚材扮演的是税收文明的启蒙角色，引进税收这种工具，并尽其可能较轻地使用。这便有了至少三个层面上的文明体现：一是从杀戮进化到了和平，人们的生命保住了；二是从无度地掠夺变成了有度地征取，人们的财产有保留地确保了；三是以较轻的负担谋求人们的遵从，人们的基本尊严有限度地保证了。后面还有第四层税收文明，那就是极力捍卫轻征于民的税负不受到其他因素的干扰。课税所成立后，楚材又奏请在地方上实行军、民、财分权，长吏专营民政，万户府负责军政，课税所掌管钱谷财赋。官民财三者互不统摄，分权制衡。权贵不能侵犯税权，税收文明化作一种不可欺侮的虔诚名器。然后还有第五层税收文明：十大课税所，楚材颇有远见地聘请"极天下之选"的名儒担任。儒生重视名节，把脸面看得比钱财都重要，因而，贪墨这种行为则不会轻易发生。更何况，二十个正副税使有好多都是楚材的旧友，他们不但需要顾及自己的脸面，还得给朋友脸面。与此相关联，优遇儒户的政策也构成税收文明

的外围。1237年，楚材上奏："制器者必用良工，守成者必用儒臣。儒臣之事业，非积数十年，殆未易成也。"帝曰："果尔，可官其人。"楚材曰："请校试之。"乃命宣德州宣课使刘中随郡考试，以经义、词赋、论分为三科，儒人被俘为奴者，亦令就试，其主匿弗遣者死。得士凡四千三十人。这些考中的儒士，有的授予了官职，多数则参议当地政事。儒士免除徭役之制也随之实行："圣元为制，凡士其名而儒其服，不糅之民而殊其籍。惟责田租商征，自外身庸户调皆复之。"第六层税收文明在楚材试图将蒙古人的"忽必"分封模式和"莎余儿合勒"恩赐模式转变为分利模式中反映出来："甲午年七月，上议割裂诸州郡分赐诸王贵族，以为汤沐邑。公曰：尾大不掉，易于生隙。不如多与金帛，足以为恩。上曰：业已许之。复曰：若树置官吏，必自朝命。除恒赋外，不令擅自征敛，差可久也。从之。"著名的"五户丝"，就是这样相互妥协的结果。丝料征收始自窝阔台汗，是在投下食邑分封后实行的一种制度。当时规定每二户出丝一斤供官、每五户出丝一斤与封主，故称二五户丝制。

楚材以汉法重申税收文明，甚至表现在他对"蠲免"这种古法的借用上。1238年8月，陈时可与高庆民向汗廷奏报诸路旱蝗，窝阔台征求楚材意见，楚材建议："今年租赋乞权行倚阁。"大汗不甘心，说："恐怕国用不足。"楚材谓："仓库见在，可支十年。"大汗最终批准了楚材的建议："诏免今年田租，仍停旧未输纳者，俟丰年议之。"诏免全国范围内的田租这样的善政，是诸多王朝的盛世才有的景象，楚材也借用了此政策。

在耶律楚材的处置下，税收时时成为一种交换性命的代价，为百姓们争取了保留残生的机会。1231年蒙古大军南下，中贵可思不花奏请划拨民户一万采炼金银、栽种葡萄，楚材谏道："太祖有旨，山后百姓与本朝无异，兵赋所出，缓急得用。不若将河南残民货而不诛，可充此役，且以实山后之地。"他对汴京人民免遭屠城的解救，也是这样的说辞。

在楚材的主持下，蒙元帝国基于汉地的赋税制度循序建立起来，出现了日后构成元朝赋税体系骨干的"税粮""科差"的雏形。其他诸多税项，也在太宗时期奠定了基础。1231年始行盐法，1234年征商税，1232年又设漕司于燕京，以东通潞州漕运。

从成吉思汗建立的大蒙古国到忽必烈建号的大元，其政治统治尤其是财政治理上的三元杂糅倾向越来越明显，"蒙古法""回回法""汉法"并行。"蒙古法"是军事体制，强调掠取。"回回法"是商业运作，长于搜刮。"汉法"中的儒术，注重以人为本；"汉法"中的法家之术，主张民不加赋而国用饶。而楚材时期就面临了"蒙古法"和"回回法"的双重夹击，来自"蒙古法"的骚扰是"忽必"和"莎余儿合勒"。来自"回回法"的冲击是"扑买"和"斡脱"。中亚人自古就善于经营商业。蒙古统治者进入中原后，由于东西交通无阻，中亚大批商人也来了。他们对于聚敛、经营、运输、贮藏有一技之长。因而蒙古统治者用汉人直接向中原人民征收课税，而管理财政，则喜欢使用西域商人。他们的代表人物是从玉笼杰赤城来的花剌子模人麻合没的牙老瓦赤，被派到汉地代替牙老瓦赤的商人奥都剌合蛮、不花剌人塞典赤、费纳克忒人阿合马等。当时人们把西域商人称为斡脱，他们替蒙古贵族经商、放高利贷。倚仗强大的政治靠山，他们比狐狸还狡猾，比豺狼还残暴。"羊羔息"就是一种很典型的盘剥方式。借了这种利滚利的高利贷，没有不倾家荡产的。而他们投入于税收领域的商业活动，就是扑买，即包税。蒙古国时期，伴随着斡脱豪商的活跃，扑买制度也大为流行。燕京刘忽笃马，阴结权贵，以银五十万两，扑买天下差发。有人以银二十五万扑买天下系官廊坊地基，水利猪鸡。刘庭玉以银五万两扑买燕京酒课。又一回鹘人以银一百万两扑买天下盐课。还有人要求扑买天下河泊、桥梁、渡口。耶律楚材原定课税所收入每岁银一万锭（每锭五十两），河南即下，增至二万二千锭。而回鹘译史安天合引"回回人"奥都剌合蛮扑买课税，增至四万四千锭。楚材极力反对，但窝阔台惑于重利，仍令实行。西域法对汉法的一次重大狙击得以成功，楚材叹道："扑买之利即兴，必有躧迹而篡其后者，民之穷困，将自此始。"

在这样的重重夹击之下，对大蒙古国的汉化立下开钞法、定均输、布递传、明驿券、定制度、议礼兵、立宗庙、建宫室、创学校、设科举、拔隐逸、访遗存、举贤良、求方正、劝农桑、抑游惰、省刑罚、薄赋敛、尚名节、斥纵横、去冗员、黜酷吏、崇孝悌、振困穷、信赏罚、正名分、给俸禄、官功臣、考殿最、均科差、先工匠、定土质等一系列建树的耶律楚材，最后也落了一个郁郁而终的结局：时值大乱之后，纲纪沦灭，"加以南北之政每每相戾，其出入用事者又皆诸国之人，言语之不通，趣向之不同。当是之时，公以一书生，孤立于庙堂之上，而欲行其所学，嘎嘎乎其难哉。幸赖明天子在上，谏行言听，故奋袂向前，力行而不顾。然而其见于设施者十不能二三，而天下之人固已钧受其赐矣。若此时非公，则又不知其何如耳"。

二、 大哉乾元

耶律楚材的汉化方略并不是他的独创。历秦汉隋唐至宋，有一套由开明儒臣不断修纂的"帝范"课本，在朝野之间流传着。所以，纵是耶律楚材的各项努力经受了贵由汗、蒙哥汗时期的侵蚀漫漶，思大有为于天下的忽必烈仍然有机会从汉儒姚枢那里获得汉化治理的另一个版本。他当时呈上的八纲三十目，让忽必烈听来如沐天音。其中八纲是："修身""力行""尊贤""亲亲""畏天""爱民""好善""远佞"。三十目是："立省部""辟才行""举遗逸""慎铨选""汰职员""班俸禄""定法律""审刑狱""设监司""明黜陟""阁征敛""减驿传""修学校""崇经术""旌节孝""重桑农""宽赋税""省徭役""禁游堕""肃军政""周匮乏""恤鳏寡""布屯田""通漕运""清债负""广储蓄""复常平""立平准""却利便""杜告讦"。

拖雷长妻唆鲁和帖尼的分邑真定路是亡金士人"俊造骈集"之地，被征召到漠北的人才比其他郡邑尤多。早在1242年，忽必烈征召禅僧海云到漠北王府问法，就提出"佛法中有安天下之法否"的问题。海云建议他"宜求天下大贤硕儒，问以古今治乱兴亡之事"，而此时陪侍在海云身边的就是一代奇僧子聪。海云南还，将子聪留下，充当王府书记。同年，云中士人赵璧也被推荐给忽必烈，"好访问前代帝王事迹"的忽必烈从他们的讲论中得知唐太宗为秦王时"广延文学四方之士，讲论治道，终致太平。喜而慕焉"。1244年派赵璧专程到保州延请前金状元王鹗，讲论史事，推荐人才。接着，张文谦、李德辉、张德辉、窦默、姚枢等许多中原知识精英先后被搜罗到忽必烈王府，形成了一个强干的谋士群体。1247年张德辉来到漠北王府，忽必烈甚至向他提出了"孔子之性安在"、辽金为何而亡以及"农家亦劳，何衣食之不赡"这样的问题，显见忽必烈已经沉浸于研究汉法。1251年蒙哥即位后，忽必烈受命总领漠南汉地军国庶事，作为分镇的宗王，对汉地事务有权干预，"承旨封拜"。中原士人更是把改革弊政、复兴文化的希望寄托在他身上。正是在这个时期，出现了忽必烈与其"潜邸"谋士群的风云际会。时人公认，进言献策能与他"若和符契"，辅佐他"开文明之治、立太平之基"者，以刘秉忠（1216—1274年）称首。而刘秉忠，就是那位很早就来到忽必烈身边的奇僧子聪。

刘秉忠先世仕辽，"为当时大族"。他自小习儒书，17岁至23岁为吏员，后弃吏从道，不久皈依佛门，又研究天文、阴阳之书，这在当时环境下都是很实用的本事。徐世隆在祭文中说他"凿开三室，混为一家"，很准确地揭示了他的知识架构。刘秉忠随海云到漠北，与忽必烈初见，"应对称职""论天下事如指诸掌"，忽必烈见他"洒落不凡，及通天文、阴阳之书，甚喜"，遂将他留下。此后他一直追随忽必烈，长期生活在蒙古人中，因而熟悉蒙古人的风土人情和语言文化。忽必烈赞扬他说："朕惟秉忠始终逾三十年，随行跋涉。而又言无隐避，一皆出于忠诚。其天文、卜筮之精，朕未尝求于他人也。此朕之所自知，人皆莫得与闻。"

刘秉忠对元人汉化的功绩主要有：（1）推荐中原人才可备器使者。明确可以记载为刘秉忠推荐的有张文谦、李德辉、王恂、马亨，治理邢州的张耕、刘肃，以及太子侍臣王倚、程思廉等，其中张文谦是他的同学。

(2) 上万言书论列中原情势和革弊致治良方。面对"四异五色"的国内政局，刘秉忠提出了"酌古宜今"的治国纲领，"盖将举天下而措诸安，以戒为人主者过于杀"①，其中，关于缓刑薄敛的思路是符合先王之典的："天下户过百万，自忽都那演断事之后，差徭甚大，加以军马调发，使臣烦扰，官吏乞取，民不能当，是以逃窜。宜比旧减半，或三分去一，就见在之民以定差税，招逃者复业。""天子以天下为家，兆民为子，国不足，取于民，民不足，取于国，相须如鱼水。有国家者，置府库，设仓廪，亦为助民；民有身者，营产业，辟田野，亦为资国用也。""纳粮就远仓，有一废十者，宜从近仓以输为便。""关市津梁正税十五分取一。""今言利者众，非图以利国害民，实欲残民而自利也。宜将国中人民必用场冶，付各路课税所，以定权办，其余言利者并行罢去。"为了缓和日益加剧的官民关系，他极力主张轻役省赋。关于轻役，他认为差徭和调发要减，对于百姓为支付差发而举借的高利货，应以一本一利为原则，官府代为归还。输纳钱粮也要就近输纳。关于省赋，他主张工商税收应该"禁横取"，取1/30。他认为楚材所订盐铁专卖、商贾酒醋货殖等税已经不轻，后来奥都剌合蛮又加倍榷之，而且榷后又往往科取民间。国家先榷之。而后包税商人又"科之"，使百姓无所措手。所以他主张"从旧例办榷，更或减轻，罢繁碎，止科征，无从献利之徒削民害国"，认为只有"居官在位者勿侵民利，商贾与民和好交易，不生擅夺欺罔之害"，才真正有利于国。(3) 从征云南、攻鄂州。人们称颂他以"神武不杀"请于忽必烈，"所全活者不可胜数"。(4) 建都邑，定国号，颁章服，制历法，立官制。忽必烈即位，召公命之曰："凡天下之大经，养民之良法，卿其拟议以奏。"其"上采祖宗旧典，参以古制之宜于今者，条列以闻，深称上意"。

史称忽必烈在潜邸时，"征聘四方宿儒俊造，宾接柄用，以更张治具。立安抚司于邢，爬梳芜秽；立经略司于汴，开斥边徼；立宣抚司于秦，保厘封国"。"四方传其新政。"具体说来就是：诸王贵族与地方官吏毫无节

---

① 《太保刘秉忠赠谥制》。

制地搜刮科敛，致使民力无从负担纷纷逃散。忽必烈的封地邢州，便颇为典型。当时户口已由"受封之初，民万余户，今日减月削，才五七百万户耳"。为此，张文谦、刘秉忠等建议："今民生困弊，莫邢为甚，盍择人往治之，责其成效，使四方取法，则天下均受赐矣。"忽必烈接受了这一建议，选择近侍脱兀脱、张耕为邢州安抚使，刘肃为商榷使，共同治理邢州。三人"协心为治，洗涤蠹弊，革去贪暴，流亡复归，不期月，户增十倍"。邢乃大治。1252 年他向宪宗建议对汴京地区进行治理，"立经略司于汴，以忙哥、史天泽、杨惟中、赵璧为使，陈纪、杨果为参议，俾屯田唐、邓等州，授之兵、牛，敌至则御，敌去则耕，仍置屯田万户于邓，完城以备之"。1253 年，又对"新受京兆份地"，遣姚枢立京兆宣抚司，以勃兰、杨惟中为使，"关陇大治"。接连三年在邢州、汴京、京兆的成功试点，为以后治理汉地取得了经验。

忽必烈受到郝经"能用士，而能行中国之道，则中国之主也"的激励，命刘秉忠在桓州东的龙冈建立开平城，又将许衡、商挺、杨惟中、宋子贞、王文统等名士招入，同时努力拉拢已经降服的汉家武装如严实、史天泽、张柔等，为宪宗死后抢夺汗位并入居中原奠定了基础。中统元年，即位后的第一道诏书，忽必烈即清晰地表达了汉化立场和力图改变"文治多缺"局面的心思："祖述变通，正在今日。"

忽必烈得以北胜阿里不哥、南平赵宋，其在汉化上的诸多措施自是产生了足够好的竞争效果。仅在赋役方面，他就有足以胜过北、南两方的制度优势：（1）户分九等，视"事产多寡"较合理地征收赋税；（2）限制苦民的包银制，其发行中统钞以二贯同银一两，有减低税负之效；（3）限制斡脱商人扑买国家赋税权；（4）限制皇室贵戚、诸王、勋臣、悍将多征或逃避赋役；（5）诏示不得擅行不急之役；（6）免除对开荒农民赋税的征发；（7）商税一减再减，个别地区实行免征商税的政策；（8）大规模开辟水利交通运输业，极大地消除百姓陆路徭役负担；（9）命身边工作的各类服务机构和卫士为国家仓库转输赈灾之米，减轻百姓徭役负担；（10）悉罢南宋末代一切繁冗科差、圣节上供、经总制钱等百余件，所在山林河泊，除巨木花果外，余物权免征税，减轻江南人民的赋税负担。至元二十八年十二月，中书省臣言："江南在宋时，差徭为名七十余种。归附后一切未征。"在赋税制度上，江南地区也一直循南宋制度，而不是勉强把北方的赋税制度用来强制执行。这些对保护江南地区的社会经济都是有积极作用的。此外，元廷还采取了各种有利于发展南北商业交换的政策和措施：首先是解除了长期以来南北间商业贸易的禁令，并通过设立驿传，修筑南北大运河与创行海运等途径，大大促进了南北方的经济交流。其次是统一度量衡制度，以统一江南斗斛。规定南宋的一石相当于元制的七斗。禁止使用私制的度量衡器具，犯者答五十七。最后，是统一货币。至元十四年四月，禁江南行铜钱，以交钞易换南宋原行的交会子，使之成为全国通行的通货。

到元世祖时，江山一统，赋税制度也趋于成熟。

元代赋税制度较为复杂，其中较为典型的就是对全国民众依据职业、民族或宗教信仰而划分的"诸色户计"。除贵族官僚外，诸色户计皆依其籍别而有不同的税役负担。诸色户计包括民户、军户、站户、匠户、儒户、医户、打捕户、蒙古户、"回回户"以及各种宗教户、各种冶炼户等，多达数十种。其中的民、军、站、匠为全国各地皆有的户数最多的四种基本户计。

元朝赋役制度的另一个特点是南北异制。北方最早的赋税征敛起于1231年由耶律楚材组织的十路课征，以后逐渐形成为税粮和科差两个项目。

税粮，又有丁税、地税之分，是民户缴纳丁税，儒户、医户、宗教户等人户较少的户计纳地税，军户、站户服本役，有耕地超过四顷的部分缴地税。匠户服本役，领取口粮，有耕地者纳地税。纳丁税的民户，又分全科户，每丁纳粟二石，驱丁一石；减半科户每丁一石；新收交参户第一年纳五斗，依年递增，第六年入丁税；协济户每丁粟一石。地税每亩三升。凡纳粮一石，带纳鼠耗三升，官员分例四升。输纳之期有三限，初限十月，中限十一月，末限十二月。

科差，也有丝料和包银两项。忽必烈继位后，又增俸钞一项，皆为民户以户为单位缴纳。丝料自太宗丙申年（1236年）始行，包银自宪宗乙卯年（1255年）始行。世祖中统元年（1260年）定制，全科户输"二户丝"一斤，"五户丝"六两四钱，共计二十二两四钱及包银钞四两。减半科户均各减半缴纳。其他户别也有所变通。俸钞，自世祖至元四年（1267年）"敕诸路官吏俸，令包银民户，每四两增纳一两以给之"。

南方赋税，主要是沿袭南宋旧制，征收夏、秋两税。秋税征粮谷，依土地等级，每亩纳粟从一升到三斗，多少不等，差异很大。夏税，视秋粮额而定。世祖时，只在江东、浙西征两税，其他地区只征秋税。

忽必烈时期的南方科差，在平江南之初尚未确定。"每户折支中统钞五钱。至成宗，复加至二贯"。此即称为"江南户钞"。

无论南方与北方，除了正额税粮外，还要征收附加税，其名目繁多，如鼠耗、分例等。其数量惊人，有时超过正额。

此外，无论南方和北方，都有杂泛差役。杂泛之劳，即杂役，为官府临时征发民工修河、筑城或运送官物等。差役，即里正、主首、坊正、库子、弓手等职役负担，均由民户以先富强及多丁、后贫弱、少丁为序征派。元代前期，当役的主要是民户。成宗大德年间改革役法，此后关于诸色户计当役时有变更，当役面也逐步扩大。

忽必烈平定江南之后，对开垦南方公田和荒闲田的一些富户和一般百姓，由官府提供"工本"，税率（实际上是租率）依南方旧额减少1/3。后来逐步取消工本，不过对"有心种田的百姓"仍规定初年免税，次年纳半，第三年"三停内交纳二停"并且蠲免其杂泛差役。大德间，又诏令各处官司优抚不能还业的流民，"有官田愿种者，从便给之，并免差役五年"。

除了税粮与科差，元朝还有各种"课程"：盐税、茶税、酒醋税、商税、市舶抽分、额外课，以及金银铜铁之课。

"国家经费，盐利居十之八。"在元朝后期，盐课总额在二百万锭左右，相当于国家钞币收入（税粮未计）的一半以上。盐税之法始于元太宗。忽必烈时，先后在南北主要产盐区设都转运使司，隶属于户部，其他地区则设盐课提举司或茶盐提举司。除辽阳和晋北某些地区外，元政府对盐的生产严加控制，有一系列的盐法规定。由一种专门人户即灶户生产，受国家严格监督。

茶税征收也始于元太宗。由于茶叶生产与盐业生产不同，生产区域主要在南方，因此茶课制度的完善是在灭亡南宋之后。元代榷茶制度与宋的此类制度不大相同。茶商先向茶司缴纳茶税，领取公据，然后到产茶地区按公据载明的数量向茶户买茶，再回到茶司交回公据，换取茶引，凭茶引发卖茶货。

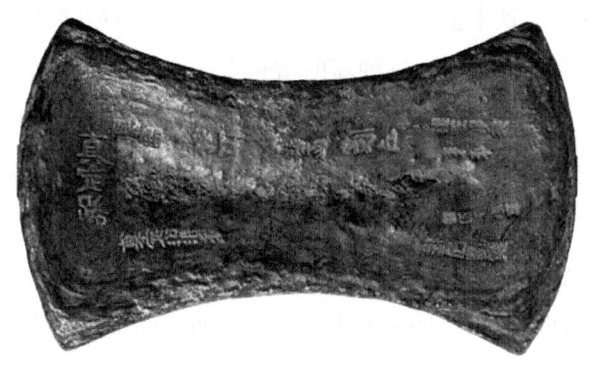

元朝真定路河间盐税银铤

酒醋生产又不同于盐茶。全国各地随处都可制作。世祖时代，"官设酒库，出备米曲工本，造酒发卖，诸人皆不得私自酿造。亦就盐场支用官本，灶户煎盐，发卖办课，故犯酒禁者与犯盐禁之法同"。但禁私酒比禁私盐、私茶更为困难。因此后来"废榷酤之法，酒醋课程散入民间恢办，诸人皆得造酒。有地之家纳门摊酒课者，许令造酒食用；造酒发卖者，止验米数赴务役税"。

商税是元朝政府的重要财源。国内商税始定于至元七年，三十取一。海外贸易的税则，定制于灭南宋之后。先后在泉州、上海、澉浦、温州、广东、杭州、庆元设置市舶所七处，管理临海各地与外国的海外贸易。细务十分取一，粗者十五分取一，称为抽分。抽分比例以后不断增加。

元代的额外课，系在常额之外的征课。《元史·食货志》记有三十二种：历日、契本、河泊、山场、窑冶、房地租、门摊、池塘、蒲苇、食羊、荻苇、煤炭、撞岸、山查、曲、鱼、漆、醛、山泽、荡、柳、牙例、乳牛、抽分、蒲、鱼苗、柴、羊皮、磁、竹苇、姜、白药。高树林曾经列出四十二种有据可查的额外课，另外十种是：税屋间架、牛皮税、竹木课、硝碱课、纸课、荻蔗课、长生牛租、白术无名钱等。①

对金、银、珠、玉、铜、铁水银、朱钞、铅、锡矾、硝、碱、竹、木等山林川泽特产的生产，由官府经营的称之为每亩官拨户兴煽洞冶；由民间自行开采生产的称之为自备工本洞冶。对自备工本洞冶，国家以抽分制取税。银十抽一，铁十抽二。磁窑二八抽分，有时折钞缴纳。

元代的棉税值得一提。这种新的增长点一产生，官府即马上规定收税办法。至元二十六年四月，置浙东、江东、江西、湖广、福建木棉都举司，责令当地人民每年输纳木棉布十万匹。成宗元贞二年，定江南夏税输以木棉布等物。

和买、和雇及盐折草是元代的类税收项目。和雇和买就是以"公平合理"的价格雇佣百姓的车船或购买其物品，而实际上是强加于百姓身上的一项沉重负担。

三、敛臣非命

忽必烈召集的金莲川诸贤纵使有刘秉忠、郭守敬、张文谦这样的干才，却似乎没有一个精于理财的。耶律楚材也未能遗下一位合适的传人。刘秉忠有诗呼唤理财巨匠："谁有财用资国用，自无勋业向人夸。"于是，理财的使命时常落在一干西域人的身上，而他们是不曾有过儒学理念里的

---

① 高树林著：《元代赋役制度研究》，河北大学出版社1997年版，第52页。

爱民信条的。格鲁塞在《蒙古帝国史》中写道："蒙古人的行政管理，最大的缺陷就是它的财政。"

理财是一项需要足够权力和操作力的活动。对各方利益的纵横配置，即使获得皇帝的认可，也难以平衡各方势力。蒙古、色目、汉人、南人多方的政治角力下，没有几个能够全身而退。中国历史上，商鞅、桑弘羊、刘晏、王安石、张居正等名臣都付出了身败或者名裂的代价。具体到元世祖时代，敛臣死于非命，便成为一种常态。

如果说耶律楚材失去皇宠抑郁而死、奥都剌合蛮以不明缘由被贵由汗处死算是一种预兆的话，王文统则正式开启了元代财臣难得善终的先河。

王文统，山东益都人。颇有才名，和军阀李璮相处甚好，还把女儿嫁给了李璮。于是，他以"西宾"兼岳丈的身份，成为李璮的幕僚。不久，由于刘秉忠的推荐和廉希宪的附和，忽必烈把他召来开平，破格提拔，任命为"行中书省"的"平章正事"。"行中书省"的一切，都由王文统一人负责。他确有才具，在位仅22个月，把中央政府的事，办得井井有条，尤其是财政。他的第一大建树是做财政工作时发行了一种有准备、能兑现的纸币，叫"中统元宝交钞"。全国分为十路，在每路的首县设立封桩库，存了不少银子等持钞人来兑现。结果来兑现极少。这是因为：（1）老百姓知道随时可以兑现，对中统钞很放心；（2）中统钞携带起来比银子方便许多。如此优良的通货制度，使得忽必烈帝国在财政方面走上了正确轨道。第二大建树是颁布新的度量衡标准。其他建树包括：制定盐酒宣课法，措置诸路转输法，编定漏籍的老户幼户，核实新增户口，放宽各地的山泽之税，停止官采金、银、铜、铁、丹粉、锡碌各矿，禁止各地官吏强拘良民为奴，解放河南舞阳的姜户与藤花户，命令所有过路的军人不得骚扰人民，一概由地方官安排食宿等。

对外，王文统主张与宋和平相处，互市于颖州、涟水、光化。对内，他主张派遣宣抚使与副使，分赴十路。

王文统在中统三年二月被杀，罪名是：私通造反的李璮。可他与纯正儒生们的矛盾，应该也是助推因素。因为那些人被他排挤过，自然不会施以援手。

王文统死后，汉人中再也难以寻到合适的理财之人，这让忽必烈甚至一度改变了之前跃跃欲试的汉化立场，原因就是汉儒的行政能力太差。世祖朝曾经数度讨论恢复科举，甚至连程式都已拟定，最终仍搁置，原因主要有两点。一是元朝的文武高级官僚大多出于宿卫近侍，这些人都是世勋子孙，构成与蒙古皇室俱荣俱损的半世袭官僚集团。中下级，尤其是下级官员不得不较多地利用汉人和南人，但选拔的标准是"趣办金谷""勾稽朱墨"，也就是搜刮钱财、填报簿书和舞弄刑名的能力。儒家思想的主流一贯强调"藏富于民"，反对开源，提倡节流，认为利源一启即"不可复塞也"；又反对兴利，提倡救弊，认为兴一利必致生十新弊，因此会造成救不胜救的局面。朝中儒生的这些主张完全不能适应元初政府急于扩大财源、充实国用的需要，自然受到忽必烈的冷落，被他斥为"不识事机"。所以，至元中叶后，"凡言科举者，闻者莫不笑其迂阔，以为不急之务"。另一个原因是，取代科举考试选拔官员的由吏入仕制度的扩大化，反而成为推行科举制的障碍。元代中下级官员主要由吏出任的情况，既满足了元政府对中下级官员精于"钱谷、转输、期会、工作、计最、刑赏"等具体行政技巧的要求，同时也以越来越大的惰性力量阻遏了可能危及其利益的科举制的推行。可是，当缺乏正统儒家教育的胥吏令史大批涌入中下层官僚机构，他们以刻薄文法、精深簿书相尚，摧蹭岁月，一旦做官，"如猛虎之脱槛、饥鹰之掣鞲"。国家即使有善政良法，也往往误于胥吏。"将以除弊，反足厉民"。

王文统死后，忽必烈对理财之臣的需要仍强烈。从至元四年（1267年）到至元十三年（1276年），元王朝先后对"违命不朝"的西方藩王和南宋以及日本、缅甸、爪哇发动军事进攻，财政支出大大增加。而且，按照蒙古国惯例，蒙古大汗每年都需要拨出大量钱财分赐诸王、后妃、公主、驸马等贵族集团，致使元王朝财政大为紧张。在这种情况下，以阿合马为首的"回回"理财派得到重用，随着"尚书省"这个标志性敛财机构的建立，元王朝的大规模聚敛活动拉开帷幕。"内用聚敛之臣，视民财如土苴；外兴无名之师，戕民命如草芥"。

阿合马的理财能力大得忽必烈的赏识。他曾经说："为宰相者要能明天道、察地理、尽人事。兼此三者，殊不多得。如阿里海牙、麦术丁等都不称职，唯有回回阿合马，有宰相之才。"

阿合马采取了一系列的理财敛货措施，滥发交钞、擅行理算，增加赋税，"一以掊克为事"。从至元十一年征宋战争开始，交钞发行量猛增，自1274年至1282年的9年间，累计达809万锭，接近前14年的8倍，每年平均为90万锭。这导致中统钞日益贬值。到至元十九年，江南地区"每钞一贯所值物件，比归附时不及十分之一"。他兴办铁冶、官铸农器发卖以谋利。中统四年，令民开发河南钧徐等州的铁矿，岁输铁1037千斤，总全国各处冶铁岁课达4807千多斤。他还增加盐课、茶税，理算钩考钱谷。从至元元年到至元八年，几次增加山西的盐课。至元十五年奏立江西榷匹配运司，诸路转运盐使司，及宣课提举司。茶课收入也有大幅增长。至元十三年，茶课仅1200锭，到至元十八年增加到24000锭，至元二十三年，茶课高达44000锭。他又屡次检括户口，调整课税。他把登记交税的户数从1261年的1418499户增加到1274年的1967898户。到至元十八年，京兆等路岁课数字从19000锭，增加到55000锭。他实行国家专卖，如银专卖，至元三年（1266年），其上奏皇帝："桓州峪所采银矿，已十六万斤，百斤可得银三两，锡二十五斤。采矿所需，鬻锡以给之。"程钜夫奏称："茶、盐、酒、醋等税，近来节次增添，比附初归附者十倍以上。"执财权20年，阿合马可以说是元朝税额扩张的推手。黎东方说："他最叫人痛恨的地方，是把盐、铁、药材、铜器，都定为政府的专卖品，同时也提高了各种正税的定额。"

因得忽必烈器重，阿合马结党营私、鱼肉欺诈百姓，凌辱迫害朝中的汉法派大臣，激起了朝廷内外的一致愤慨。至元十九年（1282年），千户王著与高和尚假称太子真金命诱杀阿合马。后来，忽必烈查明真相，追治阿合马之罪，对其党羽进行清算。这是世祖朝死于非命的第二个敛臣。

忽必烈戮了阿合马，依旧喜欢有本事会理财之臣。这时他寻到了卢世荣。至元二十一年十一月,忽必烈叫卢世荣与中书省右丞相和礼霍孙、平章政事麦术剌丁、参知政事张雄飞、温迪罕,在他面前辩论财政政策,卢世荣主张提高税额,被四人反对。忽必烈把四人同时免职,任命卢世荣为右丞。

卢世荣是汉人,他的理财思想深得桑弘羊刘晏的真传,强调"增赋而不扰民"。他于至元二十二年二月立"规措所",官吏多以商人充任。又于三月奏立真定、济南、太原、甘肃、江西、江淮、湖广等处"宣慰司兼都转运司"以治课征。拟采取的措施有:

(1) 更茶法、盐法。元朝的榷盐、榷茶是沿袭宋朝的盐引茶引,即商人买引,凭引购盐茶。元初规定每引价银十五两,管理费引盐四百斤,合宝钞三十贯。后来一因豪商操纵,一因纸币贬值,至元二十年间盐引竟然卖到八十贯到一百二十贯,民间至于淡食。卢世荣乃建议发行二百万贯价值的新茶引,直接以统一价格卖给商人,以免私人操纵。又于各地设立常平盐局,则政府得利而民受其惠。

(2) 禁私酤。元人饮酒成风,故酒利颇重。京师富豪往往酿酒私酤,价高味薄,卢世荣建议严禁私酤,统一官卖。

(3) 造绫币。中统元宝钞的贬值成为国家经济方面一个重大问题。卢世荣认为纸币易坏是贬值的原因之一,乃建议另造绫币,与铜钱、纸钞并行,以维持其价格。为了挽救钞法,他提议任由民间使用金银交易,并下令大括天下铜钱,计划铸造至元铜钱。

(4) 立市舶。当时临海商埠对外贸易发达,卢世荣建议在杭州和泉州设立市舶都转运司,由国家贷钱于民以为造船经商的资本。所获之利,官七民三。

(5) 禁私冶。当时权豪之家私擅铁冶,国家的损失颇大。卢世荣建议政府严加禁止。凡产铁区域,由官家立炉鼓铸,制成铁器一律官卖。以所得利息买粟储积,恢复常平仓平籴之制。

(6) 立市易。当时朝官有增俸,地方官吏未能均沾。卢世荣建议于各地建立市易司,由官吏领诸牙侩,计商人货物四十分取一,其利息,以十分之四作为牙侩的报酬,十分之六充官吏的加俸。

（7）羊马官养。蒙古国重视骑战，所以羊马是国家的一大笔资本。卢世荣建议在上都隆兴等地，用官钱大量购买羊马并选蒙古人牧养，岁收其皮毛筋骨酥酪之利，十分之八交官府，十分之二酬牧者，马供军用，羊充赐予。

（8）在多方征利取税的同时，卢世荣也有许多减免赋役、惠民生计的措施，如惠民诸政：①免民间包银三年；②官吏之俸免民间代纳；③免大都地税；④江淮一带失业的贫民卖妻鬻子者，所在官吏应收赎使为良民；⑤逃移复业者，免其差税；⑥乡民造醋者免收其课；⑦令江南田主收佃客租课减一分；⑧添支内外官吏俸五分；⑨定百官考课升擢之法。另外还有怀孟竹课，从民货卖收税，罢各处竹监；江湖渔课，已有定例，今后听民采用，不许妄行拘禁。鉴于站户负担沉重，今后除驿马外，来往使臣的饮食等项，改由官府支给。用铁器的专卖制度，筹出买粟的钱，买足够多的粟储入各地的常平仓，使得常平仓不再像以前一样空空如也，有名无实；在各路设立平准周急库，以纸钞低息贷给贫也；在各郡州府设立市易司，抽取商业税，按四十取一，以此税的十分之六增发地方官的薪俸，以十分之四抵充市易司的经费。

卢世荣当权的时间很短，改革百日就败于官场倾轧。他的罪名，据安童指控，是曾经向忽必烈夸下海口：无须增加人民的负担，只须裁抑权势所侵，就可以每年增加税收三百万锭，"令钞复实，诸物悉贱，民得休息，数月即有成功"。然而，"今已四个月，所行不符所言，所出浮于所入"。受汉法熏陶的皇太子真金也发出质疑："财非天降，得岁取赢乎？恐生民膏血，竭于此也。岂惟害民，实国之大蠹。"

监察御史陈天祥对卢世荣的参劾，充分说明税收文明的重要性："卢世荣素无文艺，亦无武功，惟以商贩所获之赀，趋附汉臣，营求入仕，舆赃辇贿，输送公门，所献不充，又别立欠少文券银一千锭，由白身擢江西榷茶转运使。于其任，专务贪饕，所犯赃私，动以万计。其隐秘者固难悉举，惟发露者乃可明言。凡其掊取于人，及所盗官物，略计：钞以锭计者二万五千一百一十九，金以锭计者二十五，银以锭计者一百六十八，茶以引计者一万二千四百五十有八，马以匹计者十五，玉器七事，其余繁杂物件称是。已经追纳及未纳见追者,人所共知。今竟不悔前非,狂悖愈甚。以苛刻为自安家之本,以诛求为干进之门,既怀无餍之心,广蓄攘掊之计,而又身当要路,手握重权,虽位在丞相之下,朝省大政,实得专之。是犹以盗跖而掌阿衡之任,不止流殃于当代,亦恐取笑于将来。国家之与百姓,上下如同一身,民乃国之血气,国乃民之肤体。血气充实则肤体康强,血气损伤则肤体羸病。未有耗其血气,能使肤体丰荣者。是故民富则国富,民贫则国贫,民安则国安,民困则国困。民必赋税轻而后足,国必待民足而后丰。夫财之,土之所生,民力所聚,天地之间岁有常数,惟其取之有节,故其用之不乏。今世荣欲以一岁之期,将致十年之积,危万民之命,易一世之荣。广邀增羡之功,不恤颠连之患;期锱铢之诛取,诱上下之交征。视民如雠,为国敛怨。"于是,忽必烈又杀了一个敛臣。

卢世荣死后,元朝财政再现入不敷出之局。至元二十四年(1287年),忽必烈再立尚书省,以桑哥为平章正事。桑哥首先更定钞法,颁行新钞"至元宝钞";其次厉行钩考,派员稽查中书省、各仓库及地方各省财赋,遣官四出,理算钱谷,追征积年逋赋,"已征数百万,未征犹数千万,名曰理算,其实暴敛无艺"。其间曾因查出中书省亏欠宝钞六千余锭,将参知政事杨居宽郭祐斩首抄家。为稽查诸路钱谷仓库,特设一个专门机构"征理司"。凡被征理的钱谷之官,往往破产相率亡命。至元二十五年十月,奏派参政等十二人分往江淮、江西、福建、四川、甘肃、安西六省调查钱粮,弄得天下骚然。又奏请增加盐课、商税和酒醋诸课。至元二十六年请准增加赋税。盐引旧价每引值中统钞三十贯增为一锭,茶每引旧值五贯增为十贯,全国的酒醋课亦加,共增收十五万锭。经多方搜刮,一举扭转入不敷出的局面。权势一旺,私欲益张。至元二十八年(1291年),有大臣不忽木、玉昔帖木尔告其专权受贿、误国害民之罪,并言"今百姓失业,盗贼蜂起,召乱在旦夕,非亟诛之,恐为社稷忧!"忽必烈第四度卸磨杀驴。

王文统、阿合马、卢世荣、桑哥,三十年间四度呈现敛臣非命奇观,既反映出元世祖的好利本色,在某种程度上,也与汉儒理念在蒙汉大臣中已有扎根相关。四个人的理财都取得了相当的效果，其理财能力都是可圈可点的，甚至于，在下诏诛杀桑哥的前夜，忽必烈还在向他征询治国理政的人选。如果说搬掉一个汉臣不需要花费太大的政治力量，对付阿合马与桑哥，却是集结了汉臣、南人以及蒙古、"回回"贵族的集体力量。

敛臣非命的现象在世祖之后仍有延续。至大十年武宗复置尚书省，用乞台普济和脱忽脱为左右丞相，以分中书之权，并更新庶政，改变钞法。仁宗即位后，以"变乱旧章，流毒百姓"的罪名，诛脱忽脱与三宝奴、乐实等五名主要官员。至于顺宗朝的脱脱，也是在被贬后政敌担心其再起，致其流放云南并予鸩杀。拙于理财的元朝，反而一次次诛杀敛臣，也化为一道别样的风景。

四、二期儒治

在趋向汉治方面，忽必烈的体制改革曾经达到一定程度的成功，但受蒙古贵族集团原有统治观念和利益的制约，其进程不断停滞甚至逆转。从世祖后期以来，能否在中统、至元前期定制的基础上继续推进，一直是蒙元统治层和中原精英面临的关键问题。其中不少人为扭转颓势作过努力，但作用都不大，唯有李孟（1255—1321年）以辅佐仁宗登上宝座的特殊地位主持中枢政务，将体制改革向前推进了一步。[①] 事实上，这也是元代中期汉化势力的一次逆袭。自世祖晚年至武宗时期，汉人在政治中枢中的作用大大削弱，除长于工事而至位通显的段贞和"回回化"的梁德珪外，无一汉人官至平章政事以上。整个元中期，能在中枢政府里起一定决策作用、成为一时政治中心人物者，唯有李孟。史家将仁宗与李孟并延伸至英

---

① 陈得芝著：《蒙元史研究丛稿》，人民出版社2005年版，第633页。

宗、拜住恢复汉法的努力，称为基于大元的"二期儒治"。

元朝从成宗朝就呈现了衰败之象。根据《剑桥中国史》的说法：铁穆尔汗本人没有他祖父的心智和身体活力，他的大臣完泽也不是足以替代前期领导的强有力人物。在两人过度宽容和拖拉的管理下，政府似乎失去了财政活力和平衡。官员队伍急剧膨胀，效率低下。忽必烈1291年颁布的《至元新格》中要求官员限期五天处理一般公务，限期七天处理中等公务，限期十天处理重大公务，但是官员常用半年才能处理一件不重要的事务，要用整整一年处理一件重要公务。政府还受到愈演愈烈的贪污腐败之风的影响。而冗员和腐败只是造成贯穿元朝中后期财政困难的部分原因。另一个重要的原因是常年对贵族尤其是皇室成员的慷慨赏赐。由于帝位之争愈演愈烈，既要酬劳他们，也要继续保证他们的支持。1294年铁穆尔即位时，皇室成员得到的赏赐比在忽必烈时期得到的岁赐多四倍。巨额赏赐很快造成财源枯竭。1294年铁穆尔即位后两个月，中书省报告："朝会赐予之外，余锭止有27万锭。"第二年年初，中书省又报告忽必烈时期的积蓄几乎全部用来支付皇室成员勋臣的赏赐。因为铁穆尔的政府反对增加税额，除借用钞本银外无法解决财政赤字问题。元廷乃于1294年下令诸路平准库作为钞本贮藏的银936950两，除留192450两作钞母外，全部运往京城。四年之后，又借用了20万锭钞本。到1299年，元廷的财政形势更加恶化，花费的一半借自钞本。借用钞本转而极大地削弱纸币系统的信誉，并引发了恶性通货膨胀。

武宗即位后，本来就面临着严重的财政危机，可为了收取人心，在政治上强调对官僚贵族们的溥从宽大，又通过滥封滥赏加倍发挥成宗时的"惟和"精神。即位之初，对诸王勋戚行朝会赏赐，不但坚持按成宗时的赏额锐增的标准发放，而且对先前在和林时"已蒙赐予者"又重复颁发，结果给者未及半而两京府储已空。到了这个地步，武宗只好用滥封爵位的办法来补偿。世祖时非嫡系子孙不封一字王，武宗大破旧例，晋封一字王者多达十五六人。中书省、枢密院和御史台主管大臣的员额比前朝大增，枢密院从世祖朝六员、成宗朝十三员激增至三十二员。除此，还有更多遥授。时人记载:"今天子即位,加恩近臣,佩相印者以百数。""微到优伶、屠沽、僧道,有授左丞、平章、参政者。其他因修造而进秩,以技艺而得官,曰国公,曰司徒,曰丞相者,相望于朝。自有国以来,名望之轻,无甚今日。"由于财政再也无法维持,武宗乃于至大二年(1309年)重用"回回人"理财,擢升脱忽脱为尚书右丞相,与三宝奴、乐实一起主持改革。其改革内容为:

(1) 发行至大银钞和至大铜钱。

(2) 提高漕粮数量。自至元二十年由朱清、张瑄开创漕粮北运的海路之后,七八年之内,从江南海运到北方的漕粮从原来不到十万石剧增至一百五十万石。大德后期,海运漕粮又达到一百八十万石。至大二年,财政改革中为了解决京师粮食短缺的问题,把海运漕粮数再次大幅度增高,此年运出二百四十万石,至者二百三十八万石。至大三年,运出二百九十二万石,至者二百七十一万石。海运成本比陆运节省十之七八,比河漕也节省十之五六。海运的漕粮主要来源于南方官田收入,部分出自分赐给诸王贵族的赏田,由政府以钞酬值。由于京畿地区粮食供应的明显增加,使政府能够通过控制粮价保持市场的基本稳定,从而缓解了对币制改革的冲击。

(3) 增加盐引,提高价格。元代盐引价格,太宗时一引为银十两,至元二十六年每引增为五十贯。至大己酉(1309年)至延祐乙卯(1315年)七年之间,累进为一百五十贯。而且各地之盐引也不断增多,河间之盐至大元年增至四十五万引,山东之盐余盐为三十一万引。

(4) 开酒禁。武宗改革,取消了对酒的禁令,变官专卖为商人自由经营,放开的同时实行征税制,为了加强征管,至大三年(1310年)将酒税提举司由原来的三十余所增加到五十四所。

(5) 收外官职田,改行禄米。元代的外官都有职田,如上路达鲁花赤为一百六十顷。这些职田租给农民,每年都能收得巨额田租,还不包括官吏利用职田对佃户的额外勒索。至大改革中,取消了外任官吏的职田,改颁禄米。这些禄米与职田收入相比就少了很多。如此达到了"拘田之米"

以补京畿米粟不足的目的。

（6）开征富户收入税并追征逋欠。开征江南富户高收入税，凡收入在五万石粮食以上者，每石输二升予官。同时，追征各地逋欠钱粮。

上述措施虽然让财政危机得到缓解，但世家权要侵贪蔽占、征敛横出，种种负担还是要落在百姓身上。朝廷每每不顾国家财力大兴土木，听任诸王横行害民，使大地主的土地兼并活动日益加剧。在金融管理方面，任意动用钞本，使钞值下跌。至元钞确实因膨胀而贬值到了必须整理的地步，他们于是发行至大银钞来更换至元钞，并且铸了两种铜钱来争取人们的信心。可惜，至元钞仍在发行，而至大银钞却又未曾赋予兑现的功能。

武宗在位四年，诸事未定，又将烂摊子扔给了弟弟仁宗。这个时候，财政管理又落到了儒风更胜于耶律楚材和刘秉忠但性格与执政能力却有欠缺的李孟身上。

李孟是后唐李克用之裔，世为潞州著姓。其自小力学，淹贯群书。"每考论古今治乱盛衰之故，慨然有志于当世"。正逢皇太后为孙海山和爱育黎拔力八达延请老师，李孟中选。大德三年海山出镇漠北，爱育黎拔力八达留在宫中，李孟日侍讲读，甚受亲敬。大德九年成宗立儿子德寿为皇太子，七月即将爱育黎拔力八达与母答已谪居怀孟，李孟仍忠勤随侍。十几年的官僚生涯，使李孟对统治阶级上层及皇室内部的情况有了相当深的了解，患难与共更让爱育黎拔力八达敬爱有加。大德九年十二月，德寿夭折。十一年正月成宗驾崩，一场争夺皇位的斗争立即爆发。自忽必烈依汉制册立真金为皇太子，就赋予了真金一系继承皇位的正统地位。真金及其次子答剌麻八剌于忽必烈晚年先后去世，长子甘麻剌与幼子铁穆尔曾经有过继承争端。铁穆尔即位后，甘麻剌立下盟书，愿守藩服。所以在无嗣的成宗死后，有资格继承皇位的就是答剌麻八剌之子海山兄弟。卜鲁罕皇后深忌海山兄弟，不愿皇位落于他们之手，与左丞相阿忽台、平章八都马辛等大臣联结，想通过先由皇后摄政再召开忽里台大会推举新汗的蒙古旧制，拥立真金弟安西王忙哥剌之子阿难答。虽生平不识汉字却"雅重儒术"的右丞相哈剌哈孙将立安西王的图谋视为违制，而力主皇位应属海山兄弟。他称病不受皇后内旨，不署文书，同时密遣人驰报海山兄弟，请速回京。爱育黎拔力八达接报后犹豫未决，李孟进言：支子不嗣是世祖典训，现在宗庙社稷处于危疑之中，而大兄远在漠北，殿下应奉母急还宫廷，以折奸谋，固人心。如果奸谋得逞，下诏来召，势将难以自保。于是决计启程，二月十六日抵大都。三月朔，卜鲁罕皇后令省臣签署决定由她临朝听政的文书，哈拉哈孙当夜派人报说爱育黎拔力八达，请"先事而发"。次日，爱育黎拔力八达率李孟入宫。哈剌哈孙来迎，控制了宫廷，逮阿忽台并诛之。因阿难答，贬卜鲁罕皇后居外地。李孟以一个全无根脚的汉人，在这场蒙古皇室惊心动魄的帝位争夺战中竟然扮演了军师角色，其胆识令人骇异。时人程矩夫称他："好虞身保障，谋议国耆龟。赤手除蛟龙，丹心见藿葵。"虞集称颂他："处忧患于危难之日而不为所动，决几微于造次之须而不为慑"，诚非虚誉。

武宗即位后立弟弟为皇储，但时有改立储君之议。李孟也曾出谋划策，为保仁宗的皇位和顺利登基立了大功。张养浩也说他"两定内难"。至大四年正月，武宗死。爱育黎拔力八达征召世祖朝谙知政务老臣十余人来京议政，以李孟和太子詹事完泽为中书平章政事。李孟得以大展身手，对大德以来的弊政进行改革。

财政改革首当其冲。李孟有奏："每岁应支六百万锭，又土木营缮之费数百万锭，内降旨赐复用三百余万锭，北边军饷又七百余万锭。今帑藏余十一万锭，安能周给？"巨额官俸也在拖曳着国家财政。中省省奏："今官未及考，或无故更代，或躐等进阶，僭受国公、丞相等职，诸司已裁而复置者有之。"基于此，李孟的改革主要有四项："名爵扫地而削其尤，锡予空帑而复其旧，大官恃不钩险而核其滥，宿卫依凭城社而汰其冗。"具体说来就是：

（1）废止至大银钞和至大铜钱，恢复中统钞的发行和使用。"鼓铸不给，新旧资用，其弊滋甚""专用至元、中统钞"。

（2）实行经理法。元代户籍多年不修，国家征收田赋苦于无据。为了防止土地兼并和改变赋税不均的状况，延祐元年平章章闾提出："经理大事,世祖已尝行之,但其间欺隐尚多,未能尽实。以熟田为荒地者有之,惧差而析户者有之,富民买贫户田而仍其旧名输税者亦有之。由是岁入不增,小民告病。若行经理之法,俾有田之家,及各位下、寺观、学校、财赋等田,一切从实自首,庶几税入无隐,差徭亦均。"仁宗听从这一建议,派章闾往江浙,尚书呢匝马丁往江西,左丞陈士英往河南,施行经理之法。其规定:限四十日内,各户以其家所有田,如实报告官府;对"以熟为荒、以田为荡、或隐占逃亡之产、或盗官田为民田、指民田为官田、及僧道以田作弊者"并许告发。但因为"期限猝迫,贪刻用事,富民黠吏,并缘为奸,以无为有,虚具于籍者,往有之",最终未能推行。再加上大贵族地主、乡豪的抵制,流弊极多,"于是人不聊生,盗贼四起。其弊反有甚于前者"。延祐二年,江西赣州蔡九五聚众起兵,攻陷汀州宁化县,江浙行省出兵镇压。御史台上书:"蔡九五之变,皆由呢匝马丁经理田粮,与郡县横加酷暴事逼抑至此。"经理田赋之事被迫停止。不过,经理法仍然取得了一些成效。清理出藏匿的公私田产达99862顷,粟年产额151100斛,钞2600贯,帛150匹,麻丝2700斤。

(3) 削减赏赐。对诸王、贵戚、官僚的赏赐,一律按原来定额颁给。

(4) 清理名爵。李孟奏请削夺滥冒官爵,罢僧道官。

(5) 核查太府滥费。宣徽院掌宫廷饮膳,宴飨及宿卫廪给等事,太府鉴领左右藏等内库,掌其钱物出纳。这些内迁机构收支不受政府核查,欺冒、滥支现象十分严重。李孟提出核查,仁宗令太府监:自今虽一膳之微,不言于朕,毋辄于人。

(6) 裁减冗员。元代四怯薛累朝增加,由于充当宿卫是做官的捷径,诸色非蒙古人冒入者不少,成为财政的沉重负担,李孟上奏分汰宿卫,汉人、高丽人、南人冒入者还其原籍。

李孟算是一个相对纯正的儒者,开源无术,节流有功。而其节赏赐、削官员、核费用等措施在很大程度上损害了王公贵族和官僚集团的利益,因而遭到了许多人的反对和攻击,对他施以种种迫害。他在改革中三进三退,辞位归隐,又屡次以衰病不能任事乞解政务。李孟所作诗句就很能反映他的无可奈何:"日午山中道,停骖进步难。硷侵苔轻滑,风吹毳袍寒。匡国终无补,全身尚未安。一尊茅店酒,强饮不成欢。"延祐七年铁木迭尔对其谗构污谤,夺其封爵,仆其祖坟。李孟退职隐忍,于至治元年病死大都。李孟的改革虽遭挫折,但也有一部分取得成效,至天下称快。开科举便是仁宗和李孟最为亮眼的成绩。当李孟受任知贡举,不由得赋诗道:"百年场屋事初行,一夕文星聚帝京。豹管敢窥天下士,鳌头谁占日边名?宽容极口论时事,衣被终身荷圣情。愿得真儒佐明主,白头应不负生平。"而世祖初采行汉法的定制经过至元以来约三十年的曲折,在仁宗朝终于又推进了一步。

仁宗执政有九年之久,算是忽必烈以后元朝唯一的贤主。英宗即位后,与右丞相拜住"振立纪纲,修举废坠,裁不急之务,杜侥幸之门,加惠兵民,轻徭薄敛",短短二三年即"天下晏然,国富民足",一派小治景象。英宗罢汰冗员、整顿吏治,大规模起用汉族儒臣,并采取了安定民生的政策。受儒家思想影响至深的拜住认为:"自古帝王得天下以得民心为本,失其心则失天下。钱谷,民之膏也,多取则民困而国危,薄敛则民足而国安。"至治三年夏,英宗夜寐不宁,准备大做佛事,而拜住以"财从民出,国以民安,殚财困民,不见其福"为由谏阻。六月,又因"海运粮视世祖时顿增数倍,今江南民力困极,而京仓充满",而接受拜住的奏请,每年减漕二十万石,并将铁木迭尔所增江淮粮一并免去。此外,英宗还宣布"凡差役造作,先科商贾末技富实之家,以优农力""全免江淮科包银"以及因两浙煎盐户牢盆之役甚重而免它役、"免回回人户屯役戍河西者银税"。他还下令"流民复业者,免差税三年。站户贫乏鬻卖妻子者,官赎还之。凡差役造作,先科商贾末技富实之家,以优农力。免陕西明年差税十之三,各处官佃田明年租十之二,江淮包银全免之"。

除了这些零星的措施,为了进一步减轻农民负担,英宗还采取了一项大胆的关系全局的行动,推行助役法。至治三年四月,英宗下诏:"遣使考视税籍高下,出田若干亩,使应役之人更掌之,收其岁入以助役费,官不得与。"也就是说,由国家下令,让拥有大量土地的地主按一定比例交出一小部分土地，由应役户轮流掌管，以其收入补助应役之家，以减轻应役人户的经济负担。"会创行助役法，凡民田百亩，令以三亩入官，为受役者之助。"

可毕竟英宗与拜住的结合是"唯一的一位在临朝执政前未受过任何磨砺的皇帝"与一位"迂阔而不谙世故的年轻人"的搭配，锐有余而柔不足，识有余而智不敷。由于南坡之变的发生，英宗、拜住双双殒命，仁宗父子的二期儒治宣布失败。

五、脱脱更化

英宗死后，元代统治更加腐败。靡费无度，财政困难加剧，朝廷的一切滥支，比世祖至元三十年以前增加数十倍。到文宗即位，上都、大都府藏均已空虚，人民的负担比成宗时增加了二十倍。到顺帝时，更是雪上加霜。直到重用脱脱，才有了一丝改弦更张的迹象，史上称之为"脱脱更化"。

脱脱师从老儒吴直方，"日记古代人佳言付佳行"，常常袒护汉人南人。他两度当权，执政期间他奏请顺宗恢复了伯颜停掉的科举，开经筵并遴选儒臣观讲，设局纂修辽宋金三朝正史。其理财措施也可圈可点：

（1）开马禁，减盐额，蠲逋赋。元代财赋倚重盐利，广大灶户苦不堪言。脱脱减盐额，河间盐场自至正二年始免余盐三万引，两浙盐场自至正三年免十万引，福建盐场自至正三年起免三万引。此外，还时常下令减免赋税拖欠。至正三年十月大赦天下，蠲民租五分。

（2）整顿吏治。对地方官提出新的要求，立六项标准和黜置之法。

（3）遣史巡行天下。至正五年十月下诏："遣官分道奉使宣抚，布朕德意，询民疾苦，疏涤冤滞，蠲除烦苛。体察官吏贤否，明加黜陟，有罪者四品以上停止申请，五品以下就便处决。民间一切兴利除害之事，悉听举行。"

(4）完善法制，加强廉政。颁布至正条格。

(5）实行节俭政策。减宫女、宦官，节省御膳。

脱脱更化行三年零七个月，措施得当，朝政为之一新。汉儒们知无不言，言无顾忌，皇帝用功读书，注意节俭，颇有励精图治之起色。脱脱治国有方，"中外翕然称为贤相"。可他接下来的变钞和开河，却将元朝的大船重新驶向危险的海域，终至万劫不复。

为了弥补财政赤字，摆脱严重的财政危机，脱脱于至正十年（1350年）十一月变更钞法，"以中统交钞一贯文权铜钱一千文，准至元宝钞二贯，仍铸至正通宝钱并用，以实钞法。至元宝钞通行如故"。次年置宝泉提举司，开始铸造至正通宝钱，印造至正交钞，令民间通用。更钞法、发纸币，一力将财政危机转嫁给劳动人民，这种饮鸩止渴的办法，造成了通货极度混乱和物价飞涨。百姓视交钞如废纸，因变钞而破产者众。在大都，钞十锭买不到一斗粟。民间"皆以货物相贸易。公私所积之钞，遂俱不行"。这一次变钞，纯系大规模搜刮，将立国以来钞法中的弊端整体引爆，引起了全国性的钞法混乱，通货大幅膨胀，时人记载："行之未久，物价腾踊，价逾十倍。又值海内大乱，军储供给，赏赐犒劳，每日印造，不可计数。舟车装运，舳舻相乱，交料之散满人间者，无处无之。昏软者不复行用。京师料钞十锭，易斗粟不可得。既而所在州县，皆以货物相贸易，公私所积之钞，遂俱不行，人视之若弊楮。"

至正四年（1344年）五月，大雨二十日，黄河暴溢，平地水深二丈。白茅堤、金堤相继决口，河南、山东、安徽、江苏许多沿河地区遭遇大水灾。思谦建言："所在盗起，盖由岁饥民贫，宜大发仓廪赈之，以收民心。"顺帝拒绝。黄河决堤泛滥，不仅给沿河百姓带来灾难，也直接影响到元政府的国库收入。河水溢入会通河，影响漕运；浸溢到河间路、济南路一带，殃及河间、山东两地盐场。漕运是宫廷生活的来源，盐利是元政府的财政支柱，若遭破坏，政府财政将陷入全面崩溃。至正十一年（1351年），脱脱决定治河，任命贾鲁为工部尚书、总治河防使，征发汴梁、大名等十三路十五万民工以及庐州等地戍军二万修治黄河。并命中书右丞玉枢虎儿吐华、同知枢密院事黑厮以兵镇之。整个工程"自黄陵岗南达白茅，放于黄固、哈只等口，又自黄陵西至阳青村，合于故道，凡二百八十里有奇"。黄河两岸人民久遭水、旱、瘟疫灾害，本已痛苦不堪，人心浮动，此番又被征用为河工，在军队弹压下担负沉重劳役。加之官吏肆虐、克扣盘剥，致使阶级矛盾迅速激化，民变一触即发。

治河与变钞之激变良民，有诗为证："堂堂大元，奸佞专权，开河变钞祸根源，惹红巾万千。官法滥，刑法重，黎民怨。人吃人，钞买钞，何曾见。贼做官，官做贼，混愚贤，哀哉可怜！"这一庞大帝国，神武的一支铁血之师，高贵的一脉黄金血统，因治理上的低能，迅速凋落："金陵玉树莺声晓，秦淮水榭花开早，谁知道容易冰消！眼看他起朱楼，眼看他宴宾客，眼看他楼塌了。"

检点元朝百年而亡，无田制、无官制、无节制是较为醒目的器质性原因。

土地度量未尝强势推行，税源底数都不清楚，税负必然畸轻畸重。赋役沉重且又不均的情况以江南更为突出。如建宁崇安共五十都，纳官粮六千石。"其大家以五十余家，而兼五千石。细民以四百余家，而合一千石。大家之田，连跨数郡，而细民之田，或仅升合。有司赏以四百之细民，配五十大家之役。故贫者受役旬日，而家已破。"平江路长洲县，"地下水悍，岁赋五十万石，民避其役，不啻如猛虎"。

吏治不靖，国与民的关系随时败坏在昏官恶吏的手中。程钜夫称："江南州县官吏，自至元十七年以来，并不曾支给俸钱，真是明白放令吃人肚皮，椎剥百姓。"牧民、劝农之官，其意原至善也。然牧民者"春则追农以服农桑，夏则檄尉以练士卒，秋则会社以检义粮，冬则赋刍以饲尚马"，既多事以害农时；而劝农民间者，"必先期以告，鸠酒食，会郊原，将迎奔走，数日搔然；至则胥吏童卒，杂然而生威，赂遣征取，下及鸡豚"，又征取以代劝课，则所以牧民者实以害民，而所以劝农者实以妨农也。国家财帛浪支，又动辄增加课税：如阿合马之增加京兆课额至三倍，卢世荣制定榷酤增旧十倍，湖广省则夏税并门摊并征，两浙、荆湖、江南东西道又斗加二升。延祐初之课额,比国初已倍五十;天历中之商税,"视至元七年所定之额盖不啻百倍"。凡理财官吏,唯能增课者是使,而不问其贤不肖。唯有羡溢者之旌,而不问其当兴否。①

因为例行任用未受过儒家熏陶的汉家书吏从事中下级行政,一个相映成趣的景象出现了。与上层为争权夺利大打出手相对应,中下级官吏则是为搜刮百姓钱财而"奋斗"着。上级官吏搜刮下级官吏的钱财称为"拜见钱",官吏转任搜刮属下吏民的迎送之钱称为"人情钱",逢年过节搜刮百姓的钱财叫"追节钱",日常办事而搜刮百姓的钱财叫"常例钱""公事钱"。名目五花八门,无奇不有。由于受到中央政府党争的影响,地方官吏的任命已经不是凭借政绩,而是根据年龄的大小选任。年老过六十五岁的优先委任。于是,这些老官上任后要加紧搜刮,以免年老退休而无权再敛民财。更有甚者,中央各部之官争权激烈,而无暇顾及地方官的任命,使各地之官多有缺额。②

支出无节制,让元朝统治必然不能支撑长久。其最大的两项开支是赏赐和做佛事。赐赉是蒙元家庭共产制的一个重要表现,也反映了蒙元皇帝对宗亲的笼络政策。滥赐是造成国家财政拮据并加剧社会矛盾的重要因素。③ 除了岁赐制度外,还有各种名目的赏赐。大德元年(1297年),赐晋王甘麻刺钞70000锭,安西王阿难答30000锭。次年,元朝的财政入不敷出,产生了赤字。右丞相完泽报告:"岁入之数,金一万九千两,银六万两,钞三百六十万锭,然犹不足用。又于至元钞本中借二十万锭。"大德三年,中书省臣上奏告急:"比年公帑所费,动辄巨万,岁入之数,不支半年,自余皆借及钞本。臣恐理财失宜,钞法亦坏。"武宗一朝,挥霍更超成宗。他即位之初下令对诸王、宗室、勋臣的赏赐遵成宗之例,应赐钞三百五十万锭,而当年每年常赋入京师库藏仅有二百八十万锭,因此"以给者尚不及总数之半",财政就已经难以支持了。仁宗即位时,赏赐数

---

① 蒙思明著:《元代社会阶级制度》,中华书局1980年版,第163页。
② 王岗著:《中国元代政治史》,人民出版社1994年版,第147页。
③ 罗贤佑、任崇岳:"滥赐——元代财政的一大痼疾",《郑州大学学报》,1983年第2期。

为金 39650 两,银 1849050 两,钞 223279 锭,币帛 472487 匹。文宗即位时,军费急速增加,财政更为紧张,不得不下令削减赏赐之数,但赏赐总数仍十分巨大。①

藏传佛教(又称喇嘛教)在元代受到格外优待,每个执政者即位后都要兴建寺庙,大做佛事,所需费用之大,为历代王朝之冠。至元二十五年(1288 年),世祖忽必烈建万安寺,仅装饰佛像和窗壁就用掉了金子 550 两,水银 240 两。至大元年(1308 年),武宗在昊天寺做一次水陆大会,就布施白银 750 两,钞 2200 锭,帛 300 匹。皇庆二年(1313 年),仅内廷做佛事就耗费面 439000 余斤,油 7900 斤,酥 21000 斤,蜜 27000 斤。天历二年(1329 年),文宗皇后为助建大承天护圣寺,拿出白银 50000 两。清人赵翼说:"古来佛事之盛,未有如元朝者。""朝廷之政为其所挠,天下之财为其所耗,说者谓元之天下,半亡于僧。"

与后来明代的税使四出败坏了王朝的政治环境有些相似的,是元顺帝的奉使巡行对天下的勒索。歌谣随之而至:"赃吏贪婪皆不问,万两黄金奉使回。""奉使来时惊天动地,奉使去时乌天黑地,官吏都欢天喜地,百姓却啼天哭地。""官吏黑漆皮灯笼,奉使来时添一重。"②

为孟森蔑称为"最无制度""于长治久安之法度,了无措意之处"的元朝,几乎是一个只有解构而无建构、只有统治而无臣服、只有遵从而无响应、只有刀子而没有脑子、只会做减法而不会做加法的暗黑王朝。汉化进程的跌宕,文化智商上的孱弱,决定了它纵是认定"普天率土,尽是皇帝之怯怜口"而徒然坐观"汉地不治"。任凭得到过耶律楚材、刘秉忠、李孟等人的百般点化,只因为"武夫豪卒诋诃于其前,庸胥俗吏侮辱于其后"而难以感召智慧的汉家知识分子倾心归顺,直到再次被打回漠北,其统治学课程也没有学通。

---

① 《金戈铁马中的变革之光》,摘选自高树林主编《中国改革通史(辽夏金元卷)》,河北教育出版社 2012 年版,第 464 页。

② 《南村辍耕录》。

明：变乱的祖训

明朝开始，中国渐被西方海洋强国粗暴拉入经济发展方式急剧转变的世界格局中，从洪武以两册临万民，到张居正改赋役制行一条鞭，都难以阻止在限制工商业发展的小农经济背景下国势和国力的衰落。而腐化堕落与财力困顿之下的横征暴敛，终至引发更大范围和更高强度民暴，正是大明王朝自取灭亡的一个显见缘由。

一、大国坐标

明朝，一个横亘四个世纪（1368—1644年）、疆土远超宋朝，据说是由一个底层农民以"得国最正"的大跨度、大梯度、大惊艳度的一步登天方式取得的政权，正处在中国史与世界史的敏感阶段。在它之前的中国史，已经因为辽、金、元等北方游牧民族的迭番南下牧马而将汉家本位次第冲垮。蒙古铁骑灭宋的最后一役，甚至被夸张地描述为"崖山之后无中国"的文化崩塌之劫。待到明朝恢复汉家江山，又正逢西方因为商业革命逐渐露出了海上霸道的獠牙而大举东下围猎中华之始。葡萄牙、西班牙、荷兰甚至殖民西洋、征服马六甲、入双屿、寓镜濠、据澳门、占台湾，向着株守"不征"国策、被动海禁的大明国步步紧逼。

经由与北方征服民族的趋弱纠葛而渐失大国气象，转眼又被西方海洋强国粗暴拉入世界格局中，明朝君臣的每一项内政外交之举，都关乎王朝的气运和民族的盛衰。毕竟，只从中国史的角度来看明朝，我们会看到专制制度更加变态、皇权更加孤立、皇帝更为雄猜、任性和混账，被无条件供养起来的皇族日益侵蚀国家财政基础、宦官专权更为频繁、民变甚至民暴声色更加跌宕起伏等内在特质和"南倭北虏"时相摇曳既压缩税源又消耗财力的外患威胁，而看不到辽阔海疆成为外夷、倭寇、海商的利薮却不能分一杯羹的财政失策，看不到因为海禁"片板不能入海"而激生的庞大走私活动因为自动放弃征税权而丧失的巨大财源；看不到因为不能心平气和、平起平坐、以安抚与羁縻为基调处理中外海商关系而造成的海权损失和双赢前景；看不到大航海时代特有的巨大政治、经济、财政利益而自限封疆、自断财源、自掘活路；看不到因为株守中华中心论、五服朝贡圈的迂腐之见而自外于世界强国之林的角色迷失。从财政角度而论，王朝中期屡屡出现的财政危机已经证明依靠偏于纯粹的农业立国，仅凭农业这种投入量大产出率低的经济生态已经不足以供应支出孔洞越来越大、奢侈趋势越来越强、制度弊端越来越显、聚财与用财效率越来越低、突发与非常事变越来越成为耗财负重的王朝运营。放任从唐朝、宋朝和元朝已经行之有效、取财可观的海外贸易、市舶征取缺失而抱残守缺，放弃越来越生动、蓬勃的硕大税源而不设计相应的税收由头，也恰是明朝因为穷困而竭泽而渔，而向本来就已经摇摇欲坠的农业税源厉行加派、横征暴敛，终至引发更大范围和更高强度民暴，正是其自取灭亡的一个显见缘由。

古代据以征税的清丈鱼鳞册，内标明田地大小、方位、归属和计税额，图册中绘制的田地形似鱼鳞，故称鱼鳞册

我们可以从三个角度来论证明朝的历史坐标，以及它在世界趋势下不可推卸的历史责任。第一个角度，是明朝在中国历史上的基本定位。第二个角度，是明朝作为中土汉家政权面对北方游牧政权的关系摆布。第三个角度，是明朝面对后来居上的西方海洋势力咄咄逼人的经济、军事、外交压力而呈现的手足无措，以及因此而造成的在世界版图上的日趋落后。

中国的历史上，爆发过一场又一场的农民起义，但真正取得了终极成功的似乎只有两场——建立汉朝的刘邦和建立明朝的朱元璋。如果说刘邦起事前已经是秦帝国的一名基层官员,又因其"无赖"品性而脱去了许多农民气质的话,则朱元璋几乎赤贫、家不足养甚至要到皇觉寺里挂单,可以说是最具底层根性的一个农民了。这样从最为窘迫的农民到俯视苍生的天子的冲天跨越,既预示了朱皇帝身上的天眷之资,同时又注解着他的阶级局限。纵贯整个明朝诸多的制度设计,既可以看得出农民的狡黠、谋断和踏实,又可见处处闪现着小农阶级、农耕政权特有的保守、眼界短浅、气局逼仄、小富即安、自以为是,重农抑商和海禁政策的实施,使明朝错过了加快发展工商业的历史机遇,也使明代财政不得不以有限的田赋作为主要来源,工商税源难以发展壮大。审视明代皇帝群落,因多疑而戒备、因怯懦而保守、因茫然而收敛、因自溺而任性、因重君而轻臣、因内馁而迁怒、因冲动而残暴、因不识贤而委信小人、因无掣肘而我行我素的有失君体的表现频频。举凡十七朝十六主,大多不值一晒,如建文帝、宣宗、孝宗那样理性、仁爱的君主稀薄而又寿运浅薄。

恰因为袭自于朱元璋这样小农贲张而市侩性萎缩的帝王气质,中国古代专制皇权发展到明朝,呈现出夸张性、恐怖性、变态性的格局。一个全面且深度控制的时代到来了,它刷新了自秦始皇开创专制集权的一姓皇家统治的几乎所有属性,而将各项统治权能的独裁性推向极端。表现在各个阶层就是一个"制"字:政治上的专制性、经济上的统制性、文化上的钳制性、军事上的抑制性、社会上的牵制性、外交上的克制性。政治上的专制性主要反映为废宰相制而行皇帝独裁;经济上的统制性主要反映为上自海防、用银细至养猪等形形色色的禁忌;文化上的钳制性主要反映为朱元璋对《孟子》裁剪为《孟子节文》以及朱棣对《四书大全》《五经大全》《性理大全》的修辑;军事和外交的抑制和克制,主要反映为朱元璋的"不征"祖训导致的只对北胡势力用兵而坐视东西洋贸易与进贡失控;社会上的牵制性,主要反映为锦衣卫、东西厂、内厂、矿监税使等特务机构对于社会的严密控制。

取缔自秦以来的相权并列入祖训,由皇帝直接署理万务,这给皇帝本身出了一个大大的难题。它内在要求皇帝是勤政的；是年富力强且乾纲独断而又明察秋毫干练果决"自操威柄"的；是有处事经验且执行力强的；是仁恕亲民的；是身心健康的；是理性冷静不受蛊惑的；是受教育全面、文武俱佳而无智商和情商软肋的。这么苛刻而又严格的条件，在整个明朝就连雄才大略的洪武和永乐都不全符合，明朝十六帝，勤政者寥寥，怠政甚至漠视使命者比比皆是。置崇祯这位"具备明君品质的天子"于嘉靖或万历之前，可能是一个标准的人选。可他在祖辈们已经将社会各种矛盾激化到自燃状态，又漠视文武干臣到了极点，纵是急于求治，依旧御五十相而无从挽狂澜于即倒，终至众叛亲离，落了个系颈煤山的可怜下场。强使军政、庶政、监察大权独揽于皇帝，每每触及皇帝制度的一个特有弱点：一旦皇帝早逝，遵从继位规则，必然有冲年践祚之君勉为其难。远没有受到充分文化教育和帝德修炼，甚至不具备行为能力的儿童皇帝的即位，不可避免地牵扯到君权假借怪圈。这在明朝表现得十分充分：几个有为名君，举凡朱元璋、朱棣、朱瞻基、朱祐樘、朱由检，都是成年即位。而不失荒唐的英宗、武宗、世宗、神宗都是少年登基。276年的明朝经历了十六位皇帝，可以想见其平均执政年份和寿数都不高。而恰恰是寿命最高的洪武和永乐创立了王朝包括财税制度在内的根基，在位时间最长的嘉靖和万历则动摇了王朝的根基，赋税体系在万历手上被弄得混乱不堪。

从心理学来讲，取消丞相之位后的皇帝平均每天要批阅二百篇以上的奏折、处理四百件以上的案件的这种工作量，除了那些视天下为己任的开国皇帝和心怀天下苍生的明君，又有几个吃得消？厌倦了枯燥的政务而转向好玩的出猎、征战、贪欲、游冶和带给人希望的斋醮、烧炼或者充满了创新、刺激的豹房甚至木匠手艺，几乎是那些少不更事的小皇帝的必然选择。当取消丞相将国家兴亡的责任集于一人，而这一人又不安其位，各种乱相必然纷至沓来。作为这一措施的补充，重用宦官和倚仗内阁便成为皇帝专制体制强化后的必然结果。宦官成为"影子内阁"便由此出。宦官作为皇帝的家奴以及皇权的延长线，正好成为制衡外廷的重要力量。皇权越集中、皇帝越怠政、皇帝对文臣武将的猜疑越多，宦官便越能市权乱政作威作福。《明史宦官传》称："明世宦官出使、专征、监军、分镇、刺臣民隐事诸大权，皆自永乐始。数传之后，势成积重。始于王振，成于魏忠贤。"可以想象，当基于宦官常有的对名利病态的欲望与少年天子的血气方刚且草率冲动相交会，什么荒唐的事体都可能发生。永乐诸帝无视朱元璋关于"内臣不得干预政事，违者斩"的祖训而前仆后继重用太监，让君权一次次被盗用、假借、僭越，从王振、汪直、曹吉祥、刘瑾到魏忠贤，一次次出现实际上的太监当国。明朝财税能臣屈指可数，这也跟皇帝不信任臣下有关，特别是万历朝中晚期，更是派大批太监到各地充任矿监税使搜刮钱财，这些太监狐假虎威，作恶多端，弄得怨声载道，民不聊生。

朱元璋们总是声称自己的诸多作为是在步武宋朝。实际上，除了在文化上恢复了自宋朝中断了的汉家传统，其他方面的肖宋都是肤浅的。比如，宋朝讲究与士大夫共天下，不杀文臣与上书言事者。这方面，明朝就没有半点可与比拟——动辄廷杖与擅杀，视儒臣为奴仆，缺乏一丝对孔孟之道的虔诚。洪武杀高启，永乐杀方孝孺，为后来的君王们歧视、蔑视甚至贱视文臣开了特别不好的头，至有天启杀七君子等更为严重的事件。宋朝只对纳税人实施打屁股之罚，并以打出催租瘢作为标记。可明朝的廷杖要在多为儒生的臣僚的"屁股上留下永久性的伤痕"，这样的处置太不人道。取缔相权以及对知识分子的整体不信任、不尊重、不以礼相待造成了君臣之间重大的心理反差：士人坚执"其时士大夫无负国家，国家负天下士大夫多矣"，而崇祯的遗诏里则说"尽可将文臣杀死"。无视千百年来代表着孔孟之道的知识分子对君王进行的仁恕监督，这是明代皇帝更为恣意妄为的原因之一。

再说第二个角度。明朝存续的14—17世纪，正逢世界环境史上谈之色变的"小冰河期"。自1370年左右开始第一个降温的最低点，到1470年左右全球变冷的进程再次加深。1630年左右再次降温，直到1645年达到千年以来的最低点①。这种状态下的草原诸族，必然因为生态的恶劣而将

---

① ［加］卜正民主编：《挣扎的帝国：元和明》，中信出版集团2016年版，第49页。

生机和杀机南指。其遇水草不佳、衣食无着时必然南侵的历史规律，摆明了他们急需中原的衣帛资源以佐生存。不管是洪武、永乐、宣宗、英宗的迭次北伐，还是中期时在九边漫长战线上的疲于应付，还是中后期加固接续的万里长城，都是相当劳民伤财的重大财政支出。尤其是在朱元璋自以为得计声称不费百姓三分力换得边防万石粮的"开中法"被放弃后，军事支出与日俱增，堪堪拖垮整个国民经济。更为可悲的是，从英宗的"土木之变"后，明对北元的军事优势不再。一直到隆庆时期，通过"俺答封贡"化干戈为玉帛，方才较为彻底地解决了与北方游牧民族的和战关系。适时地展开边市交易，应该是战争之外的一个较为实用的替代策略，同时还能收到一笔可观的商税。杨一清有诗讴歌和平状态的九边："簇簇青山隐戍楼，暂时登眺使人愁。西风画角孤城晚，落日晴沙万里秋。甲士解鞍休战马，农儿持券买耕牛。翻思未筑边墙日，曾得清平似此不？"

第三个角度，便是处于世界贸易圈初步形成的时期，明朝因不知所措、不以为然、漠不关心而致的政治军事外交上的应变乏力和财政失策。

唐朝、宋朝、元朝都曾经热眼向洋，海上取利，发展对外贸易，而明朝笃定闭关锁国，它所失去的又岂止是可观的财政利益，还有它在国际贸易圈中应有的地位。用杉山正明的话说，前朝已经为明朝准备了一个现成的贸易基础，惜乎不用。

在应对周边各国的外交、军事战略方面，朱元璋曾经自以为得计地制定出自己的"不征"国策并作公开发布且载入祖训。在这条祖训中，反映为小农属性的知性、狡黠、适可而止、小富即安、承认既成事实跃然纸上。在"地广非久安之计，民劳乃易乱之源""得其地不足以供给，得其民不足以使令"的历史和逻辑支撑下，将"阻山越海"的十五个蛮夷小国列为"不征之国"，并强调与诸国相处的五项基本原则：固封疆、遣逋逃、却有罪、睦邻邦、恤鳏寡。

不是通过征伐而是通过劝谕的方式取得对藩国的朝贡诉求，这对于拱卫华夷秩序的各国君王内心祥和甚至心悦诚服都是有益的。问题在于，强横地承诺不征，明显属于放弃了"礼乐征伐自天子出""王者无外"的大国威严甚至责任，在应对诸国内乱或外侮时不免处在袖手旁观隔岸观火的状态。更何况，对于当时高丽、安南这样曾经较长时段归属于中央政权的内嵌板块，奉行了恢复前朝封疆理念的历代君王都不可能承诺不征。毕竟，"辽东之地，周为箕子之国，汉家玄菟郡耳，魏晋以前，近在提封之内，不可许以不臣"。而对于日本、琉球这样的海上祸乱之渊纵是不易征也每每不得不征。一味地强调不征，自是不愿意越来越泯灭铁血之气的后辈遭逢绝域征讨的百般凶险，却不免为自己追加了自限封疆望洋兴叹的掣肘。理性固然理性，却是太保守了，太怯懦了，太自设藩篱自绊手脚自毁长城了。

元代以军事手段打通欧亚大陆后，陆上丝绸之路与海上丝绸之路已经成为一个相互咬合的整体，并蒂而开的"一带一路"已经成为一个显见的经济增长点。相对于高附加值、高生产率、高回报率的工业与商业税源，农业社会税源板滞而又供给率、汲取率、弹性、增长性、开放性、扩张性、匹配性差，应对初定之世、太平盛世或无事之秋尚能勉为其难，一遇特别或大项支出必绌。一旦进入到各项社会矛盾纷纷显现、社会分化渐趋拉大、富者豪奢达者腐败绅商各尽遁逃伎俩各施求财绝招而底层虽挣扎而难获一饱的下行衰世，国家的税基都被各种盗挖，连保持原额都不可得，怎么可能不行加派增税之策呢？坐视海上的巨大利益尽入外夷、海商、市镇而不设税柄抱残守缺，就只好将税收的平和外衣脱掉而易之于残酷地掠夺。最后的结果都是一样的，无论是灭于外敌，还是亡于内患，或者是禅于别姓，都是皇权倾覆，王朝更替。

也就是说，从中国历史上来看，君权发展到一权独大众权退位的变态地步的明朝开始走向了专制王朝的更年期、腐朽期、僵化期；从东亚大陆板块反映为中原汉家与漠上胡族的南北对垒上，也未曾表现出高于汉唐的处置谋略，总体上处于守势而难有更大作为；从世界历史来看，明朝从汉唐的富庶、强大、恢宏、吐纳百川、包罗万象逐步走向了保守、落后甚至被动，渐渐从仪态万方、居于世界中心笑看四夷宾服、八方来朝的东方大国沦落为一个被西方列强视为肥肉恣意分割的弱国，最突出的体现之一就是国家财政越来越入不敷出。其中缘由,从朱元璋的不征策略就已经注定,那就是在所有的对外领域,均取守势而不思进取,满足于民族国家有限苑囿,闭关锁国。既不能审视和厘定自己在中国历史上的适用定位,也不能化陆上威胁和海上僭越为国家的可乘之机并谋之于双赢甚至主角地位,迷失东方大国在真正的世界史对冲初期的时代角色,这是明朝终究成为中国历史发展的遗憾而非遗产、教训而非经验、耻辱而非荣耀的显见归因。

二、皇运跌宕

每一个皇帝、每一个重臣的一举一动,其失察、失策、失范、失礼、失德、失道之处,都通过直接或间接地诱发行政危机、政治危机、经济危机、社会危机、财政危机,影响王朝的走势。王朝的运行,其财政运筹至关重要。孟森谓:"国之兴亡系于财之丰耗,阜财者,民也。"

初世(洪武、建文、永乐)

一个王朝的前二三位君主对王朝的发展起到决定性的作用。朱元璋与朱棣,恰是明朝的两座丰碑。明朝之有朱元璋、朱棣,国家版图始定,国家蓝图始定,国家规制始定,国家气象始定。清康熙帝的观点是:"洪武永乐所行之事,远迈前王。"

朱元璋以一袭僧衣起家,实际上是典型的"流氓无产者"。一个二十四岁的步卒、历亲兵九夫长等基层职位一路上行,待到敢称吴公、吴王时,天下大势已经有了眉目。洪武帝从蒙昧而至上皇,一步登天,而他在文治方面的造就,更是受力于天资。国家建设方面的诸多基本制度,包括赋役制度,几乎都出于洪武一朝,并最终辑为祖训。其创新性建树多多,只从洪武一朝三十一年间便有过减免赋税和减免灾民达七十多次的记录看,其对下民的关爱,不是虚言。

明洪武二十四年祁门县税课局契税凭证

朱元璋申纲纪、敷民生、立威柄，为这个整体素质低下的朱家皇帝群，树立了一个不可磨灭的祖宗典范。成祖有言："我朝大经大法，皆太祖所立，以传子孙。"

永乐起家与收功之处缘在北元方向，因而迁都北京于他而言顺理成章。可重点税源是在苏松，倭寇的主要袭击方向也是江南，郑和下西洋也是起自江南，因而，很难说永乐这个过分偏离经济中心的决策不是一味从政治和军事地理的角度而发的。丘浚为他打圆场："文皇帝迁都金台，天下万势之大势也。盖天下财赋出于东南，而金陵为其会；戎马盛于西北，而金台为其枢，并建两京，所以宅中图治，足食强兵，据形势之需要，而为四方之极也。用东南之财赋，统西北之戎马，无敌于天下矣。"永乐十六年运北京漕粮已达四百六十四万六千零三十石，永乐末年则增至五百万石左右，他们二人都未算这个账。

永乐之爱民，颇似其父。他的小康梦是这样的："农力于稼穑，毋后赋税；工专于技艺，毋作满腔淫巧；商勤于生理，毋为游荡。贫富相睦，邻保相恤，相安相乐，有无穷之道。"洪武、永乐皆重太子、太孙养成之术。身体力行并携之随侍,导之既知稼穑艰难,又知兵凶战危,既知书达理,又通御下之道:"知农之劳乎?夫农勤四体,务五谷,身不离畎亩,手不解释耒耜,终岁勤动,不得休息,其所居不过茅茨草根,所服不过练賞布衣,所饮食不过菜羹粝饭。而国家经费,皆其所出。"

治世(洪熙、宣德)

知人善任的永乐为自己的子孙预储了许多治国的干臣。如三杨以及蹇夏,无不是五朝元老。以杨士奇之学,杨荣之才,杨溥之量,蹇义之厚重和小心,夏原吉之精细和谨慎,使得仁、宣二宗在位的十一年,成为明朝少有的一个天下清平、朝无失政的阶段。史书如此记载:"宇内富庶,赋入盈羡,米粟自输京师数百万石外,府县仓廪蓄积甚丰,至红腐不可食。岁歉,有司往往先发粟赈贷,然后以闻。"孟森用"循吏"这种可以展现"盛世士大夫之风"的出现频率,清楚地反衬出时之清浊:《循吏传》"全传百二十人,宣德以前六十余年间得百人以上,正统至嘉靖百三十余年间得十余人,隆、万五十余年间仅二人,天、崇两朝则无一人"。

仁宗只有十个月的时间当国,但他的仁心确实可圈可点。比如"重刑五奏":"若朕一时过于嫉恶,律外用籍没及凌迟之刑者,法司再三执奏,三奏不允,至于五奏,五奏不允,同三公及大臣执奏,必允乃已,永为定制。"

宣宗朝的治理得当。宣德五年,命于谦、周忱为侍郎巡抚两京、山东、山西、河南、江西,系首次于各省专设巡抚。又命况钟等九人为繁剧之地的知府。繁剧地,冲疲繁难之地,缘有财税意味。

宣宗的理念和素养是合乎一个盛世君王的标准的。他说:"人君恭敬,则户口日繁,财赋也就自然充足。"他又说:"省事不如省官。"可积弊每自盛世伏下。宣宗把太监培养得有了文化,便可以代他"批红"。后来渐渐地被太监利用后来居上:"内阁之拟票,不得不决于司礼之批红。"

衰世(正统、景泰、天顺、成化)

失于太子养成修炼的英宗、景宗、宪宗的帝德、帝风、帝行迅速沦落。有两个方面的论据:一是三人都是私心盛于公心,每每以私欲责人甚至杖人、杀人。二是依赖感空前强烈，英宗迷信王振，致遭明史上第一次重大宦祸；景帝仰仗于谦，并曾亲奉丸药；宪宗畸恋万贵妃，任其屠戮怀孕后妃而不治。

英宗之信王振，是发自内心的欣赏和信赖。他甚至可以为他而大破成例：太后欲杀之，英宗跪求；王振毁弃洪武所立太监"内臣不得干预政事，犯者斩"铁牌，英宗无动于衷；奉天、华盖、谨身及乾清、坤宁宫成，宫廷大宴，依礼宦官不得参与外廷宴，英宗见王振不怪竟开中门相迎，臣子称翁父谀声大作；王振矫旨挨个整治尚书侍郎，英宗并不觉得失礼。

如果说英宗盲信王振酿下弥天大祸还只是少不更事或者鬼迷心窍，经景帝与于谦拨乱反正后的天下已渐趋平和。而宪宗这个幼年受到过严重刺激的皇帝一登极，王朝的走向便显得迷茫。尽管宪宗在位期间能够宽免赋税、减省刑罚，促使社会经济逐渐复苏，但他对政治并不感兴趣，长期疏于政务，即位不久即深居宫中，专宠长自己19岁、亦母亦妃的万氏，在位23年，一直生活在她的影子里。他宠信身边的家奴宦官，设立西厂，任由汪直等人作威作福，听由宦官以传奉圣旨的非正常途径滥授传奉官。成化朝的乌烟瘴气，可引当时刑部官员李旦的话证之："神仙、佛老、外戚、女谒、声色、货利、奇技淫巧，皆陛下素所惑溺，而左右近之，交相诱之。"怠政的他临朝二十三年，只在成化七年召见过一次阁臣，从此开创了明朝历史上君臣相隔的先例。

孟森有论："明之君，自英宗为无道之始，明之民，则未尝感觉困苦。坏祖宗藏富于民之意，自宪宗始。顾祖宗所收藏至厚，不至一时遽尽，故其大败决裂犹在百年以后也。"

中兴（弘治）

孝宗的出生本来就是一个低概率事件，何况一直被偷偷地养在冷宫。可他首先是遇到了一个待他如子的废后吴氏，接着又在认亲并册立太子之后遇到了一个堪比贤师的老奴，教之以仁君之道。因为前三个皇帝污亵了的朝政，一时之间大有中兴之象。明史评道："孝宗独能恭俭有制，勤政爱民，兢兢于保泰持盈之道，用使朝序清宁，民物康阜。"

孝宗中兴有诸多的表现，比如斥逐奸佞、任用贤能、广开言路、改良政治、尚俭赈荒、整饬边备。财政上的表现也是醒目的：英宗时户部设太仓，岁给三百万两，至孝宗时增至八百余万两。续收银两存于两庑，称为外库。反映在人户等税源要素上，"海内乂安，户口繁多，兵革休息，盗贼不作"。

孝宗的个人资质，在整个明代皇帝群落中都属上乘。其聪明、勤政、爱民，治政有不少亮点。最重要的是他识得贤才，确保了孝宗朝"众正盈朝"：王恕、马文升、刘大夏、刘健、李东阳、谢迁等，都是名臣之选。时人谓"李公谋，刘公断，谢公尤侃侃"，一时传为佳话。马文升任兵部尚书十三年，"尽心戎务，于屯田、马政、边备、守御，数条上便宜，国家事当言者，既非职守，亦言无不尽"，如此官能官德官识，甚至不减于三杨时代。

孝宗当国之初就被刘大夏关于"天下民财穷尽"而士兵"穷与民等"的实话打了一记闷棍，不由得发出"朕临御久，乃不知天下军民困，何以为人主"的惭愧和感叹。大夏告之："正谓不尽有常耳。如广西取铎木，广东取香药，费困以万计，他可知矣。""其帅侵克过半，安得不穷？"感于此，孝宗的勤勉可为后世皇帝楷模：除早朝外，又增加了午朝，还经常在偏殿与大臣讲论经道，谋议政事。"日再朝以听政，又无日不讲经史治道以资法戒，接士大夫之局多，对宦官宫妾之时少，荒怠之主必不能行。""使贤臣常接于目前，视听不偏于左右，合天下之耳目以为聪明，则资于外者博，而致治之纲举矣。"上好仁则下好义，孝治中兴与其个人禀赋大有关联。

末世（正德、嘉靖、隆庆、万历、泰昌、天启、崇祯）

孝宗在位十八年，只活了三十六岁。即位时已经十五岁的武宗一直在父亲那里受到纵容，即位后又遇到了刘瑾、江彬之流，亲小人远贤臣的他不管父亲为他留下了多少贤臣，也必是无济于事了。豹房斗狠、亲征巡幸、杯杓自随、各类污秽女子相侍，如此精力旺盛的一个年轻皇帝居然在位十六年没有子嗣。社会矛盾急剧扩张,"时瑾虽诛,而政权仍在内,魏彬、马永成等擅执朝政,两河南北、楚、蜀盗遂起"。对朝臣的极端蔑视更上了一个台阶,动辄一百四十六人于阙下受廷杖,十几人暴死。继承王振当年的传统,刘瑾的淫威更炽。以至于安化王反,都能在檄文中讲出一大堆正大光明的道理:"刘瑾蛊惑朝廷,变乱祖法,屏弃忠良,收集凶狡,阻塞言路,括敛民财,籍没公卿,封拜侯伯。数兴大狱,罗织无辜。肆遣官校,威胁远近。"

"嗜酒而荒其志,好勇而轻其身"的武宗时的财政危机更为严重。朝廷各项支出已经超过了全年国库收入。"京库银两岁入一百四十九万余两,给边折奉及内府用一百万两,余皆贮之太仓以备饷边急用。故太仓之积多至四百万,少亦半之。今一岁之用已至五百余万两。"受到皇庄、王庄、官庄甚至宦官庄田奏讨、投献、占夺潮流的挤压,流民四野。"广置庄田,不纳粮刍,寄户府县,不当差舶,彼则田连阡陌,民则无立锥之地。"连京师根本之地都出现了农民起义。

嘉靖以旁支入主,初期赖杨廷和打下的基础,锐意改革,国势大有起兴的可能。世宗登极诏书多达八十款,充分反映了杨廷和革故鼎新的愿望和决心。加之世宗支持,"中外称天子圣人,且颂廷和功"。谈迁谓:"凡新主之诏,多旋行旋格,美意不终。惟世宗初所兴除,靡不力也。""御极之初,力除一切弊政,天下翕然称治。"可登极时间不长便倦勤修道,天下变乱频仍,南倭北虏全都嚣张到极致,皇朝岌岌可危。末期终于得了一些贤臣能将,将各种祸患渐渐平息,倭事暂息的同时,居然还有限度地开放了海禁,并允许葡萄牙居于澳门,照章纳税。北虏方面也为隆庆朝的俺答封贡奠定了很好的基础。可是,世宗之玩忽职守居然到了自己炼丹求药而请五岁太子监国的地步,太仆卿杨最上疏反对,竟被廷杖而死。"庚戌之变"发,俺答纵兵在京师周围烧杀八天之久,"德胜、安定门北,人居皆毁"。兵部尚书丁汝夔与平虏大将军仇鸾竟遵严嵩指示按兵不动,这大可以构成与土木之变相继的第二次奇耻大辱。

嘉靖间财政危机因为皇帝的个人偏好而大上特上。主管皇帝伙食的光禄寺，每年"额设二十四万，先时止用十二万，至正嘉时用至三十六万，犹称不足"。"世宗营建最繁，十五年以前，名为汰省，而经费已六七百万。其后增数十倍，斋宫、秘殿并时而兴，工场二三十处，役匠数万人，军称之岁费二三百万。其时宗庙、万寿宫灾，帝之不省，营缮益急。经费不敷，乃令臣民献助，献助不已，复行开纳。劳民伤财，视武宗过之。""是时边供繁费，加以土木祷祀之役月无虚日，帑藏匮竭。司农百计生财，甚至变卖寺田，收储军罪，犹不能给。凡遣部使者括逋赋。百姓嗷嗷，海内骚动。""则是度支为一切之法，箕敛财贿，题增派，括赃赎、算税契、折民壮、提编均徭，推广整合兴焉。"隆庆元年（1567年），户部尚书马森盘查内库，其报告可以算作是对嘉靖一朝的审计报告："太仓见存银一百三十五万四千五百六十二两。岁支官军银一百三十五万有奇，边饷二百三十六万五有奇，补发年例一百八十二万有奇，通计所出须用银五百五十三万有奇。以今岁抵算，仅足三月。京仓见存粮六百七十八万三千一百五十一石，岁支官军月粮二百六十二万一千五百余石，遇闰又加二十二万余石，以今数抵算，仅足两年有余。窃惟积贮，天下大命。故无三年之蓄，则曰国非其国。今帑藏所积如此，可谓匮乏之极矣。平居无事，尚难支持。万一有不虞之变，供费浩繁，计将安出？""今日催征事急，搜刮穷矣，事例开矣，四方之民力竭矣，各处之库藏空矣。时势至此，即神运鬼输料难为谋！"江南民谣唱道："一亩官田七斗收，先将六斗送皇州，止留一斗完婚嫁，愁得人家好白头。"

隆庆当国只有短短的六年，但一则"端拱寡营，躬行节俭"，二则彼时能臣在位，阴阳和合，居然在南倭和北虏两大方向上都取得空前的双赢之局。由张居正策动的遗诏、登极诏，"培国本，回元气，反四十多年之误而正之"。

应对南倭，隆庆部分开放了海禁，允许在福建漳州月港出海，"准贩东西二洋"。隆万年间，月港每年出海贸易的商船达到二百多艘，万历二十年，商税银可收二万九千两。应对北虏，有俺答封贡。"自隆庆来，款市事成，西北驰备，辇下皆以诸边为外府。""自俺答封贡以来四十余年，中外宴然,可谓和戎之利。"尤其是在张居正独立当国后,他在政治和经济两条战线上都取得了不俗的成绩,足以挽王朝下行之颓势。政治上,他整顿吏治,重振朝纲;为政尚严,厉行法治;综合名实,爱养人才;核减生员,整顿学政;俺答封贡,安定北方;任用名将,镇守蓟辽。在经济上,他紧缩开支,增加收入;清丈土地,抑制豪强;行"一条鞭",改赋役制;厚农资商,轻关利民;任用贤才,治理水患;整顿驿传,利国安民。

明万历十年丈地均粮碑,位于甘肃省舟曲县城北街的这块碑反映了推行"一条鞭"法的情况

张居正的挺身而出"危身奉上"在一定程度上止住了明王朝的下滑趋势。他起作用的隆庆万历十数年,再度出现了足以让王朝振兴的迹象。其改革成果很快反映在财税层面。尤其是将田赋、徭役以及其他杂征总为一条合并征收银两并按亩折算缴纳的"一条鞭"法推行,聚财效用明显。万历五年,国家财政岁入四百三十五万余两,出三百四十九万余两。居然破天荒出现了盈余。万历六年，天下户口之数为：户一千六十二万一千四百三十六，口六千六十九万二千八百五十六。岁入三百五十五万余两，岁出三百八十八万八千余两。京通仓支放米一百余万石，而当时储米总额达一千二百万石，可以满足十一年之需；万历八年，全国土地清丈完毕，得七百零一万三千九百七十六顷，比弘治时大约增加三百万顷。万历十一年，京通仓储粮达一千八百万石，年支放二百二十万石，足资八九年。"太仆金积四百余万"，国库积银曾达六七百万两，财政终于有所盈余。时人有谓："故辅居正，受遗辅政，事皇祖者十年，肩劳任怨，举废饬弛，弼成万历初年之治。其时中外乂安，海内殷阜，纪纲法度莫不修明。"

神宗也曾经想过做一个好皇帝。可纵色过度、酗酒成性、贪图安逸的他身体日渐虚弱，加之对众大臣的争国本等谏言实在过于反感，心理渐渐扭曲，干脆拿出"小儿科"的罢工手段来发泄私愤：不上朝，不见臣下，不理政务，不补官员。"典礼当行而不行，章疏当发而不发，人才当用而不用，政务当修而不修，议论当断而不断。"不过，他却有一样没有放弃，那就是传索帑金。无论是户部的太仓库、光禄寺储银，还是兵部太仆寺的马价银，甚至是工部的专项工程款，一概追索，贪得无厌。

神宗的标志性恶政是采榷之祸和辽饷加派。前者以无良宦官逼恼了城市工商业者，后者在压根未曾起到致胜作用的情况下激反了天下农民。辅臣沈一贯言："中使一员，其从可百人，分遣官不下十人，此十人又各须百人，则千人矣。此千人每家十口为率，则万人矣。万人日给千金，岁须四十余万，及所得才数万，徒敛怨耳。今分遣二十处，岁縻八百万。"因为招致了五六十场城市民变，朝野上下一片反对之声。但是，任何正当的道理都是难以说服神宗的。自二十四年至三十三年，诸矿入银几三百万两，金珠、宝玩、貂皮、名马不计其数。廷臣谏者不下百余，悉置不理。毕竟没有受到过任何技术和道德上的熏陶，矿监税使破坏力惊人："始犹取之商税，既则取之市廛矣；始犹算及舟车，既则算及间架矣；始犹征之货物，既则征之地亩、征之人丁矣。"孟森谓："神宗天性好货，嗣此遂以聚敛造成亡国之隙。"

辽饷加派更是自取灭亡之策："竭天下以救辽，辽未必安，而天下已危。"神宗的遗诏权且可以视为万历本人的罪己诏："比缘有病，静摄数年，郊庙弗躬，朝讲虚御，封章多滞，寮采半空，加以矿税繁兴，征调四出，民生日蹙，边衅渐开，夙夜思维，不胜追悔。"

光宗一月而死。继位的熹宗本来也曾经有一个好的开局。众正盈朝，东林势盛，天下清流之士群相应和。可熹宗的爱好竟然是斧锯凿锛、引绳削墨。魏忠贤乐得其成。连明史熹宗本纪也不再客气："明自世宗而后，纲纪日益陵夷。神宗末年，废坏极矣。虽有刚明英武之君，已迄振矣。而重以帝之庸懦，妇寺窃柄，滥赏淫刑，忠良惨祸，亿兆离心，虽欲不亡，何可得哉？"

明万历十六年浙江省萧山县轻赍银（耗米折银）银锭

朱由检自是勤政，但他接手的是一个已经山河破碎的烂摊子。崇祯元年，户部尚书毕自严奏：一岁所出，浮于所入一百一十三万余。当其时，陕西的一群王姓农民，如王二、王嘉胤、王左挂、王大梁、王自用等，激于大穷之境仍有追比税粮者，裹胁更狠的角色高迎祥、张献忠、李自成汹涌而来。他们甚至用毁皇陵的决绝，宣告了自己与朱家的不共戴天。毕竟，前朝已经加派的辽饷，加上本朝兵部尚书梁廷栋建议的辽饷续增和枢辅杨嗣昌定议的剿饷和练饷，是在政府财政破产的同时，把本来就不宽裕的百姓也推上了死亡的边缘："万历末年，合九边饷止二百八十万。今加派辽饷至九百万，剿饷三百三十万，业已停罢，旋加练饷七百三十余万。自古有一年而括二千万以办理京师，又括京师二千万以输边者乎？"

崇祯的勤政堪比洪武、永乐。有诗赞之："璇肩启处晓星多，才听三更五点过。谁是宵衣分念者，早朝频问夜如何？"《明史》也作这样的评价："帝承神熹之后，慨然有为，即位之初，沉机独断，刈除奸邪，天下翘望治平。"可叹,"焦于求治,刻于理财,渴于用人,骤于刑法,以致十七年之天下,三翻四覆,夕改朝更,耳目之前,觉有一番变革,向后思之,讫无一用,不亦枉却十七年之精励哉!"

三、洪武心计

自诩"好把寸心问民瘼"并向往"今朝村市晓晴生"的洪武皇帝在执政三十一年中把治国理政的精细智慧用到了极致,进而构造了后世十五个子孙无法超越的洪武之治。大明历史上唯一的一次免天下田租就发生在洪武朝。永乐不过增了些疆域,仁宣不过多了些宽仁,弘治不过多了些户口和清明,于谦不过挽回了一些军事上的尊严,张居正不过重申了一番财政上的大体。

(一) 信约

出身于雇农家庭又饱受游方僧四方化缘饥馁之苦的大明洪武皇帝朱元璋凭借百般才智与机运得到天下,被孟森称为得国最正之君。亲历乱世的他深知:君民契约链条断裂以致"征敛日促"是元朝灭亡的重要原因。天下初定,重申、修复、维系这一信约便成为他的当务之急。

治国者劳心,报国者劳力。劳心者殚精竭虑,劳力者供粮供财。这是一种人尽其才、物尽其用的资源配置。君民信约便是清平社会下统治者与被统治者间的一种默契和平衡,是正常状态下双方都可以接受的分寸。这一信约的基本内容是:我养民,你安居;我驭国,你持家;我节用,你输财;我治理,你供役;你垦荒,我免科;你还籍,我赐复;你灾异,我赈恤;你饥馑,我蠲免;你逃亡,我招抚;你孤老,我恩养;你废疾,我给米;你高年,我赐肉;你无告,我救济;你遭难,我优恤;我失信,你造反;你违约,我制裁。

在这一理性支配下,他把惜民养民当成了一种道德自觉。他说:为君者欲求事天,必先恤民。恤民者,事天之实也。他又说:天地生财以养民,故为君者当以养民为务。而且,宽仁的标的是阜民之财、惜民之力。不节用则民财竭,不省役则民力困。即使节浮费、薄赋敛仍有可能损民,重敛简直就是残民。更进一步说,保国之道,藏富于民。既然民富则亲、民穷则离,唯视催科缓急以为去留出自百姓正常情性,"民者邦之本,财者民之心"的外观导向便是财聚则民散,财散则民聚。放水养鱼而非竭泽而渔,恰是做大税源确保支出的正途。"为治之先务,立国之根本",就是鼓励百姓尽力田亩,为国家涵养滚滚资费。学校兴则君子务德,农桑举则小人务本,王道履则国无游食之民,野无荒芜之地。

作为君民信约的启动性前提,崇俭杜侈、与民同艰便成为君德的必选。居上能俭,可以导俗;居上而侈,必至厉民。

朱元璋努力地把这一君德灌输给官员,变为官德。他强调:民困于重租,而官不知恤,是重赋而轻人。要想食货充而国用足,务培邦本,使民无横敛,国有常经。

因此,明晰百姓的责任更是维系这一信约的重要一环。他声言:为我民者,当知其分。"民有田则有租,有身则有役,历代相承,皆循其旧";"田赋力役出以供上者,乃其分也",农户尽到这个本分,方为仁义忠孝之民,反之,"不但国法不容,天道亦不容矣"。

(二)茶马

茶为中土特产,好马多生外番。双方本就互有巨大的供求。将茶马交易垄断为排私性的国家行为,则同时兼具了政治、经济、军事、外交、文化、财政、税收的多重诉求和效果。毕竟,国家大事在戎,戎之大事在马。而"茶之为物,西域吐蕃,古今皆仰信之。以其腥肉之物,非茶不消;青稞之热,非茶不解,故不能不赖于此也。是则山林草木之叶,事关国家政体之大,经国君子固不可不以为重而议处之也。"朱皇帝一句"固番人心,且以强中国",道尽此中端倪。能舍得"诏天全六番司民,免其徭役,专令蒸乌茶易马",也可见他的果决。

既然能够换到战马这样高品质高机动性战场利器，茶也就成了明朝的重要战备物资。而茶户的使命，就是无保留地为国家生产茶叶，除缴茶税外，余茶也为官收，或者为纳课请引的商人所收。如《禁茶榜文》所定："本地茶园人家，除约量本家岁用外，其余尽数官为收买。若卖与人者，茶园入官。"明代茶法采内地茶课制和川陕特别征课制。前者由茶课司管理，后者主要由茶马司管理。政府涉茶收入分别有：茶税，十株取一，株额二两；茶榷，客商兴贩，每引由一道，纳钞一贯；茶商税，卖茶去处，由宣课司三十取一；贡茶收入；招商中茶抽分；茶马贸易收入。

上升为国家战略的茶马贸易，便不再是简单的贸易，而是宗主国对于诸番的一种羁縻。上位国是有定价权的，它倚恃的是大国军政的潜在威慑。存在着相对预算约束的茶，只有换到足够量的马，才能焕发更大的财政张力。于是乎，一反对不征之国和朝贡之国厚往薄来的国策，茶马交易采取了尽可能苛刻的比价。凭借着对走私茶严厉的打击措施和一次次的奉诏修约，洪武朝的茶马比价对明朝越来越有利。从洪武初的马一匹易茶1800斤，到洪武二十一年的上马给茶120斤，再到洪武二十五年河州用茶30万斤，易马40340匹，明廷"以摘山之力，易充厩之粮"，取得了越来越好的财政收益，稳定国内马价，减少对国内养马户的依赖，也紧密了与少数民族的供需互利。

（三）开中

开中法源于宋代的折中法和元朝的入粟中盐法，是开边报中的简称，重点在于一个"中"字。中有居间博取、枢纽串通、互利报偿之意，建立在政府拥有对盐的政治控制、经济占有和商业垄断的前提下，商人欲得对盐引的持有、承销资格，必须满足政府所提出的交换条件。起始和典型的开中，即入粟中盐，由政府召商向边境或特定仓口运粮、购粮、输粮，然后根据盐粮比价、饷运缓急、米质高下、盐色高下、距离远近、道路险易、中纳者获利空间等权衡给予一定量的淮盐、浙盐、山东盐的盐引销售权。如此军守边，民供饷，以盐居其中，为之枢纽，可使政府、军队、商人、屯田百姓各得其利，故谓"开中"。

开中法首先是盐法中的得意算盘。依据开中，不仅免去了官运盐的高成本，还节省了大量的转运费和转饷劳役，并使边储和粮储得到保障，史称"有明盐法，莫善于开中"。正因为政府据有的盐货可以居间起到支配和调节其他物资的媒介和杠杆作用，后来又衍生出盐马、盐铁、盐钞、盐茶等报中关系。纳钞中盐、纳马中盐甚至盛极一时。户部、盐运司、布政司均沾其利。

第二、第三梯次的优越性反映在转运费省而边储充、盐法边计相辅相成。当民运改为商运，百姓负担减轻了。当仓储多了商运粮，左近纳税人的负担也有望减轻："价平息倍，商乐转输，边免飞挽，士饱马腾，缴急有备，策之良也。"

节运费而实仓廪自是题中应有之意。而第四梯次的衍生效果则在于"商屯"或"盐屯"的出现。参与开中的盐商为免内地收粮、长途转运之累，干脆于入粟之地召民屯田，并以所产谷物向政府换取盐引。如此，又丰富了屯田的内涵和外延，军屯、民屯之外，又多了商召民屯的身影。看到富商大贾自出财力、自招游民、自垦边地、自艺菽粟、自立堡伍的商屯，朱元璋大快：养我百万兵，要在不费百姓一粒米。

第五道涟漪，当是刺激了全国范围市场化的形成。各地商帮本有各自的活动空间，而开中法诱惑商人们到西北入粟而又到淮浙取引并到各地销盐，贩运营销范围自然扩大。唯利是图的商性与政府的开中调配一相逢，便打破了商业版图上的局限分割，于官于商都是利好。

（四）编户

赋役黄册，是在户由、户帖、小黄册的基础上逐步发育成熟的户口册、户籍册、赋役义务分类明细，它依托了基层的里甲建制受命组织的户籍、户口、事产申报并结合了自上而下的税源核查，建立起对帝国统治的基本信息记载与变化轨迹追溯系统。

有道是，民数周然后庶事兴。负有代天牧民使命的历代君王，都把编总、编排、编练、编整、编修治下负税应役的各类百姓，当成一件很严肃的事。甚至于，在《周礼》规制的特定祭祀活动中，也会把这类载有户口钱粮之数的版籍置于祭台下,以体现对这些资源的严肃处置。编户代代有,明朝更凝重,分置于户主、地方、户部的赋役黄册,将国家和民众的征纳关系清晰表达出来。

孟子有言:诸侯有三宝,土地、人民、政事。土与民是最基本的生产资料和税源,土生粮,民出役,户供调。而政事便是君民关系的空间呈现。赋役黄册,恰是对这三宝的集中反映。在关乎"国家之命脉、政事之根本"的黄册中,在基于每户的动态追踪中,大凡丁口、户等、土地、房屋车船孳畜等事产,因不同户籍和不同事产而产生的税收义务,详尽列出。人丁编入里甲,田地山塘则分录地段、田亩、税粮数,以及十年间增减和实际数据。田土买卖,也按时序逐笔胪列。

朱元璋从社会鄙视链的末端一路上行,在血雨腥风中为兵为将为公为王并最终登极为天子,经历了民间疾苦、世态炎凉、惨烈竞争、人心向背。在通向万民之主的过程中,他身边的儒生熏陶他成为一个中兴之主,加之他确实有着开国之君的天纵智慧和个人魅力,对和平天下的诸多运筹方案渐上心头和案头。编户以至于黄册,便须归因于他的匠心独运。有了黄册,那南北二直隶和十三布政司下的140府、93直隶州、1138县、492卫、2593所辖下的1000万诸色户计,便都在他的股掌之间。

(五)齐民

生涯履历中困窘的出身、仓皇的流离、亡命的拼杀、粗鄙无文的根底,决定了朱元璋纵是最终位及九重且倚天为父抚民为子,他对对立势力、豪民、巨商的那份骨子里的阶级仇恨和本能反感,即使屡作克制,也会不时发作出来,化作理性或者感性、深思熟虑或者灵机一动、处以公心或者出于私欲、寄望长久或者快慰一时的齐民之策。

诉诸史乘,我们可以把洪武用之于齐民的帝王诸术,归纳为倚民、擢民、护民、惩民、没民、移屯、迁豪、戍商等。其中最典型的当数粮长制度。

粮长制度是朱元璋的重大创设。在人口、田地、税收浓度相对较大的南方赋税繁剧之邑,主要是浙江和南直隶,他发现了一种税收催督、收纳、转运效率明显高于官收官运的更好办法。在官民之间寻找主体身份为民、役用身份为官的中间势力，即乡间田粮俱多的殷实户充当里长、甲首编定、拢齐里中、甲中税粮，又以万石为率就近归总相应里甲设立粮区，以其粮长承担向京师诸地的转运责任。粮长人选，例由粮区内田粮较多的人户担任，委以纳钞赎罪特权，甚至享受永充权益。

从初心而论，粮长之设确实是一举数得的良好办法。一方面鉴于有司少有恤民自觉而时常通同刁诈之徒侵渔百姓，他祭出这一以民治民、以良民治良民、以纳税人治纳税人的路数。另一方面是征税成本降低而揽纳成本提高。官府卯定了更可靠的代理人，催征经收解运的责任尽委于他，总花费比不了解税源的官吏少了许多，何况还少了许多盘剥，且一应资费多由粮户承担，而揽纳之人的取财之路也窄了许多。第三方面的用意更显深远。运用粮长这一设置，把通常所说的天高皇帝远的乡间，变成时时可能一睹龙颜、面受上谕、垂问民间疾告、一语合体还能赏官兴家的地缘关系，其对乡绅富户的争取、笼络和借重是不言而喻的。从各方面表现良好的粮长中选取税户人才，便是朱皇帝的天才构想。鉴于前朝的吏治太坏，明初官员力量单薄，而久乱之后人多留恋耕田避祸不以仕进为荣，他择密迩京师的江浙富民出官，既有拉拢之意，又补好官之缺，可谓一举两得。如乌程严震直特授通政司参议，再迁工部侍郎、尚书；归安汤仲行任吏部侍郎；长兴严良齐任刑部侍郎；浦江郑沂任礼部尚书。当然，洪武并未丧失理智。江南粮赋重镇，其籍例不得官户部的规矩，也自明初厘定。

（六）经界

洪武以两册临万民。赋役黄册之外，还有鱼鳞图册。

丁口与田土是国家赋役的基本源泉。田为母，人为子，子依乎母而断然有据。"鱼鳞册为经，土田之讼质焉；黄册为纬，赋役之法定焉。"户之有口，田之有赋，两者相需而成，政之方也：户口之盈缩，系徭役之繁简；田赋之丰耗，系征敛之得失。

洪武治下，记载丁口有黄册，登录田亩有鱼鳞图册。据黄册可以精细掌握可资征调的各色户计。依鱼鳞图册，"册以会赋，图以会田"。透过地权、疆畎四至、田形、土质，可以明晰洞察与税粮产出效率息息相关的地形地貌。名目言之，有田地山滩塘荡淹圩埂；土质言之，有原坂坟衍下隰沃瘠沙卤；形状言之，有方田凹田斗田凸田靴田蛇田月牙田芗角田牛角田长弯田一字田。所有的田土皆须换算为标准亩才有税收含义。即照地折亩，按亩征粮。税亩一经折实，价值立现：一等正地是下下地的十七倍！肥地一亩，折赋役地三亩。诚然，最具实质性的区分是官田与民田。民田以政治权力征税，分一杯羹而已；官田以经济权利征租，割一块肉乃足。负担自然有巨大差距。

朱元璋甫一即位，为除飞洒诡寄诸弊，便檄令州县新具图籍，并遣员核实田亩。各地量度田亩方圆，次以字号，悉书主名及田之丈尺，编类为册，状如鱼鳞，号曰鱼鳞图册。这项大规模的普查至洪武二十六年收束，天下土田计八百五十万七千六百二十三顷。名士杨维桢有诗以记："天子龙飞定两都，山川草木尽昭苏。三吴履亩难为籍，四海均田喜有图。"

鱼鳞图册并非洪武原创。细加追溯，有三大渊源。理论渊源，系于孟子。实践渊源，得自李椿年。名号渊源，成于朱熹。孟子有云："夫仁政，必自经界始。经界不正，井地不钧，谷禄不平，是故暴君污吏必慢其经界。经界既正，分田制禄可坐而定也。"南宋绍兴中，李椿年论经界不正十害，倡行经界法，以诸乡田产，从实置造砧基簿，并强调只为均税不为增赋。至绍熙时，朱熹主张经界为民间莫大之利，又行于漳州。其立土封桩，标界至，分方造账，画鱼鳞图。

四、矿税之祸

明朝大厦的崩塌，较沉重的地震来自"矿税之祸"。

（一）皇帝

赵翼有言："明之亡，不亡于崇祯，而亡于万历。"万历在位四十八年，是明代皇帝中在位时间最长的。这样的一个长寿之君如果同时大有德、大有功、大有运的话，那会是类似于汉武帝那样的明君。可他却不是，因为张居正变法与"一条鞭法"推行重新焕发了生机的大明王朝再也没有复兴的可能，而逐步走上一条由衰世转向末世的不归路。

万历皇帝终于在老师归天后亲政上位。二十岁的他，开始了自己的执政年华。因为身心两方面的原因，他长期蜗居在紫禁城，不上朝，不见任何官员，不祭天，不祭郊，不出席典礼，不举行仪式。身体方面自是多病，心灵方面则是讨厌那些在他看来太会玩弄玄虚词藻却不堪实用的大臣。这种皇帝与大臣、士绅、儒生的紧张关系，是从他的祖宗朱元璋那里继承来的。只不过，他做得更过分。堂堂一个皇帝，他却负气罢了自己的工。封建王权下，勤政尚且不敢确保王朝顺利周行，何况还要带头懒政呢。

万历皇帝的情商和智商，在明代皇帝中绝不是最差的。可是，他却是一个运气特别差的皇帝。第一，他遇到倒霉事太多。比如"三大征"和两宫三殿的超级花费，让他不得不成为一个如同当年唐德宗那样钻进钱眼里的皇帝，"好货成癖""溺志货财"。我们可以想见，一个年收入只有几百万两银子的王朝，大的战争如果过于集中在一个时段，这让当朝皇帝如何承受呢？可这就发生在万历的眼前："至二十年，宁夏用兵，费帑金二百余万。其冬，朝鲜用兵，首尾八年，费帑金七百余万。二十七年，播州用兵，又费帑金二、三百万。三大征接踵，国用大匮。"与此同时，也很烧钱的大工花费迫在眉睫："二十四年，乾清、坤宁两宫灾；二十五年皇极、建极、中极三殿灾；营建乏资，计臣束手，矿税由此大兴矣。"还有好多属于皇室的奢靡支出："二十七年至三十年，册立分封冠婚典礼钱粮，共二百五十五万七千二百四十七两。几盖一岁之入……福王成婚，四十余万。圣母两上徽号，前后共四十七万有奇。"如此，我们可以说，万历是明代皇帝当中最为悲催的一个皇帝。他的支出压力太大了。第二，他的大臣特别不得力。自从对张居正反攻倒算并殃及他的家人，万历一朝再也没有出现一个如张居正那样既有谋略有担当的干练之臣，可以为王朝的起死回生承担智力和行政支持。第三，即使有了看上去还有点儿门道的政策，可他的用人艺术糟糕到了极点。

面临着王朝破产的惨淡局面，有一种被后人艳称为万历新政的重大举措被提上了议事日程。那就是开矿、榷税。形象一点说，开矿就是举办国有企业，较为快捷地获取国家生产和生活资金。榷税就是兴办商税，对那些因为开国以来一直实行轻税而获得了超常利润的商家征税。野史里如此描绘万历皇帝的求财若渴：神宗"患内廷匮乏"，担心"三大征"耗费巨大而冲减皇室消费规模，不顾臣民反对，刚愎自用，剑走偏锋，一意孤行。凡开矿榷税之事，来者不拒，有求必应，"乞请之章，无日不上，批答之旨，无日不下"。

（二）太监

可悲的是，万历的新政却变成了因为恶性争利而破坏了社会经济再生产能力的一次浩劫。重要的原因，是因为万历皇帝派去主持和操作这项新政的当事人，不是他已经丧失了信任的官员、儒生和士绅，而是他的家奴，那些因为身心残缺而身心猥琐、扭曲、变态、轻躁、癫狂的太监。

设身处地地考虑，任何一个具有体面身份、文化背景和自尊性格的人，都不可能情愿选择"净身""去势"成为一个不男不女的第三性。他们不可能像儒生和武将一样堂堂正正地追求功名，并自觉理性地投身于国家兴亡的责任中。他们采取了一种最屈辱的方式沦为人下人，又不时地希望有机会出口恶气成为人上人。由这样的一些人，从事一些相对简单和机械的事务性工作，甚至是文化和技术含量相对较高的特定工作，比如秉笔太监，并不是不胜任。可这都是从属性的、参与性的、帮闲帮忙的。但是，派去主持一些需要受过相当训练并具备一定道德行政素养才能胜任的工作，如果不惹事，就已经算是谢天谢地了。

可在明朝皇帝与知识分子关系至为紧张的基本面下，皇帝一定对那些学有所长的臣子心生警惕。皇帝最容易看见也最愿意信任的可能就是这些家奴。在他们的眼中，大臣以及各级官吏都是怀有个人私利的合作者，即使有忠诚，也需要花大价钱去购买。可宦官们无妻无子无情无欲，只有依附自己才有生存空间。他们陪伴自己一起长大，甚至比自己的父母兄弟都要亲近，不信任他们又能信任谁呢？也许，他不认为开矿和收税有多少技术含量。我不是缺钱么？你们出去，把钱给我挣回来，就是大功劳。何况，皇帝赋予了这些被称为矿监、税使以及盐监、珠监、专遣、兼摄等各种名目的太监以很大的权力。他们不但要求获得政府和士绅、商民的绝对支持，特定情况下，甚至可以踢开政府、接管政府、操纵政府。可以说，他们是一群以开矿榷税为名的国家代言人。更恶劣的场景下，他们甚至自称千岁、大将军，生杀予夺之权在手。税权的无限扩大化，埋下了各种矛盾的种子，为后来的民变铺设了导火索。

从万历二十四年开始，持续二十多年，被民间厌称为"貂珰"的这些出宫太监，如同下山猛虎扑向各个经济发达地带。"貂"是太监们的标志性穿着，"珰"是太监们的标志性配饰。一个因为启用太监开矿征税而紊乱了明朝政纲的重要事件，成为万历年间一道稍稍有点变态的风景。赵翼说："东汉及唐、明三代，宦官之祸最烈。"

启用太监这种特别人类去开矿榷税的负面资质很快就显现了出来。一是他们不可能获得普遍对太监敬而远之的士农工商各阶层的积极呼应，在人力上，他们只能寻到那些地痞流氓或无业游民的支持。除了从京城里带来的不多的几个"参随"，他们所聘用的从矿从税人员，被民间称为"棍"。矿税使到任地赴任所设置的"中使衙门"有司房、直堂官吏、书手门厨、皂隶、更夫、快手、巡拦等职，便由这些民间恶棍组成。可以说，这些太监一亮相，就给了人们大跌眼镜的效果。二是既然他们是来为皇帝搞钱的，也就没有必要采取什么上档次讲规矩的方式方法。据说当时流行着一个八字方针，令人心寒："矿不必穴""税不必商"。历朝历代，儒生，尤其是有了一些士绅资格的儒生都在税收保护名单中，可是，这些太监一下山，管你什么士农工商，谁可能构成我的财路，我就灭了你的财路。甚至于，有一些和搞钱无关的事，他们也干。一时之间，"夺民之田以为田"

"夺民之居以为居""夺民之利以为利"的故事,每天都在发生。第三,也是最为关键的一点,因为压根就没有税收成本、税收效率、税收公平等概念和意识,太监征税成为历史上最得不偿失的一个笑料。每呈给皇帝一两税钱,极可能有九两钱,被征税的这群哥儿们所瓜分。皇帝得到三五百万两,而纳税人实际负担的却是三五千万两。引用当时的原话就是:"大略以十分为率,入于内帑者一,克于中使者二,瓜分于参随者三,指骗于土棍者四。"

(三) 民变

民变,在晚明的语境下,可以理解为因为国家政策过分挑动各种利益冲突,进而引起的群体性事件。万历始料不及的是,他派出去了几十个太监,挣回的只是区区几百万两银子,可他所付出的是整个天下和自己的关系崩裂。先是谋求沟通,再是和平请愿,后是聚众抗议,直到人命关天的刀兵相见,民变成为那个时期的一个主色调。

民变都是应激而起,虽然大多数都是有组织有预谋的适时而动,毕竟不像后来发生的饥民、流民、悍民暴动有直接推翻王朝统治的政治诉求。但是,晚明民变还是被后来的学术界视为商品经济高度发达后的市民社会向封建王权分庭抗礼的例证。越是在经济发达的江南地区,这样的民变次数和剧烈程度就越高,组织也更加严密,社会各界的声援和营救也越自觉、强烈和有章法。

民变获得了民间最大限度的认可这一点,我们可以举出袁宏道的两首《竹枝词》,其中的"貂""珰"的指谓不言而喻:"雪里山茶取次红,白头孀妇哭青风。自从貂虎横行后,十室金钱九室空。""贾客相逢倍惘然,梗楠杞梓下西川。青天处处横珰虎,鬻女陪男偿税钱。"

明史等资料显示,在这二十几年仗恃太监大兴开矿榷税的国家重点工程中,引发的较大规模的民变共有五十余起。这当中,不乏驱逐甚至打死主事太监、太监手下的事例。

在工商和社会各界甚至地方政府的支持下,这些民变一浪高过一浪,甚至是在同一个地方一次又一次地发动。当人心向背判明无疑,万历皇帝受到的内心惊骇和负罪心理也越来越强烈。从对逮捕的诸多异议分子、请愿分子、抗税分子都只采取了拘押不取性命的认怂处理来看，万历皇帝也是越来越不自信。民变愈演愈烈，尤其是云南民变中，民众杀了作恶多端的云南矿税监杨荣及其走狗二百余人，这次民变成为明代反抗矿税监斗争的高潮。明神宗惊得"为不食者数日"，感叹"荣不足惜，何纪纲顿至此"。

（四）舆情

在明史所列宦官传记中，万历朝矿监税使中的陈增、陈奉、高淮榜上有名。诚然，他们没有一个是光彩的角色。反而是在他们的传记中出现的那些民变分子、抗税分子，个个成为人们心中的英雄。有一个例子最为典型。在苏州民变中勇于承担责任自投罗网的织工昆山人葛成，未必是真正的策动者，可他在带领人们按照一张很可疑的"黑名单"先后袭杀数名"税官"后以一人承担罪责的壮举，还是让当时和后来的人们把他当成了事件的主角。耐人寻味的是，即使他被关进了监牢，士绅们还是集议而决，为他改名为"葛贤""葛将军"并为他塑造生祠。试想，为一个乱民中的"首恶"更名为"贤"，这是不是明显地与政府作对。各种迹象表明他只是一个代理人，甚至"枪手"，可他获得了人们的拥戴，又是一个不争的事实。民变的组织者们事先都备有"手摺"插在腰间，上面书写有每一个需要惩罚的税官的姓名及住址。这显然是葛成之外的人提供的。"义士葛成，攘臂而起，手执蕉叶扇，一呼而千人响应"的故事传遍街头巷尾，"只破起衅之家，不及无辜一人"的赞颂让这次民变被宣传为一种佳话，真情已经无人过问。名动天下的文坛领袖钱谦益也为葛氏写下了《葛将军歌》："葛将军，万夫雄，我若遇之娄水东。魁颜虎鼻眉田古，蕉扇飒拉吹秋蓬。"

（五）税祸

因为太监出宫开矿榷税而引发的，波及十几个省、持续二十四年的几十起民变中，学者们重点研究了其中的一些经典案例。比如高淮十年乱辽引发的数起民变甚至兵变，比如高寀乱闽引起的民变，还有云南民变、临清民变、武昌民变、苏州民变等。在李长江先生的《说明：钱眼儿里的皇朝》一书中，更是有绘声绘色的描写：天津税监马堂更有创意。马堂的工作团队，那叫一个标新立异，艺高胆大，非同凡响。税监随从数百人，个顶个精挑细选，非偷盗之徒和市井无赖概不录用。这些人的特点是除了底线啥都有，除了脸啥都要，特长是心黑手狠、不计后果。他们坚定而顽强地遵循"贼不走空"的职业操守，手持锁链镣铐，公然夺人资财，遇有抵抗者，随口赠送一个违禁的罪名，锁起就走，雷厉风行。祸从税起，民众甚至地方官员都备受煎熬，真可以说是沸反盈天，人声鼎沸。

（六）诗话

在这些因为万历一念之差派出大量太监开矿榷税引发的重大民变热潮中，苏州民变可能算得上具有文化意义上的唯美体验。它引发的诗词鸣唱最多，因而传奇色彩和传播价值也最可观。有一位叫钦叔阳的，一口气写下十三首《税官谣》，形象生动地描绘了那场织佣之变。

一首说到事发的时间、地点和原因："四月水杀麦，五月水杀禾。茫茫阡陌弹为河，杀麦杀禾犹自可，更有税官来杀我。"又一首说的是人们对于民变的发动，既有组织又有纲领，既有干的又有看的，既有激情又有理性。"千人奋挺起，万人夹道看。斩尔木，揭尔竿，随我来，杀税官。"还有一首说到了民变的过程和结果。舆论的力量，一时之间胜过了朝廷的政令。暴乱成了义举，抗税成了佳话。"税官来，百姓哭。虎负嵎，猱升木。壮士来，中贵走。十二人，三授首。欢乐崇朝不及夕。倏忽头颅已狼藉，投畀鸟鸢乌不食。"

（七）诛心

比民变更严重的是官变。一如当年海瑞冒死备棺直斥嘉靖一般，对万历口诛笔伐的大臣，也可以举出一个大理寺评事雒于仁。他冒死上《四箴疏》，说皇帝患"嗜酒""恋色""贪财""尚气"四病，配合着另一位大臣相对委婉的"好逸""好疑""好胜""好货"，生生在万历还活着的时候，就把他的弱智无情做成了铁案。即使是内阁首辅沈一贯，也对矿税使横行深恶痛绝，上疏直言："皇上视财太重，视人太轻；取财太详，任人太略。"

对民变认识深刻的，恰恰是那些受过系统儒家训练的官员们。凤阳巡抚李三才字字珠玑：陛下爱珠玉，民亦慕温饱；陛下爱子孙，民亦恋妻孥。奈何陛下欲崇敛财贿，而不使小民享升斗之需；欲绵祚万年，而不使小民适朝夕之乐？

万历皇帝也曾经有过反省。有一次得病，疑难再起，也说过"矿税因大工权宜，今宜传谕，及各处织造，陶器具停"。可他病好了，还是我行我素。不过，等他死了，不管是不是他的旨意，都化作了一纸自责的遗诏，然而一切都晚了。

五、 东北虎啸

万历四十六年（1618年），一项新税在明朝的每一个子民身上落锤它的名字叫"辽饷"，专款专用于抚辽、平辽、定辽、征辽、援辽。此税主要征及田亩，在原本税额的基础上每亩课银九厘，又名"九厘银"。此税初征五百二十万两，后来陆续加到九百万两。如果算上崇祯时期陆续开征的"剿饷"和"练饷"，年增新税可达二千一百万两。这在"万历间奏疏天下之所入为一千四百六十一万"的情况下，不能说不是一笔超级沉重的税收负担。在当时土地已经在相当程度上为各类王田、官田、豪民之田严重兼并而田赋时时为权贵强横转嫁于无地、少地农民的情况下，这样的重负无异于雪上加霜。

在中国古代以土地税为主干且强调履亩而税、而土地的增量并不可观且劳动生产率的提升也很缓慢的情况下，各大封建王朝的税收均不具备扩展性。遭遇重大事由而加派新税，倒也顺理成章。面对辽东正蜂拥而起的颠覆势力，集举国之税、调举国之将、征举国之兵予以弹压，也在情理之

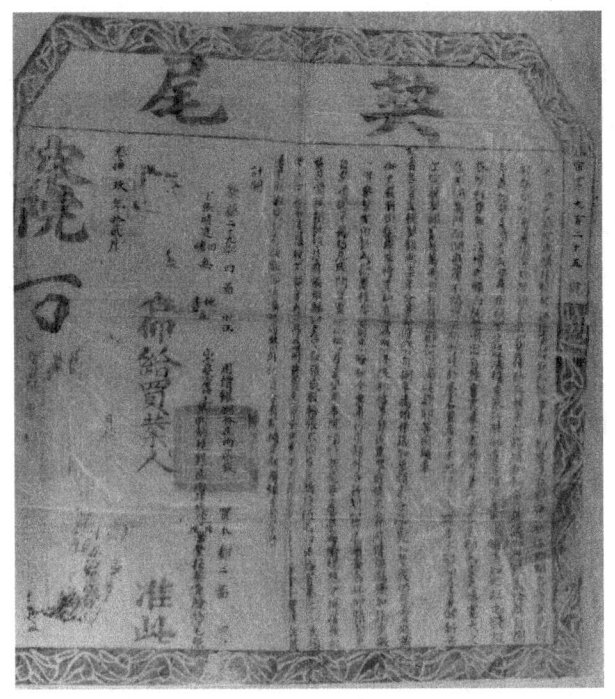

明崇祯九年巡按应天察院契尾,契税加征练饷,
且朝廷为加大税收力度,察院也直接管税

中。可万历一朝的通盘腐败势必延伸到税收与军事的每一个角落。首先是税收的征缴大大地失了准头,不同的地区因不同的强霸程度而呈现不同的力度,过高的征管成本大大地强化了百姓心头的痛感、反感与恶感;配合着天灾而来的税祸,让越来越多百姓在变成流民的第一时间转化为"流贼";税收的使用效率也因为当事人的雁过拔毛和应征士兵的不堪大用而几乎等于打了水漂;在税收主要体现在粮草、银锭的情况下,税收的转运都需要一笔大大的费用。这一切使得辽饷的运用只在熊廷弼与袁崇焕主持辽事的短暂时光里显现过熹微的希望,穷辽饷开征的二十六年,它几乎成为以救急的愿望导引明朝灭亡的猛药。

第一年征得的三百万两银子,悉数用于征剿一位叫作努尔哈赤的建州人。这一年,自觉羽毛丰满的努尔哈赤以"七大恨"似是而非的理由向明朝宣战,并直接危及明王朝在辽东和辽西的政治存在。为解除这种肘腋之患,用于征辽的各方兵将集中了九边中的精英。光是总兵一级的人物,便有杜松、马林、李如柏、刘綎、秉忠、李光荣等。而且,负责全权规划此次行动的兵部右侍郎、辽东经略杨镐还特意调蓟门、宣州、大同、山东等地以及朝鲜军、叶赫军云集辽东,一支实际参战八万余人的拼凑之军竟号称四十七万大军。表面上看来,明廷此番不仅兴师动众郑重其事,而且大有毕其功于一役、孤注一掷、灭此朝食的气象。

可这些辛苦集结的、数目可观的辽饷和将士,终将要在一个叫作"萨尔浒"的地方,灰飞烟灭。在水土不服、地形不利的"地利"和皇上昏庸、主帅平庸、将帅不和、兵无斗志、兵器参差、不知己不知彼等"人和"方面的重大弱项外,杨镐选择在严冬二三月开战,又是一个利于北人而大不利南人的恶劣"天时"。尤其糟糕的更在于,这一年恰是已经十分寒冷的明末"小冰河期"(Little Ice Age)中极为寒冷的一个冬天。如此的天寒能够对作战造成的恶劣影响,从这次战争中拥有了重大杀伤性武器的明军反而损失了四万多人而主要依靠骑兵和马刀的后金军仅仅损失了二百多人便可以得知。天寒地冻,任是火炮都被冻掉了炮膛、打湿了炮捻。此一优势一失,便只好依赖于并不擅长的步战与马战了。在萨尔浒山、界凡城、吉林崖、勺琴山、尚间崖、斐芬山、阿布里达岗,后金八旗面对杜松、马林、刘綎在红衣大炮这种高端装备形同废铁后的短兵相接,便无疑于砍瓜切菜般的屠杀。万历四十七年(1619年)二月二十五四路出兵后,三月初一杜松军全军覆没,"血流成渠";三月初二、初三马林军"死者漫山遍野";三月初四刘綎"力竭而死",明军与朝鲜军或降或灭。

就是在这个严冬里,朱明王朝大势将去。当四路大军败北,"京师震动",朝议纷纭。有人大骂杨镐,说他竭尽四海脂膏和九边精锐,不到一年,耗费军储三百多万。反观后金方面却是金银盈仓,沟满壕平。萨尔浒战后,努尔哈赤命令军卒打扫战场,所得各种武器分作八处,堆积如山,据说可占明军武库兵器的十分之六七。要知道,其中的大将军炮,每铸一具就需费数百金。明军败绩,便失掉包括大将军炮在内的各类火器一万三千一百五十多具,盔甲、器械更是无法统计。战马丢弃四万八千六百多匹，战车损失一千多辆。明之腐朽垂死日薄西山与后金之跃跃欲试如日中天，当即分出了高下。

当那个刚刚在张居正为首辅的大明王朝成功地进行了"俺答封贡"而终于可以对其北方天敌蒙古人松下一口气来，万历亲政后的"急于临朝，勇于敛财，不郊不庙不朝者三十年，与外廷隔绝"，却足可以激发各种内忧外患一体爆发。在他的"三大征"和矿监税使生生地将正出现"资本主义萌芽"的国力一步步摧垮后，他和他的辽饷便不得不遭遇始自万历四十七年的一个个严冬。萨尔浒一败，大明的江山势将让位于那个起自白山黑水又经受了铁血历练的满洲族群。从此，努尔哈赤的子孙们，呼号着在萨尔浒的那个严冬里已经习练圆熟的杀声，辗过熊廷弼、洪承畴、袁崇焕、孙承宗、杨嗣昌们的身躯，挺进中原。一个虽被漫骂为"鞑子"但族源深邃而绵延的通古斯部落，在完颜氏"金"国为北宋制造了"靖康之耻"后，再度成为中国文化中只凭偏见和好恶根本抹不去的一道莫名的风景。而那未能救国反致亡国的税项"辽饷"，最终以"九厘银"的名目为清室所继承，继续成为衍就"江南重赋"等历史迷案的基因。

清：封建的余晖

从蠲免赋税到重启"一条鞭"法，再到"摊丁入亩"，催生了康乾盛世，税制的利好也为江南渐渐孳生出资本主义生产关系的萌芽提供了湿润空气和肥沃土壤。而内外交困，使清朝又走上苛税的老路，末世税厘如洪水猛兽般扑来，一切挽回颓势的举措都难以回天，只能无奈坐以待毙。

一、税收和约

上古文献宣扬"普天之下莫非王土,率土之滨莫非王臣"时,也许仅仅是代王者言将百姓视为一种如同土地矿藏山林川泽一般沉默而被动的资源。从中国历史上的税源类型的次第变迁而言,无论是秦汉以前的人头税、唐中期以前的田亩税、唐之后的资产税,民、丁、户等都是其中必以正视的纳税主体。可这些"子民",似乎很少取得与封建皇帝所代表的征税当局在经济、政治、人格上平起平坐的地位,因而也就很少会有一份口头、书面或潜在的税收和约,着落于征纳之间。更多情势下,古代税收就是我要你交、我征你纳、我取你予、我强制你服从、我申斥你受过、我追讨你破产、我蠲免你谢恩的单纯的控制关系、使动关系、倾斜关系。

可这样的关系在特定的时期会有所改观。当一个王朝走向它的末路,肆意的征敛已经让百姓忍无可忍。一有登高一呼者,便致应者云集。百姓们或为逋客逃户,或为饥民、流民、乱民,或为匪为贼,总是在动摇了统治基础的同时大大缩减了税源基数。就是在这样天崩地坼之时,封建皇帝也许才会恍然大悟那一向误以为无言无势的税源,刹那间幻作一片明晃晃的刀光。

1644年,33岁的崇祯皇帝便遭遇了这样的奇变。当辽东、陕西、四川的三大股反叛势力裹胁了越来越多当年的编户齐民向他的政权强烈叫板,而皇朝应急推行的三饷加派又不断地逼使更多的百姓成为乱民,他忽然间清楚地感受到了纳税人的力量并不如想象中得那般孱弱无力举足无谓。也正是在李自成的大顺军向他正式发出"三月十八日会师决战"的战书之时,他才意识到与子民签署一份税收和约会是如此的必要。让一个高高在上的封建皇帝变得谦逊一些,集中体现在他的几道"罪己诏"中。

这一年的二月十二日,崇祯的第一道以自我批评并想唤醒同情的诏书下达。其中说他要"告尔天下官民人等""行不忍之政以收人心,蠲额外之科以养民力"。毕竟是第一份"检讨书",崇祯的态度是有些不情愿,认识也不够深刻,尤其是没有确切和具体的措施表明他的真诚。

这一份诏书显然没有收到当年陆贽以优美文词和坦诚态度起草的诏书所起到的效果。附贼者日众与失城数日多的严酷现实逼他在三月初六写下第二纸"罪己诏"。他鼓励人们"反正",承诺可以"耕田乐业,永为王民"。继而,他又郑重地"与尔士民约":"钱粮剿饷,已行蠲免。"

穷苦农民终于有了可以无视"圣旨"的资格。与这一道诏书相映衬,北京的西北门户大同、宣府被大顺军攻破。在早已经无将可用的尴尬中,崇祯的第三道"罪己诏"于三月十一日发出,声明完全废除三饷加派。

可惜已经没有人会将一个迭下诏书尽皆空言的皇帝看在眼里。到三月十八日上午,大顺军已经兵临城下。而这位历十七年而用五十相的不幸君王,此时已经不再有多少指望。他也许只是把"罪己"或自责当成了习惯。于是,就是在这一天,他又发出最后一道"罪己诏",称"罢加派新旧饷"。

对税收问题改过自新的态度已经无以复加,可他却没有实施其承诺的机会了。城破在即,他只好亲手杀了自己的姬妾公主,到太庙中与祖宗告别。就是在这里,他还向自己曾经的子民李自成隔空邀约:"朕与你留宫殿,你与朕留太庙;朕与你留府库,你与朕留百姓。"

在"无颜见先皇于地下,将发覆面"的情况下,崇祯还忘不了再发一道《血书遗诏》,其中的几句话应该是写给李自成的:"任贼分裂朕尸,可将文臣尽行杀死,勿坏陵寝,勿伤我百姓一人。"杀文臣的说法自是发泄着明朝皇帝自朱元璋以来一直积聚着的偏见——从事后来看,明朝诸多旧臣毫无廉耻地先做"顺民"后做"清官"的作为也确实当得这样的诅咒,而将"勿伤我百姓一人"和"你与朕留百姓"正式地说与李自成,却未必是公事公办照本宣科。那些纵是承受了自己所加沉重的税负还没有附贼的百姓,曾经给过王朝默默支持,对于他们,"人之将死"的君王也总还是怀了一些歉疚之心的。可惜的是,这些百姓将不再是自己的了。言及"我百姓",并与已经发过的几道"罪己诏"相对照,崇祯这样一位励精图治的皇帝却最终成为亡国之君。

不管崇祯皇帝如何拿"我百姓"与李自成暗通款曲,出身于百姓的李自成却早就很自然地体恤百姓。与朝廷的屡次增赋截然相反,大顺军的口号是"均田免粮""迎闯王,不纳粮""三年不征,一民不杀"。1644年的正月初一,"大顺国"在西安建立,其所采取的主要补给方式是"追赃助饷"。后世的人们论及此节时,曾经认为不用税收方式而厉行对旧官员豪绅的打粮方式是大顺军人心尽失的一个原因。其实不然。第一,在税源基础已经虚弱不堪的情况下再用税收方式,不仅效果低微,而且更易毁伤民心;第二,乱世里的图籍无状,据黄册、鱼鳞册征税也不现实;第三,大顺军是农民军而非走上正轨的政权,他们心中的正义还停留在"劫富济贫"的境界,而不忍心对水深火热中的百姓下手。

更何况,大顺政权在京城里追出的七千万两,相当于大明政权五六年的税收收入。既然财源在官而不在民,刘宗敏们的粗暴便不算无的放矢。可惜了那些大臣,当年对崇祯的"御寇措饷"不冷不热,如今面对"流贼"的追索,竟然俯首贴耳。这又为崇祯皇帝将"可将文臣尽行杀死"的观念传达到李自成的心中,加上了一个重重的砝码。

不向百姓征粮,这也是一份税收和约。李自成凭了这一点,赢得了民心,并颠覆了明政权。百姓也用诗歌和民谣的方式,与他签署了这一和约,并拒绝了崇祯发出的那些和约。龙文彬《三增赋》写道:通赋蠲,百余万;新赋增,五百万;张布恩,李布怨,四十年间舒惨变。辽东瓜期悬士心,海内菜色见民面。三厘复三厘,刮骨且疗饥。唉石唉矢君不知,转瞬闯王起潢池。

李自成也没能在北京站得住脚,就被吴三桂及其请来的满州兵赶回陕西又驱向南国。这也使得1644年的北京三易其主,你方唱罢我登临。多尔衮进得皇城,居然也会无师自通地与百姓签下税收和约。在《欲尽蠲赋税钱粮以厚民》中,他着重承诺:"自顺治元年为始,其京城迁徙之家,一应钱粮赋役,准免三年;不在迁徙之家而房舍被人分居者,准免一年;五兵经由之处，被践者免今年租赋之半；其河北府州县卫租赋、屯粮准免今年三分之一……"在《大清国摄政王令旨》中，他又说："自顺治元年为始，凡正额之外，一切加派如辽饷、剿饷、练饷，及召买米豆，尽行蠲免。"

因南明政权及张献忠、李自成农民武装尚待清剿而需要大量军饷，多尔衮的承诺并没有真正实现。可是，在1644年这样一个天昏地暗、天旋地转、天翻地覆、天诛地灭、天造地设的特殊年头，各方军政势力纷纷拿税收问题说事并与纳税人订立"君子协定"以求谋得他们的认同，却是耐人寻味的。

二、玄烨心性

当刑部尚书莫洛、户部尚书米思翰、兵部尚书明珠力请徙藩的数番动议在少年玄烨的脑中强化为一个严重的事件，他乾纲独断、不由分说地做出了将南国三藩王这样一个过分影响社会秩序、过分拖累财税运作、过分紊乱兵员排布的政治存在一揽子解决的冲动决策。不管时年20岁的康熙是如何地把三藩视为他的治国烦恼之一，他必须承认，断然撤藩而将吴三桂们"逼反"，一点也没有减轻他的烦恼。在之后的八年里，他的烦恼是越来越重了。

从后来以"勤""慎"为执政理念这一点来看，玄烨对少年时的这次冲动，是有一定的反思的。可无论他是如何在私下里捏了一把汗，"不悔少作"的姿态仍然是鲜明不易。《清史稿》谓：时三桂势方张，精忠及可喜子之信皆叛，议者追咎撤藩主议诸臣，上曰："朕自少时，以三藩势日炽，不可不撤。岂因其叛，诿过于人耶？"及事定，上追忆主议诸臣，犹称米思翰不置。

然则后人还是为他的冲动之举置喙良多。久治清史的李治亨，甚至把他的处理办法视为操之过急的"最下之策"。他列举了五种应对策略来反衬少年玄烨的不明智。可惜，历史现场不仅不能重置，而且不接受"事后诸葛亮"的仔细推演。刚刚在计擒鳌拜的胜利中确立了至高无上地位的少年雄主，也是不可能墨守老成而一意回旋的。这样一种春风得意、傲视天下的独特人格，决定了他宁肯采取最为冒险也最为刺激的方略。

让他永不撤藩？那每年花去了的二千多万两军费，已然使"天下财赋，半耗于三藩"，何况这三个居于南国、将领地化为封地的汉人还垄断了所居之地的经济命脉。不仅经济发达的广东和福建厉行税收独立，"藩府之富，几甲天下"，就连欠发达地区的云贵也在"按地加粮"、税及盐井的基础上又行"藩本""西钱"等敛财路数。作为一国最高当事人，康熙一定比别人更能产生"试看今日之十八行省，竟是何人之天下"的恸问。

让他温柔撤藩？熟读汉典的康熙肯定相当了解"杯酒释兵权"，可他同样坚信掌握雄厚军事力量且"西选"官员遍天飞的吴三桂们不会那么痛快地接纳这显然断了他们财路甚至活路的雕虫小技。

让他分期撤藩？汉朝和明朝的历史警示三藩，他们是同体进退、牵一发而动全身的。因此也是一个不现实的主意。

那就剩下最为持重也最为保险的一条路了。那便是暂缓图之，待老一代寿终正寝，下一代威薄言轻，再一体拿下。康熙十二年（1673年），三藩的核心人物吴三桂六十九岁。正是在五年后这位"大周"皇帝的病亡让平藩之战最终转化为胜机。如果七十四岁就是吴三桂的"命中注定"，等待五年的经济代价一定小于大面积战火带来的生灵涂炭与国库拮据。再算上三藩之乱曾经在特定时刻威胁到大清生死存亡的那份风险，则这条不成计策的计策似乎才是玄烨的理性选择。可这能是血气方刚的少年心性么？

政治上的计算盖过了所有的权衡。尾大不掉的三藩在南明与张献忠、李自成残余势力基本剿除后已经成了待烹的"走狗"。舍我其谁的轻视之后，又是义无反顾的平叛，少年玄烨需要将自己的烦恼以最有效率、最有力度和最具快感的方式释放。于是，不管他对和平撤藩抱持了多少幻想，并在启动徙藩之议后尽力展现他的帝王之术，他都不可能不做好实战解决的心理准备。也许，当吴三桂的反旗插遍大江之南并鼓躁起"东南西北，在在鼎沸"，正期待着一个在天下人面前扬刀立威机会的"小玄子"甚至可能是兴奋异常地大叫一声：来得好！揣测心理，勇于接受挑战甚至积极挑起冲突并有信心将天下玩于股掌之中，才更符合一个进取性帝王的性格。

　　当年的关宁铁骑确实不同寻常。吴三桂的兵锋迅速蔓延至山西、陕西、甘肃甚至接近京城的彰德，十八行省已无净土。这样空前的危机一定给玄烨带来了非凡的历练，只要将吴三桂这个劲敌击败，属于他的时代必将来临。正是在平定三藩之乱后，康熙皇帝又取得了收降台湾郑氏势力、反击沙俄、平定准噶尔之乱、确保西藏和蒙古于中华版图等重大军事成功和垦荒、赋役、治河、科举等内政建树，一个旷日持久的康乾盛世正是在他的手上隆重启航。计算平藩之战的远期利息，少年玄烨的裁藩冲动，正如当年少年刘彻北击匈奴的冲动一样，是取赢且惠远的一笔重大政治投资。新朝肇建，万象更新，玄烨有超强的底气与霸气与离心势力做高风险对决，又有足够的人气和运气避免前朝朱允炆的困厄，终使大清得享一百三十年超绝治世。有如此丰厚的回报，便是承担一些烦恼与险趣，又何足道哉？

　　细细揣度玄烨的少年心性，我甚至怀疑治藩之举压根就来自他与某些臣工的一次串通。经过明清易代的几十年兵火，人民四散，田园荒芜，国家的税收能力是否还能达到前朝的高值，这本身就是一个问号。何况说三藩花去的二千多万两仅仅是国家财赋的"半耗"明显高估了当年的岁入水准。更蹊跷的是，米思翰还在军兴后大言"军需内外协济，足支十年，可无他虑"，更让人对当年的财税规模生出疑窦。由此，以下三个推测应该是符合逻辑的。一是三藩所领的区区八十三个佐领及相应绿营兵、丁口等，并未花去那么多的国家钱粮，"半耗"之说以及三藩的敛财恶行极可能只是一种康熙推就的"物议"和口实；二是康熙早就与户部建立起一种默契，为随时征讨三藩积累"军需"；三是他对三藩蓄养私兵的行径心知肚明，与其用国家资财帮助其羽翼丰满，不如先发制人将其逼上梁山赶尽杀绝。更何况，对于吴三桂这样的反复势利之人，期望其忠心耿耿显然是天真幼稚的。于是，玄烨与米思翰等人达成默契，设计擒杀那三群碍眼而又耗财的"非我族类"。从他自谓少年时即认为"三藩势日炽，不可不撤"

及为米思翰辩护的情形看,这样的串通是完全可以想见的。

不管平藩之战的具体进程如何让玄烨心惊肉跳,烦恼重重,从统治体内割去三藩这个臃肿的毒瘤的目的终于达成。将税收用度从"养藩"这样的消费性一变而为"削藩"这样的建设性,也有利于新朝的百废待兴。冤杀功臣所可能承担的伦理负担,也因三藩的确实造反而减轻。至于八年内战对百姓的百般侵扰,玄烨以后来的几项税收善政尽极大努力进行了补偿:康熙二十四年(1685年),更定《简明赋役全书》,以巩固初入关时"凡加派辽饷、新饷、练饷、如买等项,俱行蠲免"的政策成果,并建立征收赋税的根本大法;在荒蠲、逋蠲、漕蠲、恩蠲等诸多免税措施之外,又于康熙二十四年和五十年(1711年)二度普蠲各省钱粮;以康熙五十年人丁数征收丁银,以后"滋生人丁永不加赋"。如此大气磅礴之举,恰与少年时逼反三藩一样外似冲动而内蕴理性。

清康熙四十四年云南蒙化府垦荒免税六年遵照

其实，玄烨以及诸多清室帝王的最大烦恼，乃是以一个蕞尔小邦统治华夏诸族，时常处于惴惴、惶惶、忐忑的状态中，随时担心会被强大的汉家势力逐回辽东。以小驭大之术，莫过于又打又拉，恩威并施，逞强于强，示弱于弱。在这方面，玄烨做到了极致。无论是征服强大的汉人三藩，还是取宠于天下良民，都让他"宵旰孜孜"的烦恼，渐渐化为无形。

三、金銮庙算

把一部中国古代税制发展史摊开了，分明就是庙堂与江湖的心理、行为、情仇交互。最高的庙堂在金銮宝殿，最远的江湖在穷乡僻壤。庙堂虽高，率土之滨皆在掌控；江湖虽远，"任是深山更深处，也应无计避征徭"。和平年景下，庙堂自是居高临下的使动者；乱世纷纭中，江湖又是当仁不让的说"不"者。金銮殿的主人总是努力维持着安民、富国、强兵三大诉求的并重，可这三者在很多情况下又是难以兼顾的。让统治者与被统治者达成博弈上的均衡，在中国古代王朝的五世循环中，通常只限于初世和盛世。衰世的社会矛盾已经激化，中兴的社会裂痕略作修复，末世的社会肌体已经糜烂，都难再叙旧好。

金銮殿上，一项项国策君命在这里发布。举凡漕政、盐政、茶政、马政、榷政、屯政、仓政、矿冶、织造等关乎税制的取弃兴革也自这里策动。反映为中国皇权专制时代同时也是华夏农耕文明的税制架构变奏曲也从这里奏响。基于国家"维正之贡"的趋简线路逐次展开。美轮美奂的唐朝贡献了其中的两个，那就是特具古典意涵的"租庸调制"和颇富权变色彩的"两税法"。因为轻武而致文弱的宋朝和因为睨文进而文衰的元朝只是因袭那操作上甚是灵便的"两税法"，直到距离唐德宗八百年后的明万历时期,才有了一条鞭法的全面推行。随着张居正的被清算和明朝的灭亡,此法渐渐破败紊乱。清顺治帝再启"一条鞭法",康熙帝强调丁额固化,雍正帝厉行摊丁入亩,可以视作对明一条鞭法的继承和深化。吴慧有诗:"条鞭法立启摊丁。"说的就是两者关系。明清是中国皇权专制的烂熟期,自然也承担起在税制结构上由农业社会向工商社会的变轨。

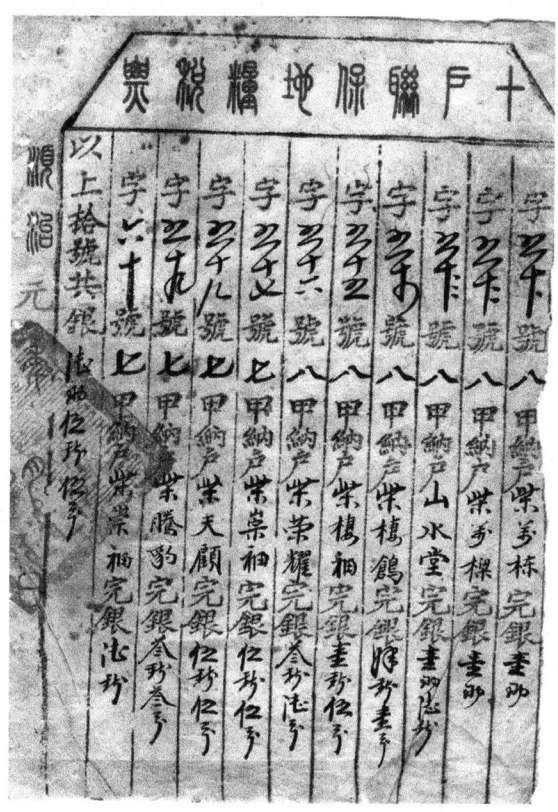

清顺治元年十户联保地粮税票,从中可看出,清初实行的是联保连坐税收制度

"一条鞭法"与摊丁入亩,恰是中国古典税制的终曲。它代表着中国古代税制发展的一个必然趋势:赋、役合流。明一条鞭法讲"量地计丁",清摊丁入亩说"以粮载丁",一脉相承。从贡助彻开始,中国古代的税制

结构便是赋、役并行，很多情势下甚至是役重于赋，役法比赋税、征榷更复杂。小农经济下老百姓未必有很多的剩余产品，可他们的力气、手艺却是现成的。可让一个精壮劳动力一年拿出相当时间去为国家当差，总还是限制了他们的人身自由和生产活力。商品经济成熟了许多的明清两代，坚决地贯彻力役征银、随田起丁，吻合于唐宋以来的税制改革倾向。尤其是摊丁入亩，既回避了丁役无着的征管难点，又减免了那些失地农民的税收义务，让他们不至于逃亡。这同时降低了征管成本和奉行成本的改革，"民自乐于征输，官不劳于督理"，不能说不是明智之策。可田多富户的税负却提高了，他们和他们在官场、舆论场上的代言人必然极力抵制，改革阻力之大，我们在相关的电视剧上就能体会。历朝历代中后期都会发生的土地兼并狂潮，让几多士绅都成了擅长诡寄逃税的大地主，比如明朝著名的书画家董其昌，"膏腴万顷，输税不过三分"。丈量田亩暴露了他们的实际家底，赋役改制又让他们多担丁税，这割肉锥心之痛如何甘心承受？一条鞭法得遇海瑞、张居正这样的狠茬，摊丁入亩仰赖于雍正这样的铁腕和田文镜、李维钧这样的干臣，便可以理解了。有趣的是，我们在小说和在电视剧中耳熟能详的张居正、田文镜，分别发出过这样苦口婆心的官宣："朝廷之意，但欲爱养元元，使之省便耳。""丁、粮同属朝廷正贡，派之于人与摊之于地均属可行，然与其派在人而多贫民之累，孰若摊在地而使赋役之平？"民间也有类似的倾向性说辞，说是"吏无巧法，民鲜危役，阖境帖然，如就衽席"，算是对政府站在小民立场上的欣喜和声援吧。

　　明清两朝，是可以比肩西汉的税收美政绽放期。紫禁城里的金銮殿，一次次升腾起绚丽的彩虹。在中国古代，深受纳税人雀跃涕零的税收美政是蠲免，登峰造极的蠲免是普免，即全国性就特定时空特定税类无差别地尽数免除，"率土黎庶普被恩膏"。朱元璋曾经有过洪武十三年尽免天下田租和洪武二十八年"永不起科"的豪举，对他奉若圭臬赞之"治隆唐宋"并笃信"蠲租为古今第一仁政"的清康熙帝如法炮制，一面推出"滋生人丁，永不加赋"的皇家承诺，一面自康熙五十年起分三年轮免一周，共计免去各地当年额征赋税银 27854169 两,历年积欠银 4210582 两。他的孙子乾隆帝心领神会,在其执政的六十年中先后发起五次大的钱粮普免和三次漕粮普免,合计蠲免钱粮超过 1.2 亿两,粮 1200 万石。如此大气磅礴的还税于民,只能产生于海宇清晏、天下平安的盛世,即如西汉的文景之治、明朝的洪武之治、清朝的康雍乾盛世。尤其难得的是,清朝这个所谓的征服王朝、异族政权的统治者,对中国古典税收文明颇具心得。历史上不过十余次的税收普免,在清朝就践行了九次之多!饶有趣致的还有,汉学精湛的清代诸帝每有憧憬征纳和谐相处的诗句,人们印象中刻板冰冷的雍正帝就写过这样一首:"勤劳临岁暮,入困及良朝。墉栉宁奢望,储藏幸已饶。赋完农有暇,门静吏无嚣。苦廪牢封固,无虞雨雪飘。"

与康熙新丁不赋、雍正摊丁入亩的改革解除了对人口的制约有着直接联系,几千年来一直受到压抑的人口数在清朝得到大规模、高速率、井喷式、盛况空前的释放。明朝全盛时人口不过六千万,到了康熙年间的 1684 年突破了一亿,乾隆年间的 1742 年跨过一亿五千万,1762 年迈入两亿,1790 年挺进三亿,道光年间的 1834 年直上四亿。虽然新增人丁未必直接产生税收,但劳动力总还是富于活力的税源因子。赋役改革刺激了人口增长,虽然也伴生着治理上的隐忧,毕竟在史上传为美谈。

清乾隆御题青玉碗,上有"近蠲税半"等字样

也并不是所有的改革都值得称道。清史上有所谓"雍正年间无清官"的说法,就与清廷对一项附加税的处置相关。税粮与税银的存储镕铸过程中，难免会有一定的损耗，比如鼠耗、雀耗、火耗等。为确保国家税收足额上解，地方征收时便量加耗羡。为着弥补俸禄微薄、经费不足和上贡所需，加耗这种可以理解的事体越来越不能容忍，有时达到正税的一半，甚至超过正税。康熙时就有人建议把耗羡以较低的比例征收并归入国家，即耗羡归公。康熙认为这是加派行为的合法化，断然否决。到了雍正当朝，他认为与其放任暗取，不如干脆明征；与其迁就地方官员营私中饱，不如交由国家统筹。耗羡归公后划为公费银和养廉银，前者补充办公经费，后者贴补官员俸禄。把基层墨吏未必人道规矩的操作上升到金銮殿御旨，这种号称"无害于苍生、有补于吏治""上官无勒索之弊，州县无科派之端，小民无重耗之累"的改革，总还是大损清誉。

国之将亡，必出苛税。而重税从来都是打破庙堂与江湖政治平衡的致乱因素，多少以抗税为直接缘由的"纳税人暴动"都因此而起。一个朴素的理念亘古绵延：认重税必饿死，不认重税必诛死，与其坐而待死，不如斗而决死。明朝末年的矿税之祸、三饷加派和晚清的厘金四出便是这样的亡国之音。在镇压太平天国中应运而生的厘金，后来繁衍成了一个关卡林立、税旗纷飞、无物不厘、无关不厘、系统庞杂、各行其政、名目繁多、层层加码、标准凌乱、税率攀高的恶税。胡林翼的初衷倒还可以接受："天子何思伤民财因小丑猖狂扰兹守土；地丁不足济军饷愿大家慷慨输此厘金。"李鸿章的说法已经有些混账："与其病农，莫始病商，犹得古人重本抑末之义。"可本是商税的它，却无度扩张，就连经济欠发达地区的贵州也不放过，终于惹出了宅男郑珍的《抽厘哀》："东门牛截角，西门来便著。南门生吃人，北门大张橐。官格高悬字如掌，物物抽厘助军饷。不论儳欻十取一，大贾盛商断来往。一叟担菜茹，一叟负樵苏。一妪提鸡子，一儿携鲤鱼。东行西行总抽取，未及卖时已空手。主者烹鱼还瀹鸡，坐看老弱街心啼。噫吁嚱！贸束布者不能得一匹赢，售斗盐者亦不得赢一升。厘金大抵忮商贩，欲入闭门焉可行。村民租铢利有几，何况十钱主簿先奉己。纵得上供已微矣，乃忍饲尔饿豺以赤子。害等邱山利如米。呜呼！贯率括率有时可暂为，盍使桑儿一再心计之。"

成也税收，败也税收。以苏、松、常、镇、杭、嘉、湖为中心的江南地区，从唐朝始就成为财赋重地，税收负担也一向较重。明清两代的明君贤臣，一直致力于为江南减负松绑，激发其更大的劳动生产率。一条鞭法与摊丁入亩，很大程度上就是对江南诸项赋役改革的集大成。税制的利好，也为江南渐渐孳生出资本主义生产关系的萌芽提供了湿润空气和肥沃土壤。可是，当那些末世税收如洪水猛兽般扑来，它便很轻易地被扼杀。何况厘金还对外商半征，民族工商业的举步维艰也便注定。良税恶税，似在一念之间。金銮殿上的宸断，也不见得天纵英明。

特别情形下，金銮殿的主人也是身不由己。鸦片战争后，大清渐成半殖民社会。因了门户开放而丰裕起来的进出口税源借由海关征管。而海关总税务司，却始终由洋人担当。与慈禧老佛爷同龄的英国人赫德，甚至在这个位置上一坐就是四十五年。晚清收入栏上，关税、厘金、地丁钱粮、盐茶课税等量齐观，诸多税制决策却并非出自皇权的乾纲独断。

清末民初的中国税收征管权，其中占有相当比重的部分（如关税、盐税）税权"太阿倒持"，都在无知、无措而后无奈的情况下被"托管"着。虽然这样的"托管"带给国家和国人的并不仅是耻辱，甚至有许多的先进理念、先进制度、先进设施、先进举措被引进；虽然以当时当地的税收心愿、心肠、心术、心智、心得、心胸、心境、心性、心怀作衡量，国人的平均水平绝对是在那些经过严格挑选的"外来的和尚"之下，且因了私人关系、人情世故、裙带气场、浅慢眼光、私心利欲、暴富心理等的影响而大不如那些可以超然事外而又敬业持重并经过特别训练和制度约束的"冰山上的来客"，时人和后人论及此节仍然多以"太阿倒持""丧权辱国"视之。

赫德、丁恩们远非支援中国税收事业的志愿者，甚至也算不上宅心仁厚的扶贫者，他们肩负了本国甚至列强所托的殖民使命是昭然若揭的。他们不可能是白求恩，他们也不会是奥托·布劳恩，他们甚至不是郎世宁。但是，他们得自于西方科层社会的职业素养确保了他们尽职尽责且不遗余力。就是在这样的素养下，我们看到了赫德的"极思助中国自强"，我们也品到了丁恩力图扭转中国盐税弊政的勤勉而艰辛的努力："岂必加税而后收入始增。"

赫德被称为大英帝国在东方中国的另一种形式的殖民总督。在半殖民地中国实际上存在着的"华洋共治"的体制中，有三个层次的物理表征确认着这样的"共治"：一是不平等条约，这是共治的法律基础；二是总理衙门，这是清政府办理洋务的主要部门；三是海关，这是中国人"委托"外国人处置中西税商关系的平台。基于在一个半殖民地的海关首脑地位，赫德一样为他的母国利益服务并成为这一片国土上的某种变通形式的"主宰"。在赫德的意识中，中国是英、美、法等国共管的殖民地是无疑的。他也曾经明白无误地把海关经手的对外博览会工作称为"殖民地的宏伟事业"。基于中国还算是一个主权国家，英国人只好通过将自己的力量植入其体制内的方式来行使其殖民计划。关于这种变相殖民总督的主宰地位，陈诗启教授如是说：近代海关是英国维多利亚女王在全球建立大英帝国时代的产物，它"一方面是作为资本主义因素出现在中国的，这就不可避免地带进了资本主义的新事物；另一方面，也是主导方面，它是作为维护、发展列强经济的工具，因而也不可避免地阻碍了中国社会的发展"。这些新事物"其终极只是加强了海关的力量，扩大了海关的权力，从而支持了外籍税务司制度的长期存在，维护以英国为首的列强的利益"。

（1）以乾纲独断的形象完成总理衙门的差使。赫德拟订《海关募用外国人帮助税务章程》《海关衙门章程》，将海关大权全部集中到外籍总税务司中，强调总税务司对海关人事权的绝对支配权"对于全国海关，几有一国元首之权威"；于全国各通商口岸设置新关三十四处，普遍推行外籍税务司制度，形成以英人为主、洋员控制的海关网络，推行税务司垄断船钞和关务管理的制度；实行由总税务司向总理衙门直接呈报《海关收支各数清折》的制度，迅速建立起一个半殖民地海关的独立王国。在总结近代中国海关的特点时他说：中国海关因为"它的国际性的组织，它的治外法权成分和它的奇特的混合的国际职务"，所以是个"非正常的机关"。

清粤海关铸造收税壹佰两铜砝码

（2）以舍我其谁的霸气整合海关的各项业务。外籍总税务司掌握了有关中外贸易的一切捐税制度的创制和管理，一切有关航运的水道测量，灯塔、浮标设置，引水管理等，其中最值得重视的是1864年成立的海关会审制度。这一会审制度使得外国领事们和各口洋税务司以参加海关会审公堂的办法，主宰了对中国海关法规的实际执行。另外，涉足中国作为主权国家维护尊严和国防机密、保障港口和船舶安全的引水权，以总税务司管理下的外籍引水员把持中国各港口引水；将沿海、沿江建立助航设备纳入海关管辖的范围，兼理"分设浮桩、号船、塔表、望楼等事"，增设船钞股，专门办理中国沿海、沿江的测绘及建立各种助航设备事宜。

（3）以当仁不让的坦诚宣称"我固英国人也"，不加掩饰地维护本国政府的利益。赫德竭力将他控制下的海关办成一个被英国人把持的"国际化"机构，以海关利益分赃的手段平息英国与列强的矛盾。在英国利益与其他列强相矛盾时，赫德坚决维护英国利益，排斥他国。如甲午战争后赫德积极参与三次对华借款的争斗，促成两次英德对华借款；中法战争期间，赫德与德璀琳争夺调停人地位，实际代表英国角逐在华势力。当某事与英国利益和他本人利益不相冲突时，即站在中国一边，间接维护本国的利益。如中法战争，赫德多次显示倾向中国的立场，对总理衙门大臣说："如果你们有把握能一致决心战斗到底，我劝你们打，因为正义是在你们这边。"

（4）立足海关，"心忧天下"，通过兴办海务、主办同文馆、开拓近代外交、举办邮政等，为清政府融入西方秩序而努力，更为巩固自己的地位而勤勉奔忙。赫德如是说："我所主持的工作虽然叫做海关，但其范围甚广，它的目的是尽可能地在各个方面为中国做一些有益的事情。"晚清时期，赫德利用海关兼办的邮政、教育、港务、航政、气象等大量洋务及海事业务，便是其一向非常重视的所谓"有益"的工作之一。赫德兴办上述事业的根本目的是便于列强以西方文明影响中国，其积极效果也十分明显，如：从外国聘请的海务专家，引进当时世界的先进技术，使清末中国海务在较短时间内，由古代进化到近代；沿海、沿江设立许多气象站，在全国大部分重要地区构成气象网络体系，近代中国的天气预报由此诞生；制定检疫章程、执行检疫任务，近代中国的检疫制度由此诞生；同文馆提倡学习外语和西方科学技术，介绍近代思想，冲击了科举制度，成为中国新学之滥觞，其毕业生在中国近代外交、文化、实业等各领域均有所作为；策动斌椿出游、倡导派遣出国使节、促成蒲安臣使团出访、建议并安排郭嵩焘出使伦敦等，客观上契合了开拓近代外交、促进中国社会近代化的作用；海关举办邮政，基本完成了中国邮政的近代化。

（5）扩张海关势力范围，接管常关税，兼管盐厘、鸦片税厘，构建超海关的税收大厦。在将常关税、盐税列入关税之外的另外两大赔款担保之后，赫德的海关权势大为膨胀，集关税与内地税于一身，成为彻头彻尾的税收大亨。

四、厘金功过

1853年，两项对中国历史影响深远的税收体系，在两个对立着的军政集团间分别确立。两者之间的竞争、进退、博弈、互动，成为此后十几年的一场好戏。单纯从这十几年而论,单纯从税收的意义上而论,单纯从财政汲取对于政权的保障作用而论,性质上虽然反动操作上却很有效的厘金,战胜了品质上优良但操作上"实不能行"的天朝田亩制度。论及太平天国失败的税收原因,清廷方面厘金的适时推出和自己方面在税收上的优柔寡断这一博弈表现也是不容忽视的。厘金有三大直接结果:一是清军兴;二是义师挫;三是税制革。相对于呆滞的农业税而言,商税本就是产税率高、后续率高、征收效率高的税类。清军主要仰给于厘金,而太平天国方面始行以"农民共产主义"和"空想社会主义"为特征的《天朝田亩制度》,其后又不得不"照旧交粮纳税",造成了在税种上相对落后而征收上又相对低效的局面,两者顿时在汲取效率上分出了高下。

从源流上去看,中国古代的商税就没有诞生过一项既让国家获得充裕的财政收入又确保商业顺畅发展的税制体系和征管制度。甚至于,几乎每个朝代,都会出现以税收名义对商业的剥夺甚至扼杀,从而一次次出现苟

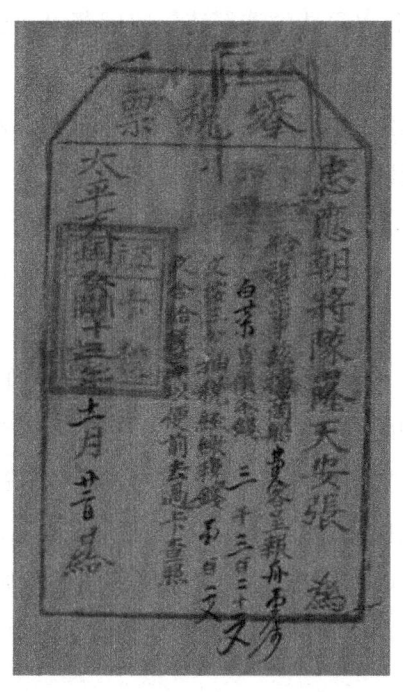

1863年太平天国忠应朝将队豄天安张发给商船的零税票

子在其《富国》篇中所揭示的"苛关市之征以难其事"的可悲场面。厘金作为中国古代商税在晚清的表现形态,实际上也是中国税商逻辑的集大成,同时引致了封建时代税商矛盾的总爆发。可就是这样一项反动的税种,却在关键的时候给摇摇欲坠的清廷以关键的支持。"厘金者,设卡抽捐行座商,以裕军需也,军兴以来,清人每患军费之不充,至是大得周旋。"时日一久,太平军方面的三大优势即人心齐、地利熟、胆气壮就会越来越逊于清军方面的三大优势即火器精、粮饷足、兵勇众。

"厘金"一词在咸丰三年(1853年)就产生了,在这一年开始征收,这是清后期为了镇压太平天国运动筹集军费而开征的。1853年,清副都御史雷以諴在江北大营于扬州帮办军务时,由于部拨军饷没有能够下拨到位,分摊给各省的协饷也一直没发到,为了解决军需,采用幕僚钱江的建议,仿效林则徐"一文愿"集资。同年九月,雷以諴在扬州的部分地区开始动员米行向官府捐输,米一石捐输铜钱五十文,用来接济军饷,成效还较为明显①。这样,急需军费的湘军统领曾国藩等,迅速将此搜刮利器运用推广开来。

厘金如一柄双刃剑,佐助清朝镇压了太平天国,却又因为它对商民的百般盘剥而动摇了国脉:

一是征收制度不一,税负参差。因为没有统一的厘金制度,各地各行其是。有的省税率在百分之二十以上,大多数是在百分之四到百分之十不等。因各个地方都讲究对厘金的独自征集权和享有权,以至于连征收单位的名称都五花八门。有的叫厘捐局、捐厘局,强调的是临时性的"捐";有的叫牙厘局,强调的是商业税的"牙";有的叫筹饷局,强调的是军事费的"饷";有的叫盐茶局,强调的是对土特产课税。还有的叫厘金局、厘务局、税厘局、厘税局,不一而足。在征收方法上,有厘局散征、同业认捐、绅董包捐等,除认捐方式较符合效率公平原则外,其他方式弊端百出。

---

① 黄天华著:《中国税收制度史》,华东师范大学出版社2007年版,第611页。

二是征收主体混乱，公私争利。厘金非中央直控，而军队地方又各行其是，这使得在创设之初认为"商民两便""细水长流""既不扰民，又不累商"的这项动议到后来面目全非。据罗玉东《中国厘金史》说，此项厘金开始大约值百抽一，群众尚能忍受，但行之不久，各地都想染指，于是公私皆滥设卡所，加之陋规很多，又私自盘剥，结果造成"物价日昂，民力日竭"。1857年，尹耕云发出了这样的感叹："抽厘之弊，尤不忍言。一石之粮，一担之薪，入世则卖户抽几文、买户抽几文。其船装而车运者，五里一卡，十里一局，层层剥削，亏折已多，商民焉得不裹足！百物焉得不涌贵乎！"

三是征收人员贪婪，中饱私囊。厘金税制采取的物物课征方式大大便利了官绅吏役的勒索和舞弊。"大抵有厘捐之省，殆无不舞弊之官员，无不染指之吏""商民以什输公家，所入三四而已，其六七皆官私所耗费""各省厘税实收之数，竟数倍于报部之数"。早在1855年，罗惇衍就在其《请严禁捐厘苛索疏》中揭露了官吏绅董在"视商贩之肥瘠而鱼肉之"方面的各种巧立名色的"创举"："商船初到，挨次停泊，索挂号钱；兵役上船，验视货物，索查舱钱；稽查已毕，盖戳放行，索灰印钱。"税吏挖空心思多征滥征，仅规费就有十二种之多。除了上面说到的挂号钱、查舱钱、灰印钱，还有划子钱、查货规费、浮收折价、出票钱、验票钱、补捐、苛罚、填换运照钱、换票钱。最后的结果，在征得的厘金中，三分耗于隶仆，三分耗于官绅，其余四分除去正费、杂费外，国家所得无几。

四是征收环节繁琐，反复课征。包税制以及一处数卡、一卡数局、一物数征的做法，使得来往商户苦不堪言。时人评论厘金制度有八个字："卡若栉比，法如凝脂。"有人从仙女庙购米后南行，"途中遇厘卡甚多，每二三里即有一所，草屋上悬'抽厘助饷'字样，自仙女庙至瓜州厘卡二十处，所定之税视法定额增加数倍，任意剥削，小民控诉无门"。因为一物反复抽取，"局卡林立，贻累商民"，商民"畏厘卡甚于畏盗贼"，从而大大地提高了商品的成本和价格，远远超出了人们的购买力，必然造成贸易受阻，市场萧条。

五是征收种类繁多，竭泽而渔。厘捐的名目繁多，几乎达到无物不厘的可怕地步。据《清咸丰实录》记载，有卡捐、饷捐、房捐、铺捐、船捐、炮船捐、盐捐、米捐、板厘捐、草捐、芦荡捐、落地捐、钱捐、牙厘捐、树木捐、茶捐、串捐等，后来更是增加了如肉捐、赌捐、彩票捐、乐户捐等许多新花样。到了光绪三十一年，又有了所谓的铁路厘金。征收类型上说，厘金分为百货厘、盐厘、土药厘、洋药厘四类。在货物出产地有出产税、落地税、土产税等；在通过地有出口税、百货厘、起坡税、验厘等；在销售地有坐厘、门市月厘、销场税、落地厘等。如此多的厘金名目，如一张大网撒向商家百姓，直似杀鸡取蛋，竭泽而渔。

六是华夷待遇不一，打压国货。此税只征华商，大大便利了外国商品的倾销，使国货在竞争中处于极其不利的地位。因为外商享有关税特权，内陆关税则实行的是一揽子百分之二点五的子口半税，而华商却要在每卡都要负担高额厘金，这使得国货的税率要比洋货高出三四倍以上。这样的不公平竞争使得国货的生命力大减，逐步将国内市场拱手让于洋商，对本来就艰难起步的资本主义民族工商业造成了严重的摧残。

七是军阀体系萌芽，尾大不掉。"此举流毒商贾，肆毒市井，民间为之凋敝，且督抚大员，自此皆握财权，制军经制，咸不仰于有司，近世军阀之兴，实滥觞乎此也。"因为有厘金的供养，"兵为将有"的湘军、淮军体系得以不依政府资助而存在，为中国后来祸患几十年的军阀体系确立了财政基础。也正是因为这些非国家嫡系的存在，大大削弱了国家的控制力，加剧了地方割据势力的膨胀。

八是地方势力壮大，弱干强枝。王闿运在其《湘军志》筹饷篇中讲到：虽然"言事者辄以病商、害民为词，交章请罢征"。但因为"各省厘税赡军，坐甲不用，税亦日绌，而相承莫肯罢，与初榷时意异矣"。随着湘军、淮军系统内的军人陆续受用为各地督抚，"各省疆吏都各握兵权饷权，各自为谋，国家每遇大事，虽一兵一卒一饷一糈，反不得不拱手而待之督抚。而为督抚者，则往往观望不前，视严旨若具文。康氏以十八小国喻十八行省，并非过论"。因为地方督抚在厘金事务上并不向户部"造册报销"，且厘金收入百倍于常关税，使之必然成为地方"督抚权重"的物质基础。

九是扩张商税恶弊，谬种流传。在违背了"尔无我叛，我无强贾"的税商《质誓》关系之后，中国古代税收制度在发展到厘金时代已经遭到万民唾骂而走上尽头并逐渐土崩瓦解。新的税收体系以关税主权旁落为标志而强行重建。在极不情愿也极不自觉的态势下，厘金成为中国古代和近代税制间的一个分水岭。

十是开罪各个阶层，众叛亲离。且不说厘金的开征目的和用途十分反动，其高达百分之七十三点七的部分用作军费镇压太平天国等起义，在设税之初就没有佐助国计民生的丝毫动机，只说厘金在操作层面上的各种弊端和流弊，便已经引发了从商人到农民、从文人到百姓、从外商到洋员的普遍反感，这在相当程度上动摇了人们对清政府的信赖。厘金在为清祚延续了几十年的运命之后，也为它丢掉了最后一点民心。据张振鹤等人汇辑的资料来看，各省反抗厘捐的次数统计如下：安徽、江西各十次，浙江六次，湖北、河南各五次，山东三次，福建九次，广东二十二次，直隶、湖南各四次，江苏十五次，陕西、山西、广西各二次，四川七次，黑龙江、吉林、宁夏各一次。

五、甲午日落

清朝最具有活力的时光莫过于康乾之间，王之霸气和士之锐气不减于努尔哈赤、皇太极、多尔衮时代，便是财税状况，也修炼到了尽可以"普蠲"天下钱粮的纯阳之体。嘉道之后再无上智之君，"其种愈下，其存弥难"，社会矛盾也开始泛滥，王气和士气都大幅度缩水，集中表现在两次鸦片战争和太平天国时的手足无措、丧师失地。进入晚清的"孤儿寡母"模式后，表现在霸气和锐气方面的大幅度衰弱反映出一国急速沉沦。可是，因为脱颖而出了两项颇具潜质的税柄（关税和厘金），清政府的财气有了超越康乾的气象。这恐怕也是"同治中兴"的底气所在。乾隆年间，清朝的财政收入盘子不过4500万两上下，而到了被迫"开关"的同治光绪年间，这个数字已经翻了番。以光绪十九年（1893年）为例：是年，各省岁入总计银8311.8万两，内含地丁、杂赋等项"常例"收入共银4379.26万两，厘金、洋税两项"新增"收入共银3107.84万两。岁出总计银7343.33万两，内含俸食、饷乾等项"常例"支出共银3980.79万两，勇饷及归还洋款等项"新增"支出共银2385.11万两。① 诚然，强敌环伺、枪炮威逼下的生产要素自由流动，也因为关税对于外国进出商品的低税和国货商人应之于厘金方面的高税负，而大大压制了民族工商业和国货的发展，使得即使是在同一门类（如茶）的经营中，中国的晋商、徽商也不是俄商、英商的对手。但是毕竟市场的总额大大膨胀，征之于无差别的纳税人的税收成果鼓胀起来。财大必然气粗。在海防方面，比如始乱之终又弃之的所谓的"李泰国——阿斯本舰队"，为购买和遣散这些舰船共费银一百六十余万两，变卖舰船后只收回五十一万两；② 比如在"并非战守之善地"的旅顺、威海卫斥资巨万建设华而不实的基地，旅顺口大船坞花银一百三十万两，后来却证明不堪一击。威海卫基地则是"指定江海关和浙海关在洋药加厘内，每年拨银30万两，以10年为期，逐渐经营"。③ 时人谓："我旅顺口之防经营凡十有六年，糜巨金数千万，舰坞、炮台、军储冠北洋，乃不能一日守。"之后李鸿章总说"限于饷力""款不应手"的托词，殊不知他的资金使用效率也很可疑，难怪《马关条约》签订后"疏弹合肥章以百计"。梁任公则谓："李鸿章盖代之勋名，自中日战争没。""中国维新之萌蘖，自中日战争生"。

可惜，当乾隆自信地将前朝所以灭亡的各种利恶因素一一剪除，他没

---

① 中国人民大学清史研究所编：《清史编年》第十一卷光绪朝（上），中国人民大学出版社2000年版，第649页。

② 戚其章主编：《甲午战争九十周年纪念论文集》，齐鲁书社1986年版，第56页。

③ 戚海莹著：《北洋海军与晚清海防建设——丁汝昌与北洋海军》，齐鲁书社2012年版，第135页。

有想到的是曾经被他粗暴拒绝通商动议的海外蛮邦，也会成为动摇国本的新的"冤家"。他尤其没有想到的是，纵使那些遥遥万里的海洋强家不会对中国提出领土要求，却有卧榻之侧的俄罗斯和日本，虎视眈眈地觊觎着这块偌大的"肥肉"，时刻想着在风景如画而主人稀松的地盘上"立马吴山第一峰"。原本因为"黑船入港"和"撤藩建县"而开始高速起动的东洋岛国，此时也由一个年轻气盛的明治天皇和一群志存高远的智勇辅臣主领的"明治维新"翻腾起"富国强兵"的滔天巨浪。与此相对应，大清国也正在一群成功敉平了太平天国起义的藩臣起哄喧嚣下，鼓噪出一场以"自强"为标的的"同治中兴"。

可源自"顶层设计"的"明治维新"和源于"中层设计"的"同治中兴"从策略、进程、效率上就差出了很大的头寸。仅仅从财税动员上审视，日本"归还版籍"后适时开展的"地税改革"已然透出现代税制原理的光晕，那按土地价格征收货币地租、讲求地价增而税负增的睿智和活力，已经比之于清朝厘金每物必征、殃及资本、税关林立、层层剥皮的颟顸和呆滞要高明和人道许多。自然，征收效率也大为可观。据统计，地税改革前，日本农业税在财政收入盘子中还没有突破过40%的比重，改革之后的第一时间（1873年），这一比重就直上98.4%的高度。更为关键的是，日渐涵养起来的近代工商业，为新兴的明治王朝提供了更具附加值和产税空间的广泛而又丰裕的税柄。到1893年，日本工矿企业和水陆运输业，已占社会总资本的80%。这使得彼时的地税收入占全部税收收入的比重，下降到了1894年的37.2%。而在纯粹的民族工商业尤其是大工业方面，清朝的纳税底册上一片萧瑟。1884年，日本全国登记的工厂、公司、银行等近代企业已经有2529家，资本总额为11522万日元。在1894年紧急筹集的22500万日元临时军费中，有11700万日元就是通过涩谷荣一等"资产家和财产家"以公债形式提供的。中国战前的数字则是：近代工矿企业100家，资本总额3032万银元。①

---

① 戚其章主编：《甲午战争九十周年纪念论文集》，齐鲁书社1986年版，第427页。

从兵员性质而论，清朝也有落后之处。养兵体制下，清朝士兵都是高消费型的，除了效果并不明显的"花样练兵"，其身份要求他们不能从事生产性活动。倒是有人发现北洋海军居然用军舰来拉私活、跑生意，"忙于从事商业运输"，"旅客搭乘军舰的船票，可以在电报局买到"，可那也并不是士兵们的"第二职业"而是某些大员的以公谋私。日本士兵则不然。他们并不一味地等着衣食租税，而是在和平时期努力自给：1873年，为培养既能打仗又能开拓的部队，"屯田兵"制度启动，目标是实现完全自给。就战斗力而言更有天壤之差。对于清朝的步兵，有外国武官评论道："作为远东大国的国家军队，显然不具备近代军队的素质。尽管清军拥有洋式精良装备，但战术陈腐，将官和兵士缺少军人应有的斗志。成欢和平壤之战一日即败，溃不成军，简直是一支不堪一击的军队。"[①]

可是，面对"脱亚入欧"后成长性颇佳的日本，清朝仍然有它继续视其为蕞尔小国的资本。漫大的国土和远超对手的财税收入，以及"瘦死的骆驼比马大"的那种盲目自信，依然让国人未能对黄海彼岸的那个邻国，升腾起起码的警惕和正视。战前清人的心态，赫德看得清楚："现在中国除了千分之一的少数人外，其余九百九十九人都相信大中国可以打败小日本。"[②]

当清王朝实际上已经"肾虚"到只剩下一个貌似孔武的骨架，而日本国已经蓬勃成一派霸气、锐气和底气尽皆刚猛的金刚武士，再要对人家表现那样的轻视和麻木，便不能不付出代价了。而且，这次的代价再也不是鸦片战争以来诸次中西不平等条约中的小打小闹了。这必将是一场注定了战胜者脱胎换骨而失败者日暮途穷的关键决战。可从备战姿态上来看，年轻的日本没有失败，因为其自明治当国之初就确立的那种"开拓万里波涛，布国威于四方"的开放型思路，纵使失败一次还可以有第二次；而那已经老态龙钟的清王朝一味避战和寻求列强干预，白白放任大好的战机流

---

① 宗泽亚著：《清日战争（1894—1895）》，世界图书出版公司2012年版，第42页。
② 戚其章主编：《甲午战争九十周年纪念论文集》，齐鲁书社1986年版，第174页。

失。并且,多少年来对于列强挑衅一力防守不重反攻、立意"御侮""护国威远"实则效"老虎不出洞"的打法,其最佳境界也不过是不败而已。而在通行的"取法乎上,仅得其中"的哲理里,拘泥守势的一方战败的概率大大增强。

在甲午年以前的诸次失败,其割地赔款的额度还是勉强可以"承受"的。从甲午开始的那个世纪末,马关条约、庚子赔款的损失几乎可以达到"倾国"。而且,所倾之国还不只大清,还包括后来的北洋政府和南京国民政府。之后的民国之所以仍然左支右绌,就与这两次战败的巨额赔款如大山般压在当国者的心头有关。之后的民国当局大多采取借款财政、发债财政、发行财政的饮鸩止渴方式维系政权血脉,也拜这两次战争的余韵所赐。

虽然失了霸气和锐气但毕竟在财力方面还有一定底气的清政府,本来在甲午之前赢得了一次比较好的机会:从祺祥事变后一向以"孤儿加寡母"为执政架构的清朝,在这个时候迎来了一个相对而言年富力强的少年君主。从他的御制诗文来看,光绪皇帝应该是一个心忧民瘼、不胜国耻的血气之君,甲午年中的多道诏书也可以看出他的壮怀激烈。可叹的是他的那个"亲爸爸",面对强敌能做到笑谈渴饮歌舞升平,面对失败和通款能做到大事化了举重若轻,面对"四海翻腾云水怒""山雨欲来风满楼"的全面危机能闹中取静、辱中求宠地大力操持自己的六十"万寿"。慈禧自上、权臣自下的掣肘让光绪难建寸功,而为老太太"修园子"这样的孝心也在相当程度上淹没了发展海军以御外侮的大国尊严。据统计,从1885年至1894年的10年间,清政府年均岁入8300万两,岁出7700万两,盈余600万两。① 也就是说,甲午战争之前,清政权仍然如乾隆时期一般维持了一定的度支权衡和治国余裕。仅仅将其中的财政盈余用之于海防建设,也不会出现甲午战争中的捉襟见肘的尴尬局面。但是,这一点非但未曾实

---

① 丁一平等编著:《喋血沉思:海军专家论北洋海军与甲午海战》,海潮出版社2013年版,第43页。

现，就是已经在法理上归于海军的经费，也因为修建颐和园和建设"三海"这样与维持一国颜面负相关的纯粹奢侈性消费，而被挪用1300万两之多。这样一笔资金，足够将之前斥资778万两组成的北洋海军7艘主力舰再扩张2倍。纵使在这种情况下，北洋海军仍在1887年之后获得了1000多万两的海防协饷，平均每年130万两。[①] 可惜，这些钱扣除多达30万两的俸饷支出，已经不足以购进一艘够得上水准的军舰。坐拥这舰上外员炮手高出中国炮手收入18倍、外国士兵高出绿营兵收入9倍、官员"于例支官俸之外，兼支船俸全分"的豪华收入水准，[②] 奢言"宁优其饷，毋滥其籍"却在中国的人情土壤上必然滋生"劣币驱逐良币"效应，其结果是既铸成海军的华而不实，又挫伤了步兵的临战热情，仅仅这俸饷制度就值得推敲。在这样优厚的待遇下，多数舰长让自己的亲戚故旧担任文案、支应官，并培植起自己的私党，士兵们则纪律涣散无精打采，甲午战中每遇强敌即自顾逃跑的案例，可佐此证。按照李鸿章自己的推算，"北洋目下常年薪饷"即岁需一百二三十万两，加上船坞建设费，即便不说购船之饷，仅仅确保北洋海军的人吃马喂，至少需要200万两以上。被挪用经费后的北洋海军，无异于一个摆设。

在此之前，声称要超过英国的日本海军[③]，则在扎实稳步地扩张着。两国的海军经费都以一定的税收体制作支撑，但又不限于税收体制。与清政府虽然确定相应关税和厘金为海军经费又开办"海防捐"却又挪用经费相对照，日本海军则是用足用活了各项政策。1882年，日本海军已经提出一个8年扩军计划，计划增加大小舰船32艘，用费2664万日元。当时确定以酿造业、烟草业税收专款专用于海军。1886年受到北洋海军访日刺激、"畏定、镇两舰甚于虎豹"因而痛定《征讨清国策》后，更新此一计划而进一步强调军备扩充，计划在第一期建造、购买54艘舰船，以压倒李

[①] 姜鸣著：《龙旗飘扬的舰队》（增订本），三联书店2002年版，第226页。
[②] 丁一平等编著：《喋血沉思：海军专家论北洋海军与甲午海战》，海潮出版社2013年版，第253—265页。
[③] [日] 外山三郎：《日本海军史》，解放军出版社1988年版，第20页。

鸿章用 10 年时间建立起来的北洋海军。因专项税收不足，皇室发起了 1700 万日元海军公债和贵族捐款运动，并以每年拨内帑 30 万元作为榜样。受此感召，全体"机关干部"自愿捐出十分之一工资，议员们献出四分之一年俸。有了这些新的赞助，日本海军足以完成一年添置两艘新舰的目标。在甲午战争中发挥了很大作用的浪速、高千穗、千代田、松岛、严岛、桥立等舰，都是这一时期添置的。最为典型的是在甲午海战中击沉数艘北洋战舰的吉野号，乃是英国阿姆斯特朗工厂生产的当时世界上速射火力最强、航速最快的巡洋舰，中国原已预订，因经费短缺而放弃，却为日军所得，终成为战败北洋海军的克星。另一个典型案例是：与 1891 年北洋海军被卡断经费来路相映照，同一年的日本海军，瞄准了政府的剩余费用 650 万日元，并发动各方力量一力鼓噪，终于取得了政府的临时支出费追加——180 万日元的军舰制造费。① 借助这一与大清"自毁长城"相映照的"破产兴师"之举，1890 年至 1893 年，日本军费已经占到国家财政预算的 30%，速成"武国""军国主义"雏形。日本海军迅速在吨位、船速、炮速、装备、现代化等方面全面超越了止步不前的大清海军，整体军事架构也全面与西方接轨，在编制、训练、战略、战术、储备、补给、军事理念等方面实现近代化。反观清朝方面，1888 年以后再未添购一舰。依法应该添置的 18 艘舰船也成子虚乌有。户部所停购置装备的拨款，也足以购买大口径速射炮 260 门。如此局面下，李鸿章眼睁睁地看着"日本蕞尔小邦，犹能节省经费，岁添巨舰"而徒叹奈何，"终以限于财力，未能扩充"。

相较于战前在财税支持上的一个扩张一个紧缩的军备比拼，没有比北洋海军的故意"资敌"更加可怖可耻可怜的了。在日本学者的研究中，甚至得出了"北洋舰队三次访问日本所引起的日方对抗性的海军扩张，以及北洋舰队泄露自身军情等行为，乃是直接促成甲午战争中中方战败的主要

---

① ［日］冯青："甲午战争前北洋海军的对日交流与日本的对抗性竞争"，载戚俊杰、郭阳主编《北洋海军新探——北洋海军成军 120 周年国际学术研讨会论文集》，中华书局 2012 年版，第 638 页。

原因"的结论。值得注意的是，分别于1886年、1891年、1892年的三次北洋海军访日，都非日本方面邀请，皆属于不速之客。这"六艘舳舻停泊于横滨港之中心"的"耀兵"之举作用于逆反心理很强的日本人心中，看似"足以壮清国之威"的虚张声势，却大大引发了日本国民的恐惧、敌忾等敌对情感。而北洋海军大大咧咧、目中无人的修理舰船、招待200名日本两院议员、开放参观、于公共界面下"现场直播"自己吸食鸦片、赌博、军容稀松等隐私的行为，则让时为吴港镇守府参谋长、后来崛起为一代海军名将的东乡平八郎一览无余、一目窥破、一眼看轻，"尽览北洋舰队内部的实况与缺点"：这样的将领士兵还能打胜仗？真要打起来，连逃跑都办不到！一个决定了成败的细节是：因为多方参观定远舰，日本方面对该舰指挥中枢的号令台了如指掌，并在一开战就集中打击此要害区位。丁汝昌中炮负伤后，北洋海军立即变成无头苍蝇，其后结局几可想象。需要指出的是，纵是在再无新装备补入后的1887年、1890年、1894年，北洋海军还曾经三次"友好访问"新加坡。① 如此重名而不重实的哗众取宠，想来真是可鄙，还无端浪费了通过税收好不容易筹集到的军费。"人道船坚不如疾，有器无人终委敌。"纵是装备比日军先进，仅仅这类怠惰，也难敌那些在气势、智力、信息博取力方面尽居上乘的对手。

　　1894年7月25日，日本海军不宣而战。8月1日，扭捏良久的清政府对日宣战。从此，战争动员中的财税运筹又成为双方可以分出高下的一个领域。战端一起，志在必得的日本军方获得了朝野上下的大力支持：日本国会停止政治纷争，迅速达成15000万日元的临时军费预算。这个相当于当时日本两年财政收入的战争投资，有三分之二需要向民间募集。纯以数字表现的实力对比而论，中日双方仍势均力敌。从1893年财政收入而言，清政府为8300万两，日本为8000万日元，仅仅相差一个汇率高程（银两对日元为1∶1.5）。从甲午战争的主力海军力量上看，双方各为四大舰队。

---

　　① ［新加坡］柯木林："北洋水师访问新加坡的历史反思"，载戚俊杰、郭阳主编《北洋海军新探——北洋海军成军120周年国际学术研讨会论文集》，中华书局2012年版，第517—534页。

清国有北洋、南洋、福建、广东四个水师，有各类舰船82艘，水雷艇25艘，总吨位85000吨。日本也有主力舰队、第一游击队、第二游击队、第三游击队四个舰队，拥有炮舰28艘，水雷艇24艘，总吨位60000吨。看似舰艘数、总吨位超过日军，在动力、速度、火力方面却大大落后。更何况，日军组成"联合舰队"统一调度，清朝方面只有1888年仓促成军的北洋海军一隅"搏倭全国之师"。它只拥有各种舰船25艘，总吨位38000吨。对比于日本海军的次第扩张，"远东第一"的自称早就是老黄历。双方军力对比由此失去平衡。战役进行中，英国远东舰队司令斐利曼特中将就有评论："是役也，无论吨位、员兵、舰速，或速射炮、新式舰，实以日本舰队为优。"

1894年启动的中日甲午战争分成海上和陆上两大战场。双方都以新增税源为基础筹集到的军费大力发展的海军，无疑是其中的决定力量，而发生在黄海大东沟的海战，既是中日海军的全力对撞，也是整个甲午战争的转折点。制海权的丧失，必然让本就志在必得的日本军方如虎添翼。兵源质量、装备和战斗力远差于北洋海军的淮军失此强援，便是连增兵线路都被掐断，便只好作困兽斗了。宋庆等人也并不都是酒囊饭袋，奈何群龙无主不免作鸟兽散。

一次次的失败让清政府积几十年自强努力创制的、"以洋税办洋防"的诸般国防设施成为"沉没成本"。"城上神威炮万斤，枉资敌寇挫吾军。""北洋创办海军，殚尽十年财力，一旦悉毁于敌，疏防纵寇，震动畿疆。"这中间，包括以重金购置的海军舰艇、发重饷召集训练的海军官兵、斥重资建立的海防堡垒尤其是那两座近代化的军港。如果再一鼓作气地多花上几个基数，这些成本就有可能获得因战胜、俘获、赔款而来的收益，可就在最为关键的"最后一哆嗦"时，慈禧卡住了北洋海军的脖子。

倾全国之力的日本将自己的整个岛屿打造成一艘勇往直前所向无敌的巨舰，一头向着老眼昏花的清政府这个外形锦绣内实糟糠的虚胖怪物撞来，而清政府却只拿出了一个局部的力量与之抗衡。海军是北洋大臣李鸿章治下的北洋海军，陆军是淮军首脑李鸿章辖下的马步诸营。且不说以一个方面军对抗日方的整个国防军能不能打得赢，便是那不可能让任何一个藩镇妄自坐大的帝王之术和来自政敌、清流派的羡慕嫉妒恨也不容许以全国的财力支撑和烘托李鸿章个人的辉煌和野心。且不管任何缘由，本已经在1888年成军并购进了以"定远""镇远"为旗舰的多艘舰船的北洋海军，从这一年开始被压缩了海军经费，又从1891年被停发了两年的购船经费。诚然，此次减费也与李鸿章的自大有一些关系：1891年校阅后，他得意地汇报说"就目前渤海门户而论，已有深固不摇之势"，这在很大程度上引致了他所言的"枢密方言增兵，三司已云节饷"。而在同时期，日本海军借助皇室的紧缩开支、官员的自请减俸和民众的踊跃输将，创造了每年增添二艘军舰的纪录。如此的我消彼长，让1888年自称是世界上第八大海军力量的大清海军只剩下了一个吹吹牛、吓吓人、壮壮胆、装装象、摆摆阔的花架子。大清朝此时的国家威望，当然没有办法和新生的东洋资本主义相提并论，指望百姓踊跃捐献自是无望，指望官员努力献薪也不可能，可是，来自皇室的支持总是应该的吧？可惜，与明治皇族节衣缩食相对照，慈禧做出的是将海军经费修园子的鼠目寸光自毁长城之举！五年多的时间内，共动用海军经费1300万两，这是可以再购置十艘"定远"的资本。反观日本，纵是使出浑身解数，其资金能力仍是有限。否则，其断不会不选择向西洋购置相应巨舰而是采取自制方式量身定制目标在克制"定远""镇远"两重舰的4000吨级"三景舰"。后来的海战证明，三景舰对付北洋的那些2000吨级战舰还算得心应手，要克制船厚炮重的"定远"和"镇远"还远远弗能。这恐怕也是战到最后时刻，在其他各船或沉或逃的情况下，"定远""镇远"依然不动如山并不时对包围它的那许多日舰施以重击的原因。海军经费被挪用的一个更为鲜明的后果，是当时海战中速度最快、机动性最强、战斗力最可观的日方吉野舰，最初本是清政府"定制"而后因为经费限制拱手让与敌国。

战役之中的弹药消费和保有量，应该也是衡量两国战中财税实力的一个角度。众所周知，甲午海战中致远舰选择撞向吉野的基础性原因包括了船体中弹、弹药告罄、邓世昌性格及其决断等。反观日军方面，立有大功的吉野舰，在其主动"收队"后，仍有12厘米和15厘米炮弹1251发、机关炮弹6095发。从邓世昌及致远舰的表现来看，北洋士气可用，殊不知这只是个别将士的"孤忠"。郑观应《忆大东沟战事感作》谓："东沟海战天如墨，炮震烟迷船掀侧。致远鼓楫冲重围，万火丛中呼杀贼。勇哉壮节首捐躯，无愧同袍夸胆识！"要知道，甲午战前清朝方面并不是全然没有准备，7月4日李鸿章以"备饷征兵"申请"缓急足恃"时，光绪就给他拨款300万两。这些钱未用来购置弹药，都用去什么地方了？

不论北洋海军被证明是如何的将帅不和、训练不力、经验不足、装备不精、战略不高，大东沟海战本身并不算败仗：虽然战损比明显高于日方，日舰也是主动退走，可定远二舰的坚如磐石和殉国诸将如邓世昌的舍命力战依然让此战呈现不胜不败之局。真正的落败却反映在后来，反映在斗志和气势上。此战之后便一力保船而无视大局的短浅和怯懦，以及面对强敌压境纷纷"仰药自杀"的那种"英雄气概"，才是锐气上的全线堕落。

当光绪皇帝酷似"光杆司令"地高叫着"此日漫挥天下泪，有公足壮海军威"要"朕当亲率六师与贼决一死战"①而前方将士依然浴血奋战时，慈禧、李鸿章们已经开始做求和的小动作。效蛇吞象的日本军方本来也正犹豫着是南取台澎还是径取直隶，面对这样的求和信息求之不得。实际上已经占领的辽东和睡梦中垂涎三尺的台湾都成为力争拿取主权的禁脔。而且，本来是日本方面不宣而战挑起的战争，最终还要"非过错方"承担极大笔的赔偿责任，以致晚清和民国几十年中民众都背上为付赔款而承受额外加征税捐的沉重负担。天可怜见，光绪眼睁睁地看着既丢了祖坟又献盛贡，可真是愧对祖先了。

甲午战后，中国割让辽东半岛、台湾及澎湖列岛给日本，赔偿日本军费银二亿两。这是让日本方面大喜过望的一件事。尽管之后因为"三国还辽"而将辽东以3000万两白银回赎，东北甚至满蒙，依然在后来沦为它的势力范围。而且，"三国还辽"后的大清仍然是铁定的赔家：原本没有

---

① 戚其章主编：《甲午战争九十周年纪念论文集》，齐鲁书社1986年版，第440页。

领土要求的西方列强也开始跃跃欲试：俄国租下旅顺并建成达里尼（大连）城；德国则强占胶州湾。对日本而言更是大赢：当年200多家强藩弱藩"奉还版籍"，其版（土地）其籍（人民）所能产生的全部税收，不过4000万日元而已。一场战争以区区13306名"天皇士兵"的牺牲唾手而得数亿两白银再加一块能够供给50年税收的台澎诸岛，日本一战而成强国，不为虚言。坐享中国赔付的军费库平银2亿两、赎辽费库平银3000万两、威海卫驻军费150万两、为纠缠库平银"足色"而追讨的1325万两、为弥补"磅亏"而追讨的1494万两、日军从战争中缴获的金银及各种货币折合库平银2000万两、缴获的兵船、军械、军需等战利品① 6000万两，甲午战争的毛利润竟高达34000万两白银，折合日币5.1亿日元。这足可相当于日本当时6.4年的财政收入，不禁让日本朝野欣喜若狂。日本前外务大臣井上馨说："在这笔赔款之前，根本没有料到会有几亿日元，本国全部收入只有8千万日元，一想到现在会有3亿5千万日元滚滚而来，无论政府和私人都觉得无比的富裕！"②

　　以清朝4年多的财税收入的损失带来日本近7年财税收入的进账，这一笔战争赔款足以让日本国力大涨而让清朝再无翻身之日。慈禧挪用海军1300万两白银而求一晌之欢，未想到这竟然是一笔亏本30倍的风险投资。晚清从此一蹶不振，日本则昂首天外。它利用这些巨款制定了战后财政10年计划，使日本财政规模急遽扩大。1894年日本财政支出仅8000万日元，1896年就达到15000万日元，几乎翻一番。到1899年则猛增4倍，近4亿日元。甲午赔款的具体用途是：84%用于扩张军备；其余用于开办钢铁厂八幡制铁所和设立教育基金办京都大学等。当时，日本的教育基金为1000万日元，仅占赔款的2.7%，可见赔款之巨。

---

① 比如在平壤夺得的毛瑟枪1万多支，在九连城夺得的大炮70多门，来复枪4000余支，在大连掠得大炮100多门。

② [俄]波波夫：《日本的经济》，第23页。转引自戚其章著《甲午战争新讲》，中华书局2009年版，第291页。

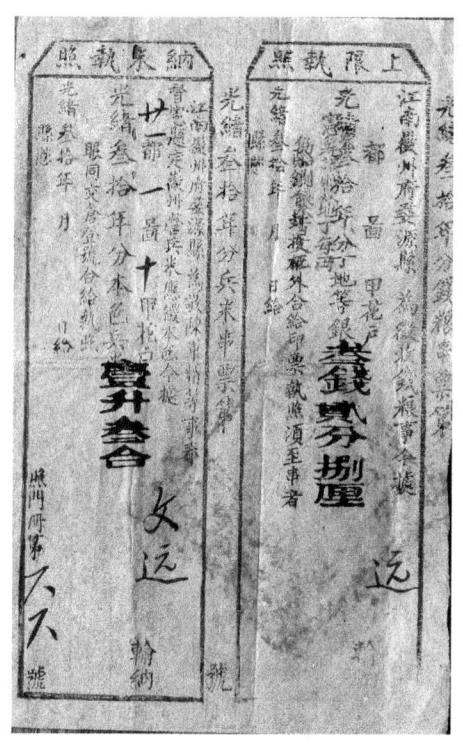

清光绪三十年筹议赔款加征赋税的上限纳米执照

甲午战争的大得大失证明，战争并不仅仅是一种"烧钱"的消费，还是"搞钱"的投资。当日本人已经定下对外扩张以"征其人民与金谷"的正税大志，一味退守的清政府却没有这样的进取，而是放任"生蕃姑且置之化外"的负税窝囊。当战争阴云在甲午年七月的天空氤氲蒸腾，清朝还在为避免打扰太后万寿的雅兴而百般推脱，开战之后又大唱衰词如"历代圣贤之君，每为和戎、和番之举，不肯频事兵革者，为欲保全民命故也"，终于寻到开战机会的日本人却是大喜过望。大鸟圭介因而赋诗言志："扶弱制强果孰功？兵权掌握觉谈雄。请看八道文明素，在此弹丸一发中！"两相对照，日本豪赌的成功，顺理成章。经此一役，清政府已然病入膏肓的沉疴急剧转化为绝症。梁启超论定："唤醒吾国四千年之大梦，实自甲午一役始也。"

当霸气、锐气和底气全线告罄，甲午战前只是因财税困顿而肾虚的大清朝,"以昆明易渤海""自隳绸缪牖户之计"后已经变为深度的肾衰。本有若干次名为变法、立宪、改制的"透析"机会,包括借鉴西洋财税制度推动近现代财税改革,李鸿章、张之洞、谭嗣同、陈璧也多次倡议西学东渐,开征印花税、统税、所得税等新税,可叹肌酐值太高的清政权居然悉数放弃了这些"回春""回天"的可能,坐以待毙的结果便已然注定。

参考文献

[1] 包伟民著：《宋代地方财政史研究》，上海古籍出版社 2001 年版。

[2] 包伟民、吴铮强著：《宋朝简史》，浙江人民出版社 2020 年版。

[3] 陈本力、周道生著：《中国古代赋税典籍选析》（上、下册），中国商业出版社 1992 年版。

[4] 陈光焱著：《中国赋税发展研究》，中国财政经济出版社 1996 年版。

[5] 陈明光：《创新·缺陷·龟鉴——论隋唐五代税收史承上启下的历史地位》，《史学集刊》2023 年第 3 期。

[6] 陈致平著：中国通史（1—10 卷），花城出版社 2003 年版。

[7] 方行、经君健、魏金玉主编：《中国经济通史》（清代经济卷），经济日报出版社 2000 年版。

[8] 杜佑著：《通典》，中华书局 1988 年版。

[9] 逢吉庆、张国梁著：《税史珍闻集粹》，中国华侨出版社 1996 年版。

[10] 国家税务局编：《中国工商税收史料选编》，中国财政经济出版社 1991—1994 年版。

[11] 付志宇：《"量出为入"真的实行过吗？——兼与陈明光、陈锋教授商榷》，《财政科学》2022 年第 8 期。

[12] 高树林著：《元代赋役制度研究》，河北大学出版社 1997 年版。

[13] 关履权著：《两宋史论》，中州书画社 1983 年版。

[14] 黄天华著：《中国税收制度史》，华东师范大学出版社 2007 年版。

［15］黄天华著：《中国财政制度史纲》，上海财经大学出版社2012年版。

［16］黄留珠著：《刘秀传》，人民出版社2003年版。

［17］金鑫、刘志城、王绍飞主编：《中国税务百科全书》，经济管理出版社1991年版。

［18］金鑫主编：《中华民国工商税收史纲》，中国财政经济出版社2001年版。

［19］梁启超著：《王安石传》，商务印书馆2021年版。

［20］梁方仲编著：《中国历代户口、田地、田赋统计》，上海人民出版社1980年版。

［21］李华瑞著：《宋史论集》，河北人民出版社2001年版。

［22］李长江：《天下兴亡——中国奴隶社会封建社会赋税研究》，内蒙古出版社2005年版。

［23］李胜良著：《税收脉络》，经济科学出版社2004年版。

［24］蒙思明著：《元代社会阶级制度》，中华书局1980年版。

［25］倪玉平：《中国历史上为何存在"黄宗羲定律"》，《人民论坛》2021年第20期。

［26］丘浚著：《世史正纲》，海南出版社2005年版。

［27］漆侠著：《宋代经济史》，中华书局2009年版。

［28］戚其章主编：《甲午战争九十周年纪念论文集》，齐鲁书社1986年版。

［29］史卫：《中国税收起源新探及其当代价值》，《税务研究》2023年第1期。

［30］司马光著：《资治通鉴》，光明日报出版社2016年版。

［31］孙翊刚著：《中国财政史》，中国社会科学出版社2003年版。

［32］孙翊刚著：《中国赋税史》，中国税务出版社2003年版。

［33］孙翊刚、董庆铮主编：《中国赋税史》，中国财政经济出版社1987年版。

[34] 孙健著：《中国经济通史》，中国人民大学出版社 2000 年版。

[35] 孙文学、齐海鹏等编：《中国财政史》，东北财经大学出版社 2008 年版。

[36] 王成柏、孙文学主编：《中国赋税思想史》，中国财政经济出版社 1995 年版。

[37] 王德毅著：《宋史研究论集》，新文丰出版社公司 2008 年再版。

[38] 王岗著：《中国元代政治史》，人民出版社 1994 年版。

[39] 汪圣铎著：《两宋财政史》，中华书局 1995 年版。

[40] 吴泰著：《宋朝史话》，中国国际广播出版社 2007 年版。

[41] 翁礼华著：《礼华财经历史散文》，浙江文艺出版社 2000 年版。

[42] 翁礼华著：《皇粮国税——解读中国税史四千年》，浙江古籍出版社 2006 年版。

[43] 张志勇、张国梁、敖汀著：《税史之首集成》，中国华侨出版社 1997 年版。

[44] 张祥浩、魏福明著：《王安石评传》，南京大学出版社 2006 年版。

[45] 张荫麟著：《两宋史纲》，北京出版社 2016 年版。

[46] 张邦炜著：《恍惚斋两宋史论集》，河北大学出版社 2020 年版。

[47] 赵尔巽主编：《清史稿》，中华书局 1976 年版。

[48] 郑学檬等：《简明中国经济通史》，黑龙江人民出版社 1984 年版。

[49] 曾耀辉：《孟子税收思想探求与借鉴》，《中国税务》2021 年第 6 期。

[50] 郑仲兵、孟繁华、周士元主编：《中国古代赋税史料辑要》（记事篇）（上下册），中国税务出版社 2004 年版。

[51] 中国人民大学清史研究所编：《清史编年》，中国人民大学出版社 2004 年版。

[52] 中华书局编辑部编：《"二十四史"简体字本》，中华书局 2000

年版。

［53］宗泽亚著：《清日战争（1894—1895）》，世界图书出版公司 2012 年版。

［54］周伯棣著：《中国财政史》，上海人民出版社 1981 年版。

［55］［加］卜正民主编：《挣扎的帝国：元和明》，中信出版集团 2016 年版。

［56］［美］伊沛霞著，韩华译：《宋徽宗》，广西师范大学出版社 2018 年版。

［57］［英］莱特著，姚曾廙译：《中国关税沿革史》，商务印书馆 1963 年版。